PRINCIPES

DE

GRAMMAIRE ARABE

PARIS. — IMP. DE W. REMQUET ET Cie, 5, RUE GARANCIERE.

PRINCIPES

DE

GRAMMAIRE ARABE

SUIVIS D'UN

TRAITÉ DE LA LANGUE ARABE

Considérée selon le système des grammairiens arabes

AVEC DES EXERCICES D'ANALYSE GRAMMATICALE

PAR J.-B. GLAIRE

ANCIEN CONSEILLER DE L'UNIVERSITÉ DE FRANCE

ANCIEN DOYEN ET PROFESSEUR DE LA FACULTÉ DE THÉOLOGIE DE PARIS

Ouvrage dédié aux Élèves du Collége de France et de l'École spéciale
des langues orientales vivantes.

PARIS

BENJAMIN DUPRAT, LIBRAIRE

DE L'INSTITUT, DE LA BIBLIOTHÈQUE IMPÉRIALE ET DU SÉNAT

DES SOCIÉTÉS ASIATIQUES DE PARIS, LONDRES, MADRAS, CALCUTTA,

CHANG-HAÏ ET DE LA SOCIÉTÉ ORIENTALE DE NEW-HAVEN (ÉTATS-UNIS D'AMÉRIQUE)

Rue du Cloître-Saint-Benoît, 7

1861

Aux Élèves du Collége de France et de l'École spéciale
des langues orientales vivantes.

Messieurs,

Composer pour votre usage une Grammaire arabe, et vous la dédier, m'a paru le meilleur moyen d'acquitter la dette sacrée que j'ai contractée autrefois envers le Collége de France et l'École spéciale des langues orientales vivantes, pour l'enseignement que j'y ai reçu. Puisse mon travail (c'est un de mes vœux les plus ardents) contribuer à vos progrès dans une langue dont l'étude vous promet de douces jouissances et d'autres avantages bien plus précieux!

J.-B. GLAIRE.

ERRATA.

Page.	Ligne.	Lisez	Au lieu de
24	24	au milieu	à la fin.
43	14	ne soit	n'est
92	12	فَعْلَان	فَعْلَان
108	*dernière*	(nᵒ 366 2°)	(nᵒ 362 2°)
143	9	ARTICLE III.	ARTICLE 1[1].
225	14	(nᵒ 417)	(nᵒ 416)

[1] Cette faute ne se trouve que dans quelques exemplaires.

PRÉFACE

Après la mort de M. de Sacy, M. Reynaud, son successeur dans la
chaire d'arabe, ne tarda pas à se convaincre du besoin qu'éprouvaient
les étudiants d'une grammaire beaucoup moins étendue, et, sous
quelques rapports, plus méthodique que celle de son illustre prédé-
cesseur. Ce savant, qui savait et mon goût pour ce bel idiome de
l'Orient, et l'assiduité avec laquelle j'avais suivi pendant un certain
nombre d'années les leçons de notre maître commun, m'engagea
vivement à répondre à ce besoin, qui devenait chaque jour plus
pressant. Le conseil était pour moi très-facile à goûter. Il me semblait
en effet qu'une grammaire arabe composée sur le plan de mes *Principes de grammaire hébraïque et chaldaïque* atteindrait le but, ou du
moins en approcherait de très-près, puisque M. de Sacy lui-même,
rendant compte de ce dernier travail dans le *Journal des Savants* (juin
1832), avait dit : « Cet ouvrage, tel qu'il est et qu'il a dû être d'après
le but que l'auteur s'est proposé, nous a paru écrit avec méthode ; les
principes y sont exposés d'une manière claire, quoique concise,
et l'ordre qui y est observé est propre à soulager la mémoire[1]. » Je
me mis donc immédiatement à l'œuvre ; mais des travaux qui furent
jugés plus urgents m'ayant forcé de l'interrompre, je ne pus la re-
prendre que bien des années après.

Ainsi, conformément au plan suivi dans ma grammaire hébraïque,

[1] Tous ceux qui ont étudié les langues sémitiques savent qu'il y a une
analogie parfaite entre l'hébreu et l'arabe, tant pour l'étymologie que pour la
syntaxe.

j'ai divisé celle-ci en trois parties. La première contient tout ce qui concerne les éléments de la parole et de l'écriture. Pour la facilité des commençants, j'ai cru devoir donner la transcription de tous les mots arabes, et même de toutes les lettres de l'alphabet, aussi souvent qu'ils se rencontrent dans le premier chapitre. C'est aussi en leur faveur que l'*Exercice de lecture* qui termine le même chapitre est suivi d'une Explication analytique dont le but est de justifier la prononciation de chaque mot par les règles mêmes de la grammaire : genre de travail qui ne se trouve dans aucune des nombreuses grammaires arabes que j'ai lues. L'*Elif*, le *Vav* et le *Ya* n'étant pas les seules consonnes qui se permutent, j'ai consacré un paragraphe aux permutations euphoniques des consonnes en général ; comme j'ai consacré un article à constater d'une manière générale les changements que subissent les voyelles, afin que lorsqu'on étudiera les différentes parties du discours, on comprenne plus facilement ce qui donne lieu à chacun de ces changements en particulier. La seconde partie, qui est consacrée aux diverses espèces de mots, traite de toutes les formes, variations et inflexions que chacune d'elles prend pour exprimer les genres, les nombres, les personnes, les temps, les modes, etc. En traitant successivement de l'article, des pronoms, des verbes, des noms et des particules, j'ai suivi l'ordre qui est incontestablement le plus propre à faciliter l'étude de l'ensemble de la grammaire. Quant aux *pronoms démonstratifs, relatifs et interrogatifs*, quoique M. de Sacy les appelle avec raison *article démonstratif, mots conjonctifs*, j'ai cru devoir leur conserver cette dénomination, parce qu'elle est généralement employée même dans les ouvrages postérieurs à l'illustre orientaliste. J'espère que la théorie du verbe, telle que je l'ai exposée, se gravera dans la mémoire sans beaucoup de peine , et que surtout la distinction que j'ai faite des *adformantes syllabiques* et des *adformantes assyllabiques*, en expliquant clairement et nettement le mécanisme principal de la conjugaison, en rendra l'étude extrêmement facile. J'ai ajouté au chapitre III un Appendice sur l'*affinité des verbes*, pour attirer l'attention sur cette propriété des verbes, laquelle ne peut manquer, en effet, de faire saisir à tous ceux qui l'étudieront avec soin une foule de nuances fines et délicates qui, en leur donnant une intelligence plus parfaite du vrai sens des textes, les mettront par là même en état d'en sentir beaucoup mieux les beautés. On trouvera peut-être que, dans cette seconde partie, qui est de sa nature purement étymologique, non-seulement j'ai donné sur les particules des notions qui appartiennent plutôt à la lexicographie qu'à la grammaire, mais que j'ai même anticipé sur la syntaxe. Tout en reconnaissant la justesse de ces deux observations, je répondrai à la première, avec M. de Sacy, que *les dictionnaires sont très-incomplets à cet égard*; et quant à la seconde, je ferai remarquer qu'en bien des occasions, cette anticipation est absolument inévitable, à moins de tomber dans le défaut si justement reproché aux dictionnaires. Enfin, comme la syntaxe, qui forme la dernière partie, contient des règles dont les unes s'appliquent seulement aux mots en particulier, et que les autres embrassent une proposition entière, et quelquefois même l'ensemble de toute une phrase, j'ai dû naturellement la diviser en *particulière* et en *générale*.

Si mon dessein eût été seulement de constater les faits grammaticaux dont la connaissance est rigoureusement nécessaire pour comprendre les livres arabes ordinaires, j'aurais terminé ici mon travail ; mais je voulais de plus fournir aux personnes qui désireraient faire une étude plus approfondie de la langue, le moyen d'entendre les écrits des grammairiens, des lexicographes et des scoliastes ; c'est pourquoi j'ai ajouté par forme de supplément, une seconde grammaire sous le titre de *La langue arabe considérée selon le système des grammairiens arabes*. Et comme cette seconde grammaire devait contenir, avec leur explication, les termes et les locutions techniques constamment employés par ces trois classes d'écrivains, je les ai soigneusement écartés de la première, où ils n'auraient été d'ailleurs, pour les commençants, qu'une pierre d'achoppement, ainsi qu'ils le sont toujours dans les ouvrages élémentaires de cette nature. J'ai dû excepter cependant les noms propres des lettres de l'alphabet ceux des voyelles et de quatre ou cinq signes orthographiques faciles à retenir et qui sont d'ailleurs d'une indispensable nécessité pour éviter la redite perpétuelle de longues périphrases. La suppression des voyelles dans le dernier exercice d'analyse grammaticale m'a paru un excellent moyen de préparer les étudiants à la lecture des auteurs arabes, qui, dans leurs ouvrages, n'écrivent généralement que les consonnes.

Si je n'ai pas fait entrer dans mon travail un traité de versification, dont la connaissance est cependant d'une nécessité absolue pour l'intelligence des poésies arabes, c'est que celui de M. de Sacy, malgré son peu d'étendue, renferme tout ce qu'il faut savoir sur la matière, en même temps qu'il se distingue par une simplicité et une clarté qu'on chercherait vainement dans tout autre ouvrage analogue [1].

Enfin je crois n'avoir rien négligé pour atteindre le but que j'ai dû me proposer en composant ce livre. Je ne prétends pas pour cela qu'il soit sans défaut ; je crains, au contraire, que, malgré tous mes soins, il ne me soit échappé bien des fautes. Mais j'ose espérer que ces fautes ne sont pas de nature à nuire essentiellement à l'utilité générale que peut offrir d'ailleurs l'ensemble de mon travail.

---

[1] Quoique le *Traité élémentaire de la Prosodie et de la Métrique des Arabes* fasse partie de la grammaire de M. de Sacy, il a été publié séparément, et on le trouve à Paris à la librairie européenne de M. Baudry.

PRINCIPES

DE

GRAMMAIRE ARABE

PREMIÈRE PARTIE.

—

DES SIGNES ÉLÉMENTAIRES.

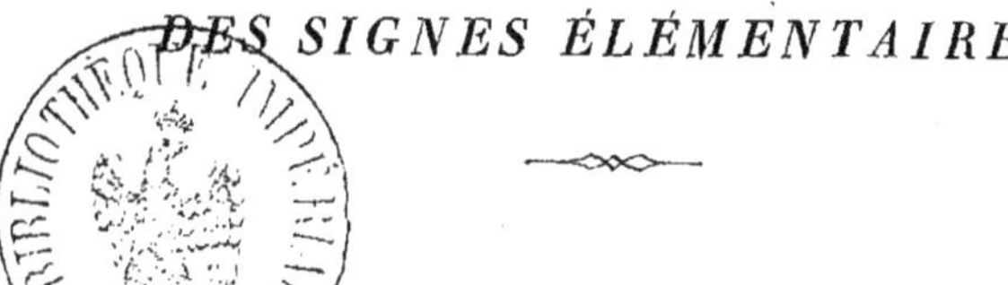

CHAPITRE PREMIER.

DES CONSONNES ET DES VOYELLES.

1. Les signes qui en arabe représentent les éléments de la parole et de l'écriture sont, comme chez plusieurs autres peuples de l'Orient, de deux sortes : les *lettres* qui expriment les consonnes, et certains traits qui peignent les voyelles. C'est principalement de la réunion de ces deux sortes de signes que se forment les *syllabes*.

2. Outre ces signes élémentaires, il en est plusieurs autres qui ont divers usages, et que nous comprendrons sous le nom de *signes auxiliaires*.

3. En lisant ou en écrivant l'arabe on va de droite à gauche.

ARTICLE I.

Des lettres et de leur division.

§ I. *Des lettres.*

4. L'alphabet arabe se compose de vingt-huit lettres dont la forme varie, suivant qu'elles sont : 1° entièrement isolées ; 2° jointes seulement à celle qui précède ; 3° jointes en même temps à celle qui précède et à celle qui suit ; 4° enfin jointes seulement à celle qui suit.

5. Tout ce qui concerne l'ordre des lettres, leur nom, leur figure et leur valeur, se trouve réuni dans le tableau suivant :

ORDRE des lettres.	NOMS DES LETTRES.	FIGURES DES LETTRES.				VALEUR littérale	VALEUR numérique
		Entièrement isolées.	Liées à la lettre précéd. seulement.	Liées à la lettre précéd. et à la suivante.	Liées à la lettre suivante seulement.		
1	Élif	أَلِفٌ	ا	ﻞ	»	»	Légère aspiration.	1
2	Ba	بَآءٌ	ﺐ	ﺒ	ٮ	ٮ	B	2
3	Ta	تَآءٌ	ﺕ	ﺖ	ٮٮ	ٮٮ	T	400
4	Tsa	ثَآءٌ	ﺙ	ﺚ	ٮٮٮ	ٮٮٮ	Ts	500
5	Djim	جِيمٌ	ﺝ	ﺞ	ﺠ	ﺟ	Dj	3
6	Ha	حَآءٌ	ﺡ	ﺢ	ﺤ	ﺣ	H	8
7	Kha	خَآءٌ	ﺥ	ﺦ	ﺨ	ﺧ	Kh	600
8	Dal	دَالٌ	ﺩ	ﺪ	»	»	D	4
9	Dzal	ذَالٌ	ﺫ	ﺬ	»	»	Dz	700
10	Ra	رَآءٌ	ﺭ	ﺮ	»	»	R	200
11	Za	زَآءٌ	ﺯ	ﺰ	»	»	Z	7
12	Sin	سِينٌ	ﺱ	ﺲ	ﺴ	ﺳ	S, Ç	60

ORDRE des lettres.	NOMS DES LETTRES.	FIGURES DES LETTRES.				VALEUR littérale.	VALEUR numérique
		Entièrement isolées.	Liées à la lettre précéd. seulement.	Liées à la lettre précéd. et à la suivante.	Liées à la lettre suivante seulement.		
13	Schin شِين	ش	ش	ﺸ	ﺷ	Ch, Sch	300
14	Sad صَاد	ص	ص	ﺼ	ﺻ	S, Ç	90
15	Dhad ضَاد	ض	ض	ﻀ	ﺿ	Dh	800
16	Tha طَاء	ط	ط	ﻄ	ﻃ	Th	9
17	Dha ظَاء	ظ	ظ	ﻈ	ﻇ	Dh	900
18	Aïn عَين	ع	ع	ﻌ	ﻋ	H	70
19	Ghaïn غَين	غ	غ	ﻐ	ﻏ	G	1000
20	Fa فَاء	ف	ف	ﻔ	ﻓ	F	80
21	Kaf قَاف	ق	ق	ﻘ	ﻗ	K	100
22	Caf كَاف	ك	ك	ﻜ , ﮑ	ﻛ , ﮐ	Q, C	20
23	Lam لَام	ل	ل	ﻠ	ﻟ	L	30
24	Mim مِيم	م	م	ﻤ	ﻣ	M	40
25	Noun نُون	ن	ن	ﻨ	ﻧ	N	50
26	Hé هَاء	ه	ه	ﻬ	ﻫ	H	5
27	Vav وَاو	و	و	»	»	V	6
28	Ya يَاء	ي	ي	ﻴ	ﻳ	Y	10

Observations sur l'alphabet.

6. Anciennement les Arabes observaient un autre ordre dans leur alphabet ; c'est celui que présente la valeur numérique des lettres dans le tableau précédent.

7. Les Arabes d'Afrique classent ainsi leurs lettres : ا ÉLIF, ب BA,

ت TA, ث TSA, ج DJIM, ح HA, خ KHA, د DAL, ذ DZAL, ر RA, ز ZA, ط THA, ظ DHA, ك KAF, ل LAM, م MIM, ن NOUN, ص SAD, ض DHAD, ع AÏN, غ GHAÏN, ف FA, ق KAF, س SIN, ش SCHIN, ه HÉ, و VAV, ي YA.

8. Les noms des lettres paraissent généralement n'être que de simples termes techniques ; c'est donc purement par hasard que quelques-uns d'entre eux se trouvent avoir la signification d'un objet connu, comme عَيْنٌ AÏNOUN, *œil*.

9. Les lettres د DAL, ذ DZAL, ر RA, ز ZA et و VAV sont quelquefois jointes au ه HÉ, à la fin des mots, de cette manière : ده DH, ذه DZH, وه VH.

10. On trouve, surtout dans les manuscrits, des lettres jointes ensemble et groupées de manière à ce que les commençants ne sauraient facilement ni les distinguer les unes des autres, ni découvrir leur position respective. Nous ne citerons que les groupes principaux ; ils suffiront pour faire déchiffrer les autres.

بج BA et DJIM.
بح BA et HA.
تج TA et DJIM.
حج HA et DJIM.
حه HA et HÉ.
حمل HA, MIM et LAM.
سمح SIN, MIM et HA final.
طح THA et HA.
عج AÏN et DJIM.
عح AÏN et HA final.
عمر AÏN, MIM et RA.
فح FA et HA.
فمح FA, MIM et HA.
فه FA et HÉ lié à la lettre suivante.
كا CAF et ÉLIF.
كما CAF, MIM et ÉLIF.
كه CAF et HÉ.
لا LAM-ÉLIF.
لح LAM et HA.
لم LAM et MIM lié à la lettre suivante.
لم LAM et MIM final.
لمح LAM, MIM et HA.
له LAM et HÉ.
لحج LAM, HA et DJIM final.
لحج LAM, HA et DJIM lié à la lettre suivante.
مي MIM et YA final.
نح NOUN et HA final.
نحج NOUN, HA et DJIM final.
نحي NOUN, HA et YA final.
هح HÉ et HA.
هما HÉ, MIM et ÉLIF.

11. Les noms propres ne sont jamais distingués par des lettres capitales. On écrit seulement les titres des différentes parties d'un livre ou dans un caractère plus gros que celui du corps de l'ouvrage, ou simplement en encre d'une autre couleur.

12. Lorsque le mot qui doit terminer une ligne se trouve trop long, on écrit ordinairement les dernières lettres dans l'interligne supérieur, ou on les rejette à la marge, ou bien enfin on les renvoie à la ligne suivante, en allongeant, soit la queue des lettres finales qui se trouvent dans cette ligne, soit les traits qui servent de liaison entre les lettres médiales.

* Cette dernière manière d'allonger les lettres s'emploie comme pur ornement, même au commencement ou au milieu d'une ligne, surtout dans la formule si usitée : بِسْمِ ٱللَّهِ ٱلرَّحْمَٰنِ ٱلرَّحِيمِ *Au nom de Dieu, le clément, le miséricordieux.* *

13. Il paraît certain que l'ÉLIF, le VAV et le YA ont fait autrefois, au moins dans certains cas, les fonctions de voyelles, comme ils semblent le faire encore souvent dans le système actuel de l'écriture arabe.

14. La valeur de certaines lettres n'ayant pu être rendue dans le tableau que fort imparfaitement, nous ajouterons ici quelques détails sur leur prononciation.

15. L'ا ÉLIF ayant le signe auxiliaire ء, dont nous parlerons plus bas, est une légère aspiration qui correspond à l'esprit doux des Grecs ; privé de ce signe, il ne se fait nullement sentir. Le défaut de caractère nous a empêché de l'exprimer dans la transcription française.

16. Le ث TSA ne peut se rendre en français que par *ts*, qu'on doit prononcer en appuyant légèrement sur le *s*. Cependant dans la plupart des cas les Arabes le prononcent simplement *t*, sans le distinguer du ت TA ; les manuscrits le confondent même souvent avec cette dernière lettre, et les Turcs et les Persans le prononcent comme notre ç.

17. Le ج DJIM s'articule en Égypte comme notre *g* suivi d'un *a* ou d'un *o*, par exemple, dans *gazon*, *gobelet*.

18. Le ح HA représente une aspiration plus forte que celle de notre *h* dans les mots *heurter*, *héros*. Nous l'avons rendu par un *h* qu'on devra prononcer comme s'il était surmonté de l'accent rude des Grecs.

19. Le خ KHA est une articulation produite par un râclement de la base de la langue contre le palais ; voilà pourquoi nous l'avons rendue en français par *kh*. Cette articulation répond à la *jota* des Espagnols, ou au *ch* des Allemands, lorsqu'il est précédé d'un *a* ou d'un *o*, comme dans *nacht*, *noch*.

20. Le ذ DZAL se prononce, chez la plupart des peuples qui parlent arabe, comme le simple د DAL ; chez quelques autres il répond à notre *z*. Nous avons cru devoir nous conformer à ceux qui l'articulent *dz*.

21. Le ش SCHIN répond à notre *ch*, ou au *sch* des Allemands et au *sh* des Anglais.

22. Le ص SAD doit s'articuler avec une sorte d'emphase, et par conséquent plus fortement que le س SIN, bien que ces deux lettres se confondent souvent, et dans la prononciation, et dans l'écriture.

23. Le ض DHAD équivaut au *d* français, mais prononcé d'une manière plus forte ou emphatiquement ; c'est pour cela que nous l'avons représenté par les ·deux lettres *dh*. Les Persans et les Turcs le prononcent comme notre *z*.

24. Le ط THA, plus fort que le ت TA, se prononce d'une manière emphatique *th*.

25. Le ظ DHA ne différant aucunement dans la prononciation du ض DHAD, nous n'avons pu le rendre en français que de la même manière.

26. Le ع AÏN est une aspiration très-forte et propre aux langues de l'Orient. On la produit en retirant fortement l'air extérieur vers le gosier. Faute de caractères qui en expriment exactement la valeur, nous l'avons rendue par notre *h*, comme le ح HA ; mais on doit la prononcer plus fortement. Cependant l'articulation du AÏN se fait moins sentir au commencement ou au milieu des mots.

27. Le غ GHAÏN, aspiration encore plus forte que le ع AÏN, participe de l'*r* et du *g*, et répond à l'*r* que les Provençaux prononcent en grasseyant. Aussi les uns rendent cette lettre par *rh,* d'autres par *rg ;* mais comme l'*r* ne doit se faire sentir que très-faiblement et que d'ailleurs le غ GHAÏN est une lettre gutturale, nous avons pensé qu'on la rendrait plus exactement par *gh.*

28. Le ق KAF, quoique lettre palatale (n° 36), se prononce du gosier, comme le خ KHA, mais avec moins de force. Les Arabes de Mascate et de Maroc l'articulent généralement comme le غ GHAÏN.

29. Le ك CAF équivaut à notre *k* amolli, c'est-à-dire à *q.*

30. Le ه HÉ n'est qu'une aspiration très-légère et souvent même insensible, comme notre *h* dans les mots la *Hollande,* la *Hongrie.* Lorsqu'il est surmonté de deux points (ة, ة, ـة), on le prononce *ta* comme le ت TA.

31. Le و VAV équivaut chez les Arabes à notre *ou* et au *w* anglais. Cependant comme les commençants pourraient le confondre avec la voyelle de même son, nous l'avons rendu par notre *v ;* c'est au reste la valeur que lui donnent les Turcs et les Persans.

32. Le ي YA se prononce, non comme notre voyelle *i,* mais comme *y* dans le mot français *yeux,* l'anglais *yacht,* et comme le *j* allemand dans *jagd,* etc.

33. Les vingt-huit lettres employées comme chiffres suivent l'ordre de l'ancien alphabet (n° 6) et la même progression que l'écriture, de droite à gauche. Neuf de ces lettres expriment les unités, neuf les dizaines, neuf les centaines et une le nombre mille. Le tableau suivant indique ces particularités.

ط	ح	ز	و	ه	د	ج	ب	ا
9	8	7	6	5	4	3	2	1

ص	ف	ع	س	ن	م	ل	ك	ى
90	80	70	60	50	40	30	20	10

غ	ظ	ص	ذ	خ	ث	ت	ش	ر	ق
1000	900	800	700	600	500	400	300	200	100

فج	عز	سح	نط	مه	كد	كب	يب	يا
93	87	68	59	45	24	22	12	11

غخيج	غغغ	غش	غق	خمب	خند	ناه	ركذ	قب
1613	3000	1300	1100	642	654	435	224	102

34. En arabe africain le ص vaut 60, le ض 90, le س 200, le ظ 800, le غ 900, le ش 1000.

35. Les Arabes ont encore une autre sorte de chiffre duquel est dérivé celui que nous appelons *chiffre arabe*, et qu'ils nomment eux-mêmes *chiffre indien*, comme l'ayant reçu de l'Inde. En l'employant ils procèdent de gauche à droite. Le tableau suivant indique les dix figures dont ce chiffre se compose, et la manière de l'employer.

١	٢	٣	٤	٥	٦	٧	٨	٩	٠
1	2	3	4	5	6	7	8	9	0

١٠	١١	١٢	١٣	١٤	١٥	١٦	١٧	١٨	١٩	٢٠
10	11	12	13	14	15	16	17	18	19	20

٣٠	٣٢	٤١	٥٦	١٠٧	٨٣٤	٩١٠	٤٠٠٢	٦٨١٧	٩٠١٥
30	32	41	56	107	834	910	4002	6817	9015

* Le point ٠, égal à notre 0, en prend souvent la forme, par conséquent il pourrait facilement être confondu avec le 5 arabe (٥). Pour éviter la confusion, ce point s'écrit alors lui-même ૭ . Ainsi ١૭૭ équivaut à notre 100, et ١ୱୱ à 155. *

§ II. *De la division des lettres.*

36. Les lettres de l'alphabet arabe, considérées par rapport à la partie de l'organe qui concourt le plus efficacement à leur articulation, se divisent en

Gutturales. ا ÉLIF, ح HA, خ KHA, ع AÏN, غ GHAÏN, ه HÉ.

Palatales. ج DJIM, ق KAF, ك CAF, ي YA.

Linguales. ر RA, ز ZA, س SIN, ش SCHIN, ص SAD, ض DHAD, ل LAM, ن NOUN.

Dentales. ت TA, ث TSA, د DAL, ذ DZAL, ط THA, ظ DHA.

Labiales. ب BA, ف FA, م MIM, و VAV. .

37. Considérées par rapport à la prononciation, les lettres arabes se divisent en *fortes* ou *sensibles,* et en *faibles,* qu'on appelle aussi *muettes* ou *quiescentes.* Les lettres *fortes* ou *sensibles* sont celles qui se prononce nt, 'est-à-dire qui font entendre le son produit par le mouvement de l'organe auquel elles appartiennent. Or toutes les lettres arabes sont *sensibles* de leur nature, et se prononcent toujours, excepté ا ÉLIF, و VAV, ي YA, qui, perdant souvent le son qui leur est propre, ne se prononcent pas ; c'est dans ce cas seulement qu'elles sont *muettes* ou *quiescentes*

38. On divise encore les lettres par rapport à leur affinité : 1° en *variables* ou qui se permutent, ce qui arrive surtout à celles qui sont du même organe, et plus particulièrement aux trois faibles ا ÉLIF, و VAV, ي YA, quoique d'organes différents ; 2° en *invariables,* c'est-à-dire qui n'éprouvent point de permutation ; comme sont toutes celles qui n'appartiennent pas aux deux classes précédentes.

39. Quant à ce qui regarde les fonctions grammaticales auxquelles on les emploie, les lettres se divisent en *radicales* et en *serviles.*

40. Enfin on divise les lettres en *solaires* et *lunaires.* Les lettres *solaires* sont : ت TA, ث TSA, د DAL, ذ DZAL, ر RA, ز ZA, س SIN, ش SCHIN, ص SAD, ض DHAD, ط THA, ظ DHA, ل LAM, ن NOUN. On ne les appelle *solaires,* que parce que le mot شمس SCHAMSOUN, *soleil,* commence par le ش SCHIN, qui est une d'entre elles. Toutes les autres sont *lunaires ;* leur nom vient de قمر KAMAROUN, *lune,* mot dont la première lettre ق KAF appartient à cette classe.

ARTICLE II.

Des voyelles.

41. On exprime les sons des voyelles par les deux signes ╱ et ╕. Le signe ╱ se place au-dessus ou au-dessous de la lettre avec laquelle il forme un son articulé. Dans le premier cas, il se nomme *fatha* et répond tantôt à notre *a*, tantôt à notre *è* ou *ai*; dans le second, on l'appelle *kesra*, et il se prononce tantôt comme notre *i*, tantôt comme notre *é*. Le signe ╕ qui se nomme *dhamma*, se place toujours au-dessus de la lettre, et répond tantôt à notre *o*, tantôt à notre *ou*[1]. Ces signes ne se lisent et ne se prononcent qu'après la lettre avec laquelle ils forment un son articulé. Le tableau suivant indique toutes ces particularités.

Nom.	Figure.	Valeur.	Ordre.
Fatha,	╱	*a, è*	ﺑَ *ba, bè*.
Kesra,	╱	*i, é*	ﺑِ *bi, bé*.
Dhamma,	╕	*o, ou*	ﺑُ *bo, boù*.

42. Ces voyelles, qui sont ordinairement brèves, deviennent longues par l'addition des lettres faibles ﺍ ÉLIF, ﻭ VAV, ﻱ YA, qui se nomment alors *lettres de prolongation*, et qui représentent à peu près notre accent circonflexe. Ainsi le FATHA suivi d'un ÉLIF, le KESRA d'un YA et le DHAMMA d'un VAV, se prononcent *â, é, oû*. Cependant ces lettres ne prolongent réellement la voyelle que lorsqu'elles ne sont affectées elles-mêmes ni de voyelle, ni d'aucun signe orthographique (n° 52), et dans ce cas même la prolongation n'a lieu qu'au commencement et au milieu des mots ; car à la fin elles perdent absolument toute valeur. C'est

---

[1] Pour nous, nous avons constamment rendu le *fatha* par *a*, le *kesra* par *i* et le *dhamma* par *ou*, afin d'épargner aux commençants surtout une grande difficulté, qu'ils pourront d'ailleurs aisément surmonter par le secours de l'instruction orale.

pourquoi on lit et on prononce : بَبُ BÂBOU , مَرِيض MARÎDHA, طُولِ THOÛLI ; mais دَعَا DAHA, نَغْزُو TAGH'ZOU, بَنِي BANI.

*Le و et le ي , précédés du FATHA et n'ayant eux-mêmes aucun signe, font souvent la fonction de l'ا ; ainsi صَلَوة, رَنَي, sont pour صَلَاة, رَمَا. *

43. On omet quelquefois l'ا ÉLIF de prolongation au milieu des mots ; mais alors on place perpendiculairement le *fatha* qui devrait le précéder : لِلّٰه pour لِلّاه LILLÂHI, هٰذَا pour هَاذَا HÂDZA, زَمٰن pour زَمَان ZAMÂNI. Au reste cette ligne perpendiculaire n'est qu'un petit ا ÉLIF.

44. Dans certaines inflexions grammaticales on ajoute au son de la voyelle finale des mots l'articulation de la lettre ن NOUN, N, qu'on appelle en conséquence *tanwin*[1], mot que nos grammairiens traduisent par *nunnation*. On représente cette articulation en redoublant le signe de la voyelle : بَابٌ BÂBOUN, جُنُبٍ DJOUNOUBIN, دَكَّةً DAQQATAN.

45. La *nunnation* rend muets l'ÉLIF et le YA qui terminent le mot ; ainsi دَخَلًا, هُدًى se prononcent DAKHALAN, HOUDAN.

46. Quoique par leur nature même les voyelles et les consonnes diffèrent essentiellement entre elles, cependant l'organe vocal, lorsqu'il produit les sons *a, e, i, o, ou,* se trouvant presque dans la position où il est quand il articule les lettres ا ÉLIF, و VAV, ي YA, il en résulte entre ا et *a*, entre و et *ou, o,* enfin entre ي et *i, e,* une certaine correspondance et une certaine affinité qui fait que chacune de ces consonnes s'associe souvent à la voyelle ou aux voyelles qui lui correspondent, lors même qu'il faut pour cela violer les règles ordinaires des inflexions grammaticales ; on le verra surtout au chapitre suivant. Ainsi ÉLIF et *fatha,* VAV et *dhamma,* YA et *kesra* sont, sous ce rapport, *analogues* et jusqu'à un certain point *homogènes.*

---

[1] Le mot *tanwin,* c'est-à-dire prononciation du *noun,* n'implique nullement chez les grammairiens arabes l'idée de *nasalité ;* ils expriment cette idée par خَنْخَنَةٌ KHANKHANATOUN, OU غُنَّة GHOUNNATOUN.

* Les voyelles, soit simples, soit accompagnées de la *nunnation*, ne se prononcent pas à la fin des mots suivis d'une pause (n° 68). *

ARTICLE III.

Des syllabes.

47. La réunion d'une ou de deux consonnes à une voyelle constitue la *syllabe*, et certains *signes auxiliaires* en marquent les principaux caractères.

48. La syllabe se divise en *simple* et en *composée*. La syllabe *simple* est formée d'une consonne et de la voyelle attachée à cette consonne; et la syllabe *composée* est formée d'une consonne, d'une voyelle attachée à cette consonne, et d'une autre consonne qui ne porte aucune voyelle, mais le signe auxiliaire ‿ (n° 53). Ainsi dans نَقُلْ NAKOUL, la syllabe نَ NA est *simple*, et la syllabe قُلْ KOUL est *composée*.

49. La syllabe terminée par ا ÉLIF, و VAV ou ي YA est réputée simple, lorsque ces lettres ne servent qu'à prolonger le son de la voyelle précédente (n° 42); mais elle est regardée comme composée, quand elle se termine par une de ces mêmes lettres surmontée du signe‿, ou par toute autre lettre quelconque mue par une voyelle *accompagnée de la nunnation* (n° 44). Ainsi dans les mots نَاصِرُونَ NÂÇIROÛNA, نَاصِرِينَ NAÇIRÎNA, les syllabes نَا NA, رُو ROÛ et رِي RÎ, sont *simples*; tandis que dans حِكْمَةٌ HIQ'MATOUN, قَعْدَةٍ KAH'DATIN, هُدًى HOUDAN, les syllabes ةٌ TOUN, ةٍ TIN et دًى DAN sont *composées*.

* L'*élif* que l'on trouve à la fin de certains mots, précédé d'un *vav* de prolongation (n° 42) ou d'un *vav* surmonté du signe auxiliaire‿, n'exerce aucune influence sur la syllabe; il est absolument muet, et il représente seulement une forme grammaticale. Ainsi قَالُوا, رَمَوْا se prononcent KALOU, RAMAV', comme s'ils n'avaient pas l'ا. *

50. Quoiqu'ils n'emploient aucun signe particulier pour exprimer l'accent tonique, les Arabes élèvent cependant la voix : 1° sur la pé-

nultième des mots dissyllabes; 2° sur l'antépénultième des mots qui ont plus de deux syllabes, à moins que la pénultième de ces mots polysyllabes ne soit une dès trois lettres de prolongation ا ÉLIF, و VAV, ي YA; car cès lettres attirent l'accent tonique sur toute syllabe qui les contient.

ARTICLE IV.

Des signes auxiliaires.

51. Les *signes auxiliaires* se divisent en *signes orthographiques* et en *signes de ponctuation et d'abréviation*.

§ I. *Des signes orthographiques.*

52. Il y a en arabe cinq *signes orthographiques*, savoir : le *djezma*, le *teschdid*, le *hamza*, le *wesla* et le *medda*.

Du djezma.

53. Le *djezma* (جْزْم *séparation*) sépare la syllabe composée à la fin de laquelle il se trouve de la syllabe suivante (n° 48[1]). On le place au-dessus de la lettre, et on le représente par ˒ ou par ˒ : عَبْدْ HAB'DOUN, أُقْعُدْ OUK'HOUD. Nous le représentons dans la transcription des mots par notre apostrophe.

54. Le و VAV et le ي YA servant de lettres de prolongation (n° 42) ne sont jamais marqués du *djezma*. Il en est de même de l'*élif* bref, ou du *ya* qui le remplace (n° 42 *).

55. Lorsque le و VAV et le ي YA sont marqués d'un *djezma*, ils conservent leur prononciation. Ainsi يَوْم se prononce YAV'MOUN et لَيْلَ LAY'LOUN.

---

[1] C'est ainsi que Silvestre de Sacy et beaucoup d'autres Européens expliquent ce signe, le confondant avec le سُكُون SOÛCOUN, *repos*, c'est-à-dire l'état quiescent d'une lettre; mais les Arabes, conformément à sa véritable signification, l'emploient pour exprimer le *retranchement*, l'*apocope* d'une lettre ou d'une voyelle qui termine un mot.

Du teschdid.

56. Le *teschdid* (نَشْدِيدْ *corroboration*) dont la figure est ّ , se place au-dessus d'une lettre pour indiquer qu'elle doit être articulée avec force et comme doublée dans la prononciation. Ainsi نَزَّلَ se prononce NAZZALA, en appuyant fortement sur la lettre *z*, parce que ce mot est mis pour نْزْزَلْ. D'où il résulte que tout *teschdid*, outre la voyelle écrite qui l'accompagne, contient implicitement une lettre avec un *djezma*.

57. Le *teschdid* se divise en *nécessaire* et *euphonique*. Le premier sert à constituer et à caractériser une forme particulière de mots, qui modifie leur signification primitive; ainsi نَزَلَ NAZALA signifie *il est descendu*, et نَزَّلَ NAZZALA, *il a fait descendre*. Le second s'emploie uniquement pour rendre la prononciation plus douce; on écrit donc et on prononce لَبِثَّ *labitta,* au lieu de لَبِثْتَ *labitsta ,* qui serait dur et désagréable à l'oreille.

* Le *teschdid euphonique* a lieu, 1° sur les lettres solaires (n° 40) qui suivent l'article اَلْ (n° 143); ainsi l'on écrit et l'on prononce الرَّحِيمُ AR'-RAHÎMOU, et non الْرَحِيمُ AL'RAHÎMOU ; 2° après un ن, soit écrit, soit vir- tuellement renfermé dans un *tanwin* (n° 44) ; ainsi l'on écrit مِنْ رَبِّهِ, كِتَابٌ مُبِّينٌ ,et on prononce MIR'RABIBIHI, QITABOUM'MOUBBÎNOUN; 3° quand il se rencontre, sans aucune voyelle intermédiaire, deux consonnes dont l'articulation est presque semblable, et qu'il serait difficile de les prononcer avec exactitude chacune séparément ; c'est pourquoi, au lieu d'écrire أَرْدَتُ, on écrit et on prononce أَرَدتَّ ARATTOU ; 4° dans plusieurs autres cas encore, comme on le voit par les manuscrits du Coran. *

Du hamza.

58. Le *hamza* (حَمْزْ *piqûre*), dont la figure ء représente un *aïn* tronqué, s'emploie pour donner une légère aspiration à l'ÉLIF, qui, sans cela, serait entièrement muet (n° 15). Il se met au-dessus de

l'*élif* lorsque celui-ci est mu par un *fatha* ou par un *dhamma*, ou bien marqué d'un *djezma* ; et alors la voyelle ou le *djezma* se place au-dessus du *hamza* : أَنْصَرَ AN'ÇARA, أُنْصُرُ OUN'ÇOUR', رَأْسٌ RA'ÇOUN. Mais si l'*élif* est mu par un *kesra*, le *hamza* se place au-dessous de la lettre et le *kesra* au-dessous du *hamza* : إِضْرِبْ IDH'RIB'.

59. Au lieu d'écrire l'*élif* et le *hamza*, on ne figure souvent que le *hamza*, que l'on place alors dans la série des lettres ; ainsi on écrit دَأْبٌ DAABOUN au lieu de دَأْبٌ, سُوءٌ SOÙOUN et شَيْءٍ SCHAY'IN, au lieu de سُوو et de شَيِي. Quelquefois on unit les deux lettres entre lesquelles devrait être placé le *hamza*, par un trait au-dessus duquel on met le *hamza* : يَسْأَلُ YAÇ'ALOU, pour يَسْأَلُ.

60. Lorsque le ي *ya* se trouve affecté d'un *hamza*, il perd ordinairement ses deux points ; ainsi l'on écrit قَائِلٌ KAYILOUN, au lieu de قَائِلٌ.

* Quand il se trouve deux *hamza* de suite, on en supprime ordinairement un pour adoucir la prononciation. *

Du wesla.

61. Le *wesla* (وَصْلٌ *jonction*), ainsi figuré ᵚ, se place sur un *élif* hamzé qui se trouve au commencement d'un mot, pour indiquer que cet *élif* doit être joint au mot qui le précède. Lorsque cette union a lieu, l'*élif* est toujours suivi d'une lettre djezmée, laquelle alors se prononce en une syllabe composée avec la dernière syllabe du mot précédent, et il perd sa valeur aussi bien que sa voyelle propre, en devenant absolument muet. Ainsi on écrit et on prononce رَأَيْتُ ٱبْنَكَ RAAY'TOU-B'NAQA, عَبْدُ ٱلْمَلِكِ HAB'DOU-L'MALIQI, au lieu de رَأَيْتُ إِبْنَكَ RAAY'TOU IB'-NAQA, عَبْدُ أَلْمَلِكِ HAB'DOU AL'MALIQI. Le *wesla* représentant à peu près notre trait d'union -, c'est par ce signe que nous l'avons figuré en le transcrivant.

62. Si le mot qui doit s'unir par le *wesla* avec le mot suivant finit par une lettre *faible* (n° 37) non djezmée, cela n'empêche pas l'union :

في ٱلْمَسْجِدِ غَزَا ٱلْمَدِينَةَ GHAZA-L'MADÎNATA, أَبُو ٱلْوَزِيرِ ABOU-L'VAZÎRI, FI-L'MAS'DJIDI.

* L'union indiquée par le *wesla* n'a lieu que dans les cas suivants :
1° dans l'article أَلْ AL ; 2° dans les impératifs réguliers de la 1ʳᵉ Forme des verbes ; 3° dans les temps de la VIIᵉ Forme des verbes et des Formes suivantes qui commencent par un *élif ;* 4° dans les dix noms suivants :
إِبْنٌ IB'NOUN, إِبْنَةٌ IB'NATOUN, إِبْنَمٌ IB'NAMOUN, إِثْنَانِ ITS'NÂNI, إِثْنَتَانِ ITS'NA-TÂNI, إِسْتٌ IS'TOUN, إِسْمٌ IS'MOUN, إِمْرَأٌ IM'RAOU, إِمْرَأَةٌ IM'RAATOUN, أَيْمُنٌ AY'MOUNOUN. *

63. Quand le mot qui précède l'*élif* d'union finit par une consonne djezmée, le *djezma* de cette consonne se change par euphonie en une des trois voyelles *fatha, kesra, dhamma* (n° 135).

64. Si le mot qui précède l'*élif* d'union finit par une voyelle accompagnée de la *nunnation* (n° 44), on prononce après cette voyelle un *kesra* que l'on n'écrit pas ; ainsi مَدِينَةُ افْتَتَحَتْ se prononce MADÎNA-TOUN-IF'TATAHAT'.

65. L'*élif* d'union se supprime dans certains cas.

* Cette suppression a lieu : 1° dans la formule بِسْمِ ٱللَّهِ, que nous avons déjà citée (n° 12), où بِسْمِ est mis pour بِٱسْمِ ; 2° dans إِبْنُ *fils*, quand il est entre deux noms propres qui ont relation entre eux, comme dans زَيْدُ بْنُ عَمَّارٍ *Zéid, fils d'Ammar*, et non quand ces deux noms propres forment deux parties différentes de la proposition, comme dans زَيْدُ ٱبْنُ مُحَمَّدٍ *Zeid (est) fils de Mohammed ;* 3° dans l'article أَلْ précédé de لِ ou de لَ, comme لِلْحَقِّ et لَلْحَقِّ, pour لِٱلْحَقِّ et لَٱلْحَقِّ ; 4° quand il est précédé de l'adverbe interrogatif أَ *est-ce ?* comme أَبْنُكَ *est-ce ton fils ?* pour أَٱبْنُكَ. *

Du medda.

66. Lorsque l'*élif* de prolongation (n° 42) est suivi immédiatement d'un autre *élif* mu par une voyelle simple ou un *tanwin*, au lieu d'écrire

ce dernier *élif*, on n'écrit que le *hamza* avec la voyelle, et l'on met sur l'*élif* de prolongation le signe ~ nommé *medda* (مَدّ *extension*) ; et au commencement d'une syllabe, on supprime même le *hamza* : سَمَاءٌ SA-MÂOUN, أَمَنَ ÂMANA, au lieu de سَمَاءٌ, الأَمَنَ.

67. Le *medda* se met aussi sur les lettres employées comme chiffres, ou par abréviation, pour tenir lieu des mots entiers (n° 69).

§ II. *Des signes de ponctuation et d'abréviation.*

68. Dans les manuscrits ordinaires, les Arabes n'emploient aucun signe de ponctuation pour marquer la fin ou les différentes parties de la période ; ils indiquent seulement la fin d'un sujet, soit par un point rouge, soit par un des signes ٢, ٤٢, ٣, soit en écrivant en rouge le mot qui commence un nouvel article; ou en prolongeant une des lettres de ce premier mot, comme وَفِيهَا VAFÎHA. Mais dans les manuscrits du Coran, outre ces signes, de petites lettres écrites en encre rouge dans l'interligne supérieur servent à distinguer les endroits où le lecteur doit faire une pause, pour rendre plus intelligible le sens du discours. On trouvera plus bas (n° 528) l'explication de ces lettres, et les changements que produit la pause dans la prononciation.

69. Les abréviations, assez rares, sont quelquefois indiquées par un MEDDA (n° 67); mais le plus souvent aucun signe particulier ne les distingue. Nous ferons connaître ailleurs (nᵒˢ 528, 529) les principales.

APPENDICE AU CHAPITRE PREMIER.

EXERCICE DE LECTURE (*Fabl.* de Locman, XXIII).

ts'tsal'dja	*ya'khoudzou-*	*vaak'bala*	*tsiyábahou*	*nazaha*	*yav'min*	*fi*	*as'vadou*	
ٱلثَّلْج	يَأْخُذُ	وَأَقْبَلَ	ثِيَابَهُ	نَزَعَ	يَوْمٍ	فِي	أَسْوَدُ	
la neige	à prendre	et se mit	ses vêtements	quitta	un jour	dans	Un nègre	
djis'maqa	*tah'rouqou*	*mádza*	*lahou*	*fakíla*	*djis'mahou*	*bihi*	*vayah'rouqou*	
حِسْمَكَ	تَعْرُكَ	مَاذَا	لَهُ	فَقِيلَ	حِسْمَهُ	بِهِ	وَيَعْرُكُ	
ton corps	frottes-tu	Pourquoi	à lui :	Or on dit	son corps.	avec elle	et à frotter	

radjouloun   faata   ab'yidh'dhou   lahal'li   fakâla   bi-ts'tsal'dji

بَالثَّلْجِ   فَقَالَ   لَعَلِّي   أَبْيِضّ   فَأَتِي   رَجُلٌ

un homme   Mais vint   je blanchirai.   Peut-être que moi   Et il dit :   avec la neige ?

youm'qinou   fakad'   naf'saqa   tout'hibou   la   hâdza   ya   lahou   kâla   haqímoun

يُمْكِنُ   فَقَدْ   نَفْسَكَ   تُتْعِبْ   لَا   هَذَا   يَا   لَهُ   قَالَ   حَكِيمٌ

il est possible   car   toi-même ;   fatigues pas ne   un tel ! O   à lui : qui dit   sage

s'savâdou   yar'tad'dou-   la   vah'va   ts'tsal'dja   youçav'vida-   djis'mouqa an'

السَّوَادَ   يَرْتَدّ   لَا   وَهُوَ   الثَّلْجِ   يُسَوِّدَ   جِسْمَكَ   أَنْ

la noirceur.   perdra pas   ne mais   lui   la neige ;   noircisse   ton corps   que

Explication [1].

1° أَسْوَدُ AS'VADOU. L'*élif* étant surmonté du ٴ *hamza* (n° 58) أ, doit se prononcer comme une légère aspiration (n° 15) ; et comme le *hamza* lui-même est mu par un *fatha*, il répond à notre *a* voyelle. — La syllabe أَس AS est composée, puisqu'elle est formée d'une consonne représentée par l'*élif* hamzé, puis de la voyelle *fatha* attachée à cette consonne, et enfin d'une autre consonne, le *sin* surmonté du *djezma* سّ (n°ˢ 48, 53). Mais وَ *va* et دُ *dou* constituent des syllabes simples, parce qu'ils ne sont formés que d'une consonne et de sa voyelle (n° 48). Ainsi le mot entier أَسْوَدُ est formé de trois syllabes, AS', VA et DOU.

2° فِي. Quoique le *kesra*, c'est-à-dire la voyelle *i* (n° 41), soit immédiatement suivie du *ya*, la syllabe cependant est simple, parce que le ي YA, immédiatement précédé de la voyelle *kesra*, voyelle qui lui est homogène (n° 46), et dépourvue d'ailleurs de tout son et de toute articulation, ne saurait former une syllabe composée (n° 48). De plus, le *kesra* reste bref, malgré l'addition du *ya*, puisque les lettres dites de

---

[1] Nous n'expliquerons pas la prononciation de tous les mots renfermés dans cet exercice, parce que nous tomberions dans des redites continuelles. Mais les explications que nous donnerons suffiront pour que le lecteur puisse facilement se rendre compte de ceux sur lesquels nous n'avons rien dit. D'ailleurs, ce petit travail, laissé à ses efforts, ne lui sera pas inutile.

prolongation n'allongent réellement pas le son de la voyelle qui les précède immédiatement, lorsqu'elles se trouvent à la fin des mots (n° 42).

3° يَوْمٍ YAV'MIN. La syllabe يَوْ YAV est composée (n° 48) ; le *vav* conserve ici le son *v* qui lui est naturel, et, par conséquent, il n'est point *quiescent* (n° 37), parce qu'il est marqué d'un *djezma* (n° 53). La syllabe مٍ MIN est également composée, parce que la consonne م MIM est mue par la voyelle accompagnée de la *nunnation* ٍ IN (n° 49).

4° نَزَعَ NAZAHA, mot formé de trois syllabes simples (n° 48). Le ع AÏN, quoique transcrit par notre *h*, doit se prononcer plus fortement (n° 26).

5° ثِيَابَهُ TSIYÂBAOU. ثِ TSI est une syllabe simple ; le *ya* qui le suit, se trouvant mu par une voyelle, est une véritable consonne, et par conséquent constitue avec le *fatha* dont il est surmonté une syllabe à part. Or cette syllabe est simple, et non composée, parce que l'*élif* ne sert ici qu'à prolonger le son du *fatha* précédent (n° 40). — بَ formant deux syllabes, le mot entier en forme quatre.

6° وَأَقْبَلَ VAAK'BALA, mot de quatre syllabes : وَ VA, أَقْ AK, بَ BA, لَ LA. Voy. pour l'explication de ا ce qui vient d'être dit au n° 1.

7° يَأْخُذْ YA'KHOUDZOU-. La syllabe يَ YA est composée, puisqu'elle est formée de la consonne YA, puis de la voyelle *fatha*, et enfin de l'*élif* hamzé, qui est une autre consonne répondant à une légère aspiration (n° 58), et qui se rattache à la syllabe précédente يَ YA, en la séparant de la suivante au moyen du *djezma* dont il est surmonté (n° 53). — Le خ KHA est une gutturale très-forte, aussi la rendons-nous par nos deux lettres KH (n° 19). — Quant au trait - peint après le mot YA'KHOU-DZOU, il représente le *wesla* qui est placé au commencement du mot suivant.

8° الثَّلْجَ TS'TSAL'DJA. L'*élif*, à cause du *wesla* ‿, ne se prononce point ; il se joint au mot qui précède (n° 61). A cause du *wesla* encore, le ل *lam* suivant devrait être djezmé et se prononcer en une syllabe composée avec la dernière du mot précédent (n° 61); mais comme le ث TSA qui suit immédiatement le ل LAM est une des lettres solaires (n° 40), le ل LAM perdant son articulation propre, ou plutôt s'assimilant, par euphonie, au ث TSA que l'on double par un *teschdid* (n° 56), et qui ainsi doublé équivaut à ثْثَ TS'TSA, c'est ثّ TS, et non le ل LAM, que l'on joint à la syllabe دْ *dzou* qui termine le mot précédent.

9° وَيَعْرُكَ VAYAH'ROUQOU. Le ك, lettre palatale répond à *c* dur ou à *q* (n°s 29, 36).

10° فَقِيلْ FAKÎLA. La syllabe قِي est simple, quoiqu'elle soit formée de deux consonnes, ق KA et ي YA, et d'une voyelle, *kesra*, *i*, parce que le ي YA n'est ici qu'une simple *lettre de prolongation* (n° 42).

11° مَاذَا MÀDZA. Dans la syllabe مَا MÂ, la voyelle *fatha* est longue, parce que l'*élif*, au commencement comme au milieu des mots, prolonge le son de la voyelle qui le précède; dans la syllabe ذَا DZA, au contraire, la même voyelle *fatha* reste brève malgré l'addition de l'*élif*, parce que cet *élif* se trouve à la fin du mot (n° 42).

12° بِالثَّلْجِ BI-TS'TSAL'DJI. Voy. au n° 8° pourquoi l'*élif* et le *lam* qui le suit immédiatement, ne se prononcent pas, etc.; et à la fin du n° 7° ce que signifie le trait qui figure dans la transcription.

13° لَعَلِّي LAHAL'LI. Le ل LAM surmonté du *teschdid* équivaut à deux ل LAM dont le premier serait affecté d'un *djezma* (n° 57). — Le ي YA n'est pas djezmé, parce qu'il est immédiatement précédé du *kesra*, voyelle qui lui est homogène (n° 46), et dont il ne prolonge cependant pas le son, parce qu'il se trouve à la fin du mot (n° 42). Ce YA, quoique ajouté à la voyelle *kesra*, ne rend pas la syllabe composée (n° 49).

14° أَبْيَضٌ AB'YIDH'DHOU. La voyelle qui est placée sur l'*élif* hamzé est le *fatha* (n° 41); les autres particularités concernant cet *élif* se trouvent expliquées au n° 1°. — Le ضّ est pour ضْضَ (n° 56).

15° فَأْتَى FAATA, mot de trois syllabes : فَ FA, أ A, تَى TA. Le ي YA est absolument muet; c'est pour cela qu'il n'a pas été rendu dans la transcription. Or il est muet parce que, précédé du *fatha* et n'étant affecté d'aucun signe, il tient lieu d'un *élif* (n° 42 *) qui serait muet lui-même, si on l'écrivait (n° 42).

16° رَجُلٌ RADJOULOUN. La voyelle placée sur le ل LAM est le *dhamma* accompagné du *tanwin*, ou articulation de la lettre ن N (n° 44).

17° يَا YA. Voy. فِي FI au n° 2°.

18° هَٰذَا HÂDZA est pour هَاذَا. Le premier *élif* étant un *élif de prolongation* au milieu d'un mot, a été omis, comme cela arrive quelquefois, et suppléé par un *fatha* perpendiculaire qui a dû en conséquence être transcrit par notre â (n° 43).

19° يُسَوِّدُ YOUCAV'VIDOU. وّ est pour وْو (n° 56).

20° يَرْتَدُّ YAR'TAD'DOU-. Voy. le n° 8° et la fin du n° 7°.

21° Le signe ﳞ marque la fin du sujet (n° 68).

—◇◇◇—

CHAPITRE SECOND.

DES CHANGEMENTS DÉ CONSONNES ET DE VOYELLES.

70. Les mots arabes subissent, tant dans leurs consonnes que dans leurs voyelles, divers changements qui paraissent pour la plupart nécessités par l'euphonie. Outre ceux que l'on a pu remarquer au chapitre précédent, il en est d'autres que nous devons indiquer ici.

ARTICLE I.

Des changements de consonnes.

71. Les changements de consonnes se font par *assimilation*, par *permutation* et par simple *retranchément*. L'*assimilation* a lieu lorsqu'une consonne dépourvue de voyelle se confond avec la lettre suivante par le moyen d'un *teschdid* (n° 56) ; la *permutation*, quand on

substitue une lettre à une autre ; et le *retranchement*, lorsqu'on la supprime sans aucune compensation. Toutes les consonnes en général sont plus ou moins soumises à ces sortes de changements ; mais les lettres ا و ي en particulier les subissent très-fréquemment.

§ I. *Des changements des consonnes en général.*

72. Les consonnes d'un même organe se mettent fréquemment l'une pour l'autre, sans changer la signification des mots ; ainsi آلٌ et هَالٌ signifient également *famille*; حَزَقَ et حَزَكَ *il a lié*; زَلَجَ et زَلَكَ *il a glissé*; حَطَبَ et حَصَبَ *il a coupé*; ثَابَ et ثَابَ *il est revenu*; رَجَزَ et رَجَسَ *il a tonné*; إِبَانٌ et إِوَانٌ *temps* ; بَكَّةُ et مَكَّةُ *la Mecque*, etc.

73. Lorsqu'une lettre doit être doublée sans l'interposition d'une voyelle, les Arabes n'écrivent que celle qui occuperait naturellement la première place, et ils changent l'autre en la consonne suivante qu'ils doublent par un *teschdid*. C'est sur ce principe qu'est fondé ce que nous avons dit plus haut en parlant de ce signe auxiliaire (nᵒ 56).

74. Le نْ, se trouvant placé au milieu d'un mot, s'assimile à la lettre suivante que l'on double par un *teschdid* euphonique : إِلَّا pour إِنْ لَا *sinon*; مِمَّا, عَمَّا pour مِنْ مَا, عَنْ مَا *de ce que*, etc.

75. Un changement analogue a lieu dans certains cas pour les lettres ا, ث, و, ي; ainsi on écrit : إِتَّخَذَ pour إِأْتَخَذَ *il a pris*; إِتَّبَتُوا pour إِتْبَتُوا *ils ont été consolidés*; مُتَّسِعٌ pour مُوْتَسِعٌ *étendu*; إِتَّبَسَ pour إِتْبَسَ *il a été desséché*, etc.

76. Le تْ subit divers changements également euphoniques ; ainsi : 1ᵒ placé immédiatement après un د ou un ذ, il se permute en د; 2ᵒ précédé d'une des lettres ظ, ص, ض, il se change en ط; 3ᵒ après un د ou un ط, et quelquefois même après un س ou un ش, il s'assimile à ces lettres et s'y unit par un *teschdid*; 4ᵒ précédé d'un autre ت, il disparaît quelquefois par simple *retranchement*; 5ᵒ enfin on le double souvent par un *teschdid*, bien que la lettre précédente qu'il représente par sa

réduplication soit conservée, au moins dans l'écriture. On trouvera les exemples de ces divers changements dans l'exposé de la théorie du verbe.

§ II. *Des changements des lettres* ا و ي *en particulier.*

77. Les trois lettres ا و ي se mettant souvent l'une pour l'autre, et se supprimant même dans plusieurs cas, les grammairiens arabes ont établi certaines règles qui expliquent presque toutes les anomalies auxquelles la suppression et la permutation de ces lettres peut donner lieu. La connaissance de ces règles est très-importante pour trouver la racine des mots dans la composition desquels entrent une ou plusieurs de ces lettres[1]; mais avant d'en faire l'exposé, nous rappellerons que lorsqu'il est dit que les lettres ا و ي sont précédées d'une voyelle, il faut toujours entendre qu'elles en sont précédées immédiatement, sans l'interposition d'un *djezma,* ou, ce qui est la même chose, d'un *teschdid*, puisque ce signe renferme toujours une lettre djezmée (n° 56), ou bien enfin d'une lettre quiescente (n° 37).

78. Les règles de permutation sont communes aux trois lettres ا و ي, ou particulières à chacune d'elles, ou applicables à و et à ي, ce qui donne lieu de les classer en cinq tableaux.

Iᵉʳ TABLEAU.

RÈGLES COMMUNES AUX TROIS LETTRES ا و ي.

79. PREMIÈRE RÈGLE. Les lettres ا و ي n'éprouvent aucun changement lorsqu'elles sont au commencement des mots.

---

[1] Il n'est pas nécessaire d'apprendre ces règles de manière à les savoir par cœur. Il suffira d'en avoir une teinture, d'autant plus qu'on devra y revenir quand on étudiera les verbes irréguliers auxquels elles sont applicables. On peut remarquer dès maintenant que les changements de ا و ي, quoique fréquents, n'ont presque jamais lieu lorsque ces lettres se trouvent au commencement du mot, et qu'ils arrivent le plus souvent lorsque ces mêmes lettres sont affectées, ou du moins immédiatement précédées de voyelles homogènes (n° 46) aux consonnes en lesquelles s'opère leur permutation.

80. DEUXIÈME RÈGLE. Ces trois lettres étant quiescentes après une voyelle hétérogène (n° 46) se changent ordinairement en la lettre analogue à cette voyelle (n° 46), c'est-à-dire qu'après un *fatha*, le و et le ي se changent en ا; qu'après un *kesra*, le ي prend la place de l'ا et du و, et qu'après un *dhamma*, le و prend celle de l'ا et du ي. Ainsi l'on dit : بِئْرٌ pour بَأْرٌ *puits*; دَارٌ pour دَيْرٌ *maison*; نَارٌ pour نَوْرٌ *feu*, etc.

81. Cependant le و et le ي, précédés d'un *fatha*, n'éprouvent souvent aucun changement; dans ce cas, ils sont affectés d'un *djezma*, et alors ils forment une diphthongue avec le *fatha*, comme dans يَوْم *jour*, لَيْل *nuit* (n° 55); ou ils n'ont pas de *djezma*, et ils se prononcent comme un ا de prolongation (n° 42*). Ainsi رَمَيَهُ *il l'a jeté*, صَلَوةٌ *prière*, se prononcent comme s'ils étaient écrits صَلَاةٌ, رَمَاهُ.

82. TROISIÈME RÈGLE. Les lettres ا و ي étant quiescentes disparaissent quand la consonne qui doit les suivre est marquée d'un *djezma* : يَخَفْ pour يُخَافْ *qu'il craigne*; يَقُمْ pour يَقُومْ *qu'il se lève*; يَسِرْ pour يَسِيرْ *qu'il aille*.

* Il faut excepter l'ا d'union (n° 61), comme dans فَٱنْصُرْ *mais porte secours.* *

IIe TABLEAU.

RÈGLES PARTICULIÈRES A L'ا.

83. PREMIÈRE RÈGLE. L'ا sensible (n° 37) au milieu d'un mot se change en و, s'il a pour voyelle un *dhamma*, et en ي, si sa voyelle est un *kesra* : رَؤُوفٌ pour رَأُوفٌ *clément*; سُئِلَ pour سُأِلَ *il a été prié*.

84. DEUXIÈME RÈGLE. L'ا sensible à la fin d'un mot se change en و quand il est précédé d'un *dhamma*, et en ي quand il est précédé d'un *kesra* : سُؤَالٌ pour سُأَالٌ *interrogation*, فِئَةٌ pour فِأَةٌ *armée*.

85. TROISIÈME RÈGLE. L'ا sensible à la fin d'un mot se change en و quand il est précédé d'un *dhamma*, et en ي quand il est précédé d'un *kesra* : دَنُوَ pour دَنَأَ *il a été vil*; خَطِي pour خَطَأَ *il a péché*; يَدْنُوَ pour يَدْنَأَ *il sera vil*; هَانِي pour هَانَأَ *donnant*.

86. QUATRIÈME RÈGLE. L'ا à la fin d'un mot, étant précédé d'un *fatha*, se change quelquefois en و quand il est mu par un *dhamma;* ainsi on écrit تَنْفَتُوْ et تَنْفَتَأُ *tu cesseras.*

87. CINQUIÈME RÈGLE. L'ا, soit hamzé, soit de prolongation, étant précédé d'un autre ا mu par un *fatha*, disparaît; cette suppression est indiquée par la position perpendiculaire du *fatha* (n° 43), ou par le *medda* (n° 66) : أَمَنَ ou آمَنَ pour أَأْمَنَ *il a cru.*

* Cette suppression de l'ا a lieu aussi quelquefois pour l'ا de pro-longation dans certains mots très-usités, quoiqu'il ne soit pas précédé d'un autre ا (n° 43) : رَحْمَنَ pour رَحْمَانَ *miséricordieux;* قِبَمَةَ pour قِيَامَةَ *résurrection.* *

88. SIXIÈME RÈGLE. Lorsque de deux ا qui se rencontrent au milieu d'un mot, le premier est un ا *hamzé* mu par un *fatha*, et le second un ا de prolongation, le premier se change souvent en و : تَوَامَرُوا pour تَأَامَرُوا ou تَآمَرُوا *vous délibérerez;* ذَوَائِبُ pour ذَأَائِبُ ou ذَآئِبُ *che-veux qui flottent sur le front.*

89. *Première remarque.* Quand le و ou le ي tiennent la place d'un ا radical, ils sont toujours marqués d'un *hamza*, excepté quand la let-tre qui les précède est elle-même un ا hamzé. Ainsi l'on écrit أُوذِىَ *il a éprouvé un dommage,* pour أُؤْذِىَ, et إِيذَآ *nuire,* pour إِؤْذَآ.

90. *Deuxième remarque.* L'ا qui se trouve au commencement d'un mot est censé initial lors même qu'il est précédé d'une des particules inséparables (n° 356) أَ, بَ, فَ, لَ, لِ, وَ. Ainsi on écrit لِأَبٍ *à un père,* كَأُمٍّ *comme une mère,* et non لِئَبٍ, كُؤمٍّ. Il faut excepter quelques mots composés, comme لِئَلَّا pour *ne pas,* حِينَئِذٍ *alors,* pour لِأَلَّا, حِينَاذٍ, etc.

91. *Troisième remarque.* Quand la particule interrogative ا se trouve placée devant un mot qui commence par un ا, on substitue ordinaire-ment à cet ا un *hamza* : أَنَبِّئُكُمْ *est-ce que je vous annoncerai?* pour

أَأَنْتَكُمْ. Cependant on substitue quelquefois un و au second ! lorsqu'il est mu par un *dhamma,* et un ي lorsqu'il est mu par un *kesra :*
أَوَنْبِكُمْ pour أَأَنْتَكُمْ, et أَبِذَا *est ce que si ?* pour أَإِذَا.

<h3 style="text-align:center">IIIe TABLEAU.</h3>

RÈGLES PARTICULIÈRES AU و [1].

92. PREMIÈRE RÈGLE. Le و au milieu d'un mot, devant être mu par
un *fatha* et précédé d'un *kesra,* se change souvent en ي : ثِيَابٌ *vê-*
tements, pour ثِوَابٌ, etc.; quelquefois il reste invariable : سِوًي *égal,* etc.

93. DEUXIÈME RÈGLE. Le même changement a lieu quelquefois, quand
le و mu par un *fatha* est précédé d'un autre *fatha* ou même par un
dhamma : قِيَامَةٌ *insurrection,* pour قِوَامَةٌ ; صُيَانَةٌ *vestiaire,* pour صُوَانَةٌ, etc.

94. TROISIÈME RÈGLE. Le و se change aussi en ي après un *fatha,* et
même après un *dhamma,* lorsqu'il est doublé par un *teschdid :* قَيُّومٌ
subsistant par lui-même, pour قَوُّومٌ; صُيَّمٌ *qui jeûnent,* pour صُوَّمٌ, etc.

95. QUATRIÈME RÈGLE. Lorsqu'au milieu d'un mot il se trouve de
suite deux و dont le premier est mu par un *dhamma* et le second est
quiescent, le premier prend un *hamza*[2], ou s'unit au second par un
teschdid, et le second se retranche souvent sans compensation :
خُؤُولَةٌ pour خُوُولَةٌ *oncles maternels ;* قُؤِلَ pour قُووِلَ *on lui a parlé ;*
طَأُوسٌ pour طَاوُوسٌ *paon.*

96. CINQUIÈME RÈGLE. Le و final, précédé d'un *fatha,* n'admet point
de voyelle ; mais il devient quiescent et se change en ا si le mot n'a
que trois lettres, et en ي s'il en a plus de trois. La même chose a lieu

---

[1] Comme le و placé au commencement des mots n'éprouve de changements
que dans certains cas particuliers, et encore très-rarement, nous parlerons de
ce changement lorsque l'occasion s'en présentera.

[2] Les commençants doivent d'autant plus faire attention à cette règle, qu'ils
seraient tout naturellement portés à croire que ce *hamza* est celui d'un *élif*
appartenant à la racine même du mot, et que par conséquent ils feraient de
vains efforts pour trouver cette racine dans le dictionnaire.

aussi quand le و est suivi du ة final : غَزَا pour غَزَوَ *il attaqua* ; يَغْزِي pour يَغْزَوُ *il sera attaqué* ; مِرْقَاةٌ pour مِرْقَوَةٌ *échelle*.

97. SIXIÈME RÈGLE. Si و final, précédé d'un *fatha*, devait avoir une voyelle affectée du *tanwin* (n° 44), cette voyelle se reporte sur le *fatha* précédent : عَصًا pour عَصَوٌ *bâton,* عَصَوٍ *de bâton,* عَصَوًا *bâton* (accus.); مُعْطًى pour مُعْطَوٌ *donné,* مُعْطَوٍ *de donné,* مُعْطَوًا *donné* (accus.).

98. SEPTIÈME RÈGLE. Dans les verbes défectueux (n° 256), le و final, lorsqu'il est précédé d'un *dhamma* et qu'il doit lui-même être mu par un *dhamma*, perd sa voyelle : يَغْزُو pour يَغْزُوُ *il attaquera.*

99. HUITIÈME RÈGLE. Dans les noms dérivés des racines défectueuses, lorsqu'en vertu de quelque forme grammaticale le و final, affecté du *tanwin*, doit être précédé d'un *dhamma*, il se retranche, et sa voyelle changée en *kesra* se reporte avec le *tanwin* sur la lettre précédente, qui par là même perd son *dhamma* : أَعْصٍ pour أَعْصُوٌ *bâtons,* عَدْلٍ pour عَدْلُوٌ *seaux,* أَجْرٍ pour أَجْرُوٌ *petits chiens.*

100. NEUVIÈME RÈGLE. Lorsqu'à la fin d'un mot il se trouve deux و de suite, et que le premier est quiescent après un *dhamma*, on réunit les deux par un *teschdid;* ce qui a lieu aussi quand le و est suivi du ة final : عَدُوٌّ pour عَدُوْوٌ *ennemi* ; عَصُوًّا pour عَصُوْوًا *avancement* (accus.); عَدُوَّةٌ pour عَدُوْوَةٌ *ennemie.*

* La même contraction peut avoir lieu quand la dernière lettre est un *hamza* et non un و : قَيُّءٌ pour قَيُوءٌ ou قَيُوُّ *qui vomit beaucoup.* *

101. DIXIÈME RÈGLE. Cependant, dans les pluriels de la forme فُعُولٌ (n°439,6°) et les noms d'action des formes فُعُولٌ et فُعُولٌ (n° 296,24°,28°), on change souvent les deux و en ي ; on change aussi le *dhamma* de la seconde radicale en *kesra*, et ce changement s'étend quelquefois jusqu'au *dhamma* de la première radicale : دِلِيٌّ pour دُلُوٌّ *seaux;* عِصِيٌّ et عُصِيٌّ pour عُصُوٌّ *bâtons;* عِتِيٌّ pour عُتُوٌّ *passer les bornes.*

102. ONZIÈME RÈGLE. Si dans les noms de la forme فَعِيلٌ (n° 296, 25°) la dernière lettre est un و, elle se change en ي, et les deux ي se réu-

nissent par un *teschdid* : رَضِيّ pour رَضِيوٌ *paisible*; صَبِيّ pour صَبِيوٌ *enfant*.

103. DOUZIÈME RÈGLE. Le و final, précédé du *kesra*, se change en ي : رَضِيَ pour رَضِوَ *il a été content*.

104. TREIZIÈME RÈGLE. Le و servile (n° 138) placé à la fin d'un mot prend toujours après lui un ا muet : نَصَرُوا pour نَصَرُو *ils ont aidé*; رَمَوْا pour رَمَوْ *ils ont jeté*.

* On trouve quelquefois cet ا muet après un و radical quiescent à la fin d'un mot, comme dans يَتْلُوا *il lira*; نَتْلُوا *nous lirons*, du verbe تَلَا pour تَلَوَ *il a lu*; mais plusieurs grammairiens rejettent cette orthographe et veulent qu'on écrive نَتْلُو , يَتْلُو. *

IVe TABLEAU.

RÈGLES PARTICULIÈRES AU ي.

105. PREMIÈRE RÈGLE. Le ي au milieu d'un mot étant mu par un *fatha* et précédé d'un *dhamma*, se change quelquefois en و, comme dans رَمُوَانٌ pour رَمَيَانٌ *action de jeter*.

* Ce changement se retrouve aussi dans quelques diminutifs, comme شُوَيَّة *petite chose*, etc. Cependant on dit mieux شُيَيْةٌ, etc. *

106. DEUXIÈME RÈGLE. Quand deux ي se rencontrent au milieu d'un mot, si le premier est mu par un *kesra* et que le second soit quiescent, on retranche souvent ce second : رَئِيسٌ pour رَئِيْسٌ *chef*.

107. TROISIÈME RÈGLE. Le ي final, précédé d'un *fatha* et devant être mu lui-même, perd sa voyelle et devient quiescent; ce qui a lieu aussi quand le ي est suivi d'un ة final : أُولَي pour أُولَيُ *première*, أُولَي *de première*, أُولَي pour *première* (accus.); مَرْمَاةٌ pour مَرْمِيَةٌ *jetée*.

108. QUATRIÈME RÈGLE. Si dans le cas précédent le ي final devait être affecté d'un *tanwin*, ce *tanwin* se reporte sur la voyelle précédente : فَتًي pour فَتَيٌ *homme*, فَتًي *d'homme*, فَتَيًا *homme* (accus.).

109. CINQUIÈME RÈGLE. Si le ي final est précédé d'un autre ي, le dernier se change en ا bref : هَدَايَا pour هَدَايِي *dons*, *présents*. On excepte يَحْيَى et رَبِّي, noms propres d'hommes.

110. SIXIÈME RÈGLE. Le ي final, précédé d'un *kesra* et devant être mu par un *dhamma* ou par un *kesra*, perd sa voyelle et devient quiescent : الْحَافِي pour الْحَافِيُ *qui a les pieds nus*, et الْحَفِي *de qui a les pieds nus*.

111. SEPTIÈME RÈGLE. Si dans le cas précédent le ي final doit être affecté d'un *tanwin*, ce *tanwin* se reporte sur la voyelle précédente, et le ي disparaît : رَامٍ pour رَامِي *archer*, et رَمٍ *d'archer*.

112. HUITIÈME RÈGLE. Le ي final précédé d'un *dhamma* convertit ce *dhamma* en *kesra*, et n'éprouve aucun changement; mais conformément à la règle précédente, il perd sa voyelle en devenant quiescent, lorsqu'il doit être mu par un *dhamma* ou un *kesra*, et il disparaît, s'il doit être affecté d'un *tanwin* : نَمَنِّي pour نَمَنِّيُ *désir*, et نَمَنٍّ *de désir*; أَيْدٍ pour أَيْدِي *mains*, et أَيْدٍ *de mains*.

113. NEUVIÈME RÈGLE. Si dans les cas précédents le ي final a pour voyelle un *fatha* simple ou affecté d'un *tanwin*, il demeure et conserve sa voyelle : الْحَافِي *qui a les pieds nus* (accus.), رَامِيًا *archer* (accus.), نَمَنِيًا *désir* (accus.), أَيْدِيَ *mains* (accus.).

114. DIXIÈME RÈGLE. Le ي au milieu d'un mot, étant djezmé après un *dhamma*, convertit souvent ce *dhamma* en *kesra*, au lieu de se changer lui-même en و (nº 80), et devient quiescent : بِيضٌ (et non بُوضٌ) pour بَيَّضٌ *ovipare*; نِيبٌ (et non نُوبٌ) pour نَيَّبٌ *dents canines*.

115. ONZIÈME RÈGLE. Quand le ي final est précédé d'un و quiescent après un *dhamma*, ce *dhamma* se change en *kesra*, et le و en un ي que l'on insère dans le ي final par un *teschdid* : مَرْمِيٌّ pour مَرْمُوي *jeté*; بَغِيٌّ pour بَغُوي *injuste*; مَضِيٌّ pour مَضُوي *brillant*.

116. DOUZIÈME RÈGLE. Lorsque le ي final se trouve précédé d'un autre ي quiescent après un *kesra*, on réunit les deux ي par un *teschdid* : سَرِّيّ pour سَرِيِي *vigne d'un bon plant*.

* La même contraction peut avoir lieu, si la dernière lettre est un *hamza* : خَطِيَّة pour خَطِيئَة *péché*. *

Ve TABLEAU.

RÈGLES COMMUNES AU و ET AU ي.

117. **PREMIÈRE RÈGLE.** Le و et le ي, précédés d'une voyelle et devant être eux-mêmes mus par une voyelle, disparaissent lorsqu'ils sont suivis d'un و ou d'un ي quiescent; dans ce cas la voyelle qui devrait leur appartenir disparaît avec eux, si celle qui les précède est un *fatha*, et le و ou le ي quiescent prend un *djezma* : رَمَوْا pour رَمَيُوا *ils ont jeté*; تُغْزَيْنَ pour تُغْزَوِينَ *tu seras attaquée*.

118. **DEUXIÈME RÈGLE.** Si, dans le cas précédent, la voyelle qui devait précéder le و ou le ي retranché est un *dhamma* ou un *kesra*, c'est elle qu'on supprime, en lui substituant la voyelle qui devait appartenir au و ou au ي retranché : أَغْزِي pour أَغْزُوِي *attaque* (fémin.); غَازُونَ pour غَازِوُونَ *qui attaquent*; يَرْمُونَ pour يَرْمِيُونَ *ils jetteront*.

119. **TROISIÈME RÈGLE.** Lorsque le و et le ي se suivent, et que la première de ces deux lettres (soit le و, soit le ي) se trouve djezmée, on supprime le و et on double le ي par un *teschdid* : أَيَّامٌ pour أَيْوَامٌ *jours*; كَيٌّ pour كَوْيٌ *stigmate*.

* La même contraction peut se faire, quand la dernière lettre est un *hamza* : رُشَيٌّ pour رُشَيْئًا *petit faon de gazelle*; cependant le plus souvent on conserve le *hamza*, comme فَيْءٌ *vomissement*. *

120. **QUATRIÈME RÈGLE.** Le و et le ي se trouvant à la fin d'un mot après un ا servile et quiescent, se changent en *hamza* : سَمَاءٌ pour سَمَاوٌ *ciel*; رِدَاءٌ pour رِدَايٌ *manteau*.

121. **CINQUIÈME RÈGLE.** Le و et le ي devant être mus par une voyelle quelconque et se trouvant précédés d'un *fatha* se changent souvent

en ا quiescent : قَامَ pour قَوَمَ *il s'est levé*; سَارَ pour سَيَرَ *il a marché*; خَافَ pour خَوِفَ *il a craint*.

122. SIXIÈME RÈGLE. Si, en vertu d'une inflexion grammaticale, il survient après l'ا quiescent (n° 121) une lettre djezmée, on retranche l'ا, et l'on substitue au *fatha* qui précédait l'ا un *dhamma* ou un *kesra*; on lui substitue un *dhamma* quand le و dont l'ا tient la place doit avoir pour voyelle un *dhamma* ou un *fatha* : طُلْتَ *tu es devenu grand*, pour طَالْتَ, dont la forme régulière serait طَوُلْتَ; de même قُمْتَ *tu t'es levé*, au lieu de قَامْتَ, dont la forme régulière serait قَوُمْتَ. Mais on substitue au *fatha* un *kesra* lorsque l'ا quiescent tient lieu d'un ي ou d'un و mu par un *kesra* : سِرْتَ pour سَارْتَ *tu as marché*, régulièrement سَيَرْتَ; خِفْتَ pour خَافْتَ *tu as craint*, régulièrement خَوِفْتَ.

123. SEPTIÈME RÈGLE. Le و et le ي au milieu d'un mot devant être mus et précédés d'une lettre djezmée, et enfin suivis d'une lettre mue, transportent souvent leur voyelle à la lettre djezmée, et deviennent quiescents : dans ce cas, si la voyelle est un *fatha*, le و ou le ي se changent en ا; si c'est un *kesra*, le و se change en ي, conformément à la seconde règle générale (n° 80) : يَطُولُ pour يَطْوُلُ *il deviendra long*; يَهَابُ pour يَسْيِرُ *il marchera*; يَخَافُ pour يَخْوَفُ *il craindra*; يَسِيرُ pour يَهْيَبُ *il appréhendera*; مُسْتَقِيمٌ pour مُسْتَقْوِمٌ *qui marche droit*.

124. HUITIÈME RÈGLE. Si par ce changement (n° 123) la lettre quiescente se trouve suivie d'une lettre djezmée, on supprime tout à fait la première : أَقَمْتُ pour أَقَامْتُ *j'ai établi*, régulièrement أَقْوَمْتُ; أَقَمْتَ pour أَقِيمْتَ *tu as été établi*, régulièrement أَقْوِمْتَ.

125. NEUVIÈME RÈGLE. Le و et le ي devant être mus par un *kesra*, et précédés d'un *dhamma*, le *kesra* prend ordinairement la place du *dhamma*, qui disparaît. Dans ce cas, le و se change en ي quiescent (n° 80) : قِيلَ pour قُولَ *il a été dit*; سِيرَ pour سُيِرَ *il a été dirigé*.

* Mais si ce ي quiescent vient à être suivi d'une lettre djezmée, il

disparaît (n° 82) : قِلْتَ *tu as été dit*, pour قِيلْتَ, dont la forme régulière est قُوِلْتَ. *

*Observations générales sur les règles de permutation des
lettres ي و ا.*

126. Les règles précédentes depuis le n° 121 jusqu'au n° 125 s'appliquent aux racines dont la seconde lettre est un و ou un ي (n° 280, 5°)
et à la plupart des dérivés de ces racines; elles ne doivent cependant
pas être regardées comme illimitées, ainsi qu'on le verra quand nous
traiterons des verbes appelés par les Arabes *verbes sourds.*

127. L'ا final est censé placé au milieu d'un mot lorsqu'on ajoute
à la fin de ce mot quelqu'un des pronoms suffixes (n° 150). Ainsi, dans
مَآؤُهُ *son eau*, composé de مَآءُ *eau de*, et de هُ *lui*, le *hamza* se change
en و comme étant au milieu d'un mot (n° 83); cependant on écrit aussi
مَآءُهُ.

128. Au contraire, le و et le ي qui terminent un mot sont toujours
considérés comme lettres finales malgré l'addition du suffixe. Ainsi
dans غَزاهُ *il l'a attaqué*, رماهُ *il l'a jeté,* l'addition de هُ n'empêche pas
que le و de غزو et le ي de رمي ne deviennent quiescents, comme s'ils
étaient à la fin d'un mot (n°s 96, 107). Le seul changement que cause
ce suffixe, c'est que l'on substitue un ا au ي.

ARTICLE II.

Des changements de voyelles.

129. Lorsqu'à l'idée première et fondamentale attachée à un mot
arabe on ajoute une autre idée quelconque de genre, de nombre, de
mode, de temps, de personne, etc., ce mot éprouve généralement dans
les sons vocaux un changement qui varie selon la nature de l'idée
accessoire. Nous ne pouvons ici que constater d'une manière générale
les changements que subissent les voyelles; c'est en traitant des
parties du discours que nous ferons connaître ce qui donne lieu à
chacun de ces changements en particulier.

130. Les voyelles affectées du *tanwin* se changent souvent en voyelles simples هُدًى *direction,* ٱلْهُدَى *la direction;* بِرَأْسٍ *par tête,* بِرَأْسِكَ *par ta tête;* بَابٌ *porte,* بَابُ ٱلْبَيْتِ *la porte de la maison.*

131. Quelquefois les voyelles brèves deviennent longues : يُقْتَلُ *il sera tué,* يُقْتَلَانِ *ils seront tués tous deux;* تَكْتُبُ *tu écriras,* تَكْتُبُونَ *vous écrirez;* سِرْ *marche,* سِيرَا *marchez tous deux.* Et quelquefois aussi les voyelles qui sont primitivement longues deviennent brèves en vertu d'une inflexion grammaticale; ainsi, de قِيلَ *il a été dit,* se forme قِلْتَ *tu as été dit;* de يَقُولُ *il dira,* يَقُلْنَ *elles diront;* de يَسِيرُ *il marchera,* يَسِرْنَ *elles marcheront,* etc.

132. Mais la voyelle longue ne se change pas toujours en la brève qui lui correspond ; car l'*â* long se convertit souvent en *i* bref, ou en *ou* bref, selon que la lettre quiescente qui prolonge le son de la voyelle remplace un ي ou un و; ainsi, بَاعَ *il a vendu,* produit بِعْتُ *j'ai vendu;* mais بَاعَ *il a distendu,* fait بُعْتُ *j'ai distendu,* parce que ce dernier verbe بَاعَ est mis pour بَوَعَ (n° 121), et le premier pour بَيَعَ (ibid.).

133. Lorsqu'on ajoute au commencement d'un mot une ou plusieurs lettres, il arrive, dans bien des cas, que la consonne initiale de ce mot change sa voyelle en *djezma* : جَلَسَ *il s'est assis,* أَجْلَسَ *il a fait asseoir;* كَتَبَ *il a écrit,* يَكْتُبُ *il écrira.*

134. Cependant, si la consonne initiale du mot est suivie d'une lettre de prolongation, elle prend au lieu du *djezma* une voyelle homogène à la lettre de prolongation (n° 46); ainsi, de بَارَكَ *il a béni,* on fait أُبَارَكُ *je serai béni;* de قَالَ *il a dit,* on forme تَقُولُ *tu diras;* de سَارَ *il a marché,* يَسِيرُ *il marchera;* au lieu de أُبَارَكُ, نَقُولُ, يَسِيرُ, etc.

135. Le *djezma* qui se trouve à la fin d'un mot se change en une des trois voyelles, *fatha, kesra, dhamma,* toutes les fois que ce mot est suivi d'un *élif* d'union (n° 61) : مِنَ ٱلْمَلِكِ *de la part du roi;* مِن

آبْنُكَ *quel est ton fils?* لَهُمُ ٱلْقِرْدُ *à eux le singe.* Les mots مِنْ, مَنِ لَهُمْ sont pour لَهُمْ, مَنْ, مِنْ (n° 63).

* Le choix de la voyelle n'est point arbitraire ; il est soumis à certaines lois que l'usage et la connaissance des règles de la grammaire peuvent seuls faire connaître. *

136. Enfin la voyelle propre à l'*élif* d'union se perd entièrement ; car le *wesla* qu'on attache à cet *élif* n'a aucune valeur dans la prononciation. Voy. les exemples au n° 61.

SECONDE PARTIE.

DES DIFFÉRENTES PARTIES DU DISCOURS ET DES FORMES DONT ELLES SONT SUSCEPTIBLES.

NOTIONS PRÉLIMINAIRES.

137. Les éléments dont les mots arabes se composent sont la *racine* qui énonce l'idée principale attachée au mot, et les *accidents* ou *accessoires* qui indiquent les rapports secondaires de genre, de nombre, de temps, de personne, etc., ainsi que les noms dérivés de la racine et certaines particules.

138. Des vingt-huit lettres de l'alphabet arabe, il y en a dix-sept qui ne s'emploient qu'à former la racine, et que l'on nomme en conséquence *lettres radicales* ; et onze qui, ajoutées à la racine, servent à

marquer les rapports secondaires, et qu'on appelle pour cela *lettres serviles*.

Les lettres *radicales* sont : ث, ج, ح, خ, د, ذ, ر, ز, ش, ص, ض, ط, ظ, ع, غ, ق, ه;

Et les *serviles* : ا, ب, ت, س, ف, ك, ل, م, ن, و, ي.

139. Les lettres *serviles* ne se placent pas toutes de la même manière; car ب, ك, ل, م, ne se mettent que devant les *radicales*, و, س, devant et parmi les *radicales*; ا, ت, ن, ي, devant, après et parmi les radicales.

140. Les lettres *serviles* peuvent aussi être *radicales*; mais les *radicales* ne sont jamais employées comme serviles, excepté د, ط, et même ه, qui le sont dans certains cas.

141. Les lettres serviles prennent différentes dénominations selon les divers usages auxquels on les emploie.

142. Les parties élémentaires du discours sont au nombre de neuf; savoir : l'*article*, le *pronom*, le *verbe*, le *nom*, l'*adjectif*, la *préposition*, l'*adverbe*, la *conjonction* et l'*interjection* [1].

——⟨∞⟩——

CHAPITRE PREMIER.

DE L'ARTICLE.

143. L'article en arabe est أَلْ, mot indéclinable qui se met en général au commencement des noms communs pour en déterminer la signification vague par elle-même; il répond à *le, la, les* : مَلِكٌ *roi*, أَلْمَلِكُ *le roi*; دَوْلَةٌ *dynastie*, أَلدَّوْلَةُ *la dynastie*; مُلُوكٌ *rois*, أَلْمُلُوكُ *les rois*; دُوَلٌ *dynasties*, أَلدُّوَلُ *les dynasties*.

---

[1] Nous avons adopté cet ordre comme étant le plus propre à faciliter l'étude de l'ensemble des parties du discours.

144. L'ﺍ de l'article change son *djezma* et son *fatha* en *wesla* lorsqu'il devient *élif* d'union (n° 61) : عَبْدُ ٱلْمَلِكِ *le serviteur du roi*, au lieu de عَبْدُ أَلْمَلِكِ, etc.

145. L'ﺍ lui-même disparaît entièrement, quand il est précédé, soit de la préposition لِ *à, pour*, soit de l'adverbe لَ *certes, assurément*, soit enfin de la particule interrogative أَ *est-ce ?* comme dans لِلرَّجُلِ *à l'homme*, لَلْحَقُّ *certes, la vérité*, أَلْمَآءُ *est-ce l'eau ?* mis pour لِأَلرَّجُلِ, لَأَلْحَقُّ, أَأَلْمَآءُ, etc.

146. Le لْ perd son *djezma* devant les lettres *solaires* (n° 40), comme on le voit par les mots أَلدَّوْلُ, أَلدَّوْلَةُ que nous venons de citer (n° 143), et qui sont pour أَلْدَوْلُ, أَلْدَوْلَةُ (n° 60).

147. Le لْ se supprime lui-même tout à fait, si le mot auquel s'attache l'article commence par un ل : أَلَّيْلُ *la nuit*, أَلَّذِي *lequel*, لِلَّٰهِ *à Dieu*, au lieu de أَلْلَّيْلُ, أَلْلَّذِي, لِلْلَّٰهِ, etc.

* On voit, par les exemples que nous venons de citer dans ce chapitre, que l'article change les voyelles affectées du *tanwin* en voyelles simples. Comp. le n° 143. *

—◇—

CHAPITRE SECOND.

DES PRONOMS.

148. Les *pronoms* arabes sont ou *personnels*, ou *démonstratifs*, ou *relatifs*, ou *interrogatifs*.

ARTICLE 1.

Des pronoms personnels.

149. Le *pronom personnel* est indéclinable.

150. Quand ce pronom représente le nominatif, il forme par lui-

même un mot séparé et distinct de tout autre, et il se nomme *pronom isolé*, comme اَنَا *je*, اَنْتَ *tu* ; mais lorsqu'il représente les autres cas, c'est-à-dire lorsqu'il est complément, soit d'un verbe, soit d'un nom, soit d'une particule, il s'attache à ce verbe, à ce nom ou à cette particule, pour ne faire avec elle qu'un seul mot, et il s'appelle *affixe* ou *suffixe*. Ainsi, de اَبْ *père* et de ي *de moi* se forme le mot اَبِي *mon père* ; de نَصَرَ *il a secouru* et de ه *lui*, on fait نَصَرَهُ *il l'a secouru*, comme de بِ *avec* et de كَ *toi* on forme بِكَ *avec toi*.

151. Les pronoms personnels, soit isolés, soit suffixes, ont 1° trois *personnes* : la *première*, la *seconde* et la *troisième* ; 2° trois *genres* : le *masculin*, le *féminin* et le *commun*, c'est-à-dire celui qui s'emploie indistinctement pour le masculin et le féminin [1] ; 3° trois *nombres* : le *singulier*, le *duel* et le *pluriel*.

152. Parmi les pronoms, les uns sont *déclinables* et les autres *indéclinables*. Les premiers sont susceptibles des trois cas qui constituent la *déclinaison* arabe, c'est-à-dire le *nominatif*, le *génitif* et l'*accusatif* [2].

§ I. Des pronoms personnels isolés.

153. Les *pronoms personnels isolés* sont :

		Masculin.	Commun.	Féminin.
1re pers.	Sing.	»	اَنَا *je.*	»
	Pl.	»	نَحْنُ *nous.*	»
2e pers.	Sing.	اَنْتَ *tu.*	»	اَنْتِ *tu.*
	Duel	»	اَنْتُمَا *vous deux.*	»
	Pl.	اَنْتُمْ *vous.*	»	اَنْتُنَّ *vous.*

[1] Les mots *masculin, féminin, commun genre* ne sont souvent indiqués que par leurs initiales : *m.*, *f.*, *c.*

[2] Le *vocatif* est suppléé par le *nominatif* ou l'*accusatif;* le *datif* et l'*ablatif* le sont par le génitif. Cependant certains noms prennent une forme particulière, lorsqu'on les emploie au vocatif. Voy. la syntaxe.

		Masculin.	Commun.	Féminin.
3e pers.	Sing.	هُوَ *il.*	»	هِيَ *elle.*
	Duel	»	هُمَا *eux, elles deux.*	
	Pl.	هُمْ *ils.*	»	هُنَّ *elles.*

* Les pronoms هُوَ et هِيَ perdent quelquefois leur première voyelle lorsqu'ils sont précédés des conjonctions وَ ou فَ comme وَهُوَ *et il,* فَهِيَ *et elle,* pour وَهُوَ et فَهِيَ. *

§ II. *Des pronoms personnels suffixes.*

154. Les *pronoms personnels suffixes* sont :

		Masculin.	Commun.	Féminin.
1re pers.	Sing.	»	ـي , ـني *me, de moi, mon, etc.*	
	Pl.	»	نَا *nous, de nous, notre, de nos, etc.*	
2e pers.	Sing.	كَ *toi, ton, ta, tes.*		كِ *toi, de toi, etc.*
	Duel	»	كُمَا *vous deux, de vous deux, etc.*	
	Pl.	كُمْ *de vous, votre, etc.*		كُنَّ *de vous, votre, etc.*
3e pers.	Sing.	هُ *lui, de lui, son, sa, ses.*		هَا *la, d'elle, etc.*
	Duel	»	هُمَا *eux deux, etc.* »	
	Pl.	هُمْ *eux, d'eux, leur, etc.*		هُنَّ *les, d'elles, etc.*

* Le suffixe de la 1re personne ـني sert particulièrement pour l'accusatif. *

155. L'affixe ـي se change en ـيَ quand il est précédé immédiatement de l'une des lettres ي و ا quiescentes : خَطَايَايَ *péchés, mes péchés,* etc. Si la lettre qui le précède est un ي quiescent ou djezmé, il se confond par un *teschdid* avec celui de l'affixe (n° 116); si c'est un و quiescent après un *dhamma,* le و se change en un ي qui s'unit pareillement à l'affixe par un *teschdid,* et le *dhamma* se convertit en *kesra* (n° 115) : غُلَامَيْنِ *de deux esclaves,* غُلَامَيَّ *de mes deux*

esclaves; قَاضٍ pour قَاضِيٌ (n° 111) *juge,* قَاضِيَّ *mon juge;* مُسْلِمِينَ *de musulmans,* مُسْلِمِيَّ *de mes musulmans;* مُسْلِمُونَ *musulmans,* مُسْلِمِيَّ *mes musulmans* [1].

* On donne souvent un *fatha* au ي sans qu'on en voie la raison; et quelquefois aussi, au lieu de يِّ on écrit يَهْ, comme كِتَابِيَهْ *mon livre,* etc. *

156. Le ي se supprime quelquefois; ainsi on dit : رَبِّ *mon maître,* إِتَّقُونِ *craignez-moi,* pour رَبِّي, إِتَّقُونِي. Cette suppression a souvent lieu quand le nom est au vocatif, et presque toujours quand le ي de l'affixe est précédé d'un autre ي mis pour un ا hamzé : أَحِبَّايْ *mes amis,* آبَايْ *mes pères;* pour أَحِبَّائِي et آبَائِي, de أَحِبَّاءَ *amis,* et آبَاءَ *pères.*

157. Les affixes de la 3e personne ه, هُمَا, هُمْ et هُنَّ changent leur *dhamma* en *kesra,* quand ils sont précédés d'un *kesra* ou d'un ي quiescent après un *kesra,* ou enfin d'un ي djezmé après un *fatha* : دَارِهِ *de sa demeure,* دَارِهِمَا *de la demeure d'eux deux;* فِيهِ *en lui;* عَلَيْهِمْ *sur eux.*

158. Le مْ des affixes كُمْ et هُمْ se change en مُ devant un *élif* d'union : حَمَدَكُمُ ٱلْمَالِكُ *le roi vous a loué,* etc. Mais si l'affixe هم doit se prononcer هِمْ (n° 157), le م prend aussi un *kesra* : يَرْمِيهِمُ ٱلْفَارِسُ *le cavalier les lancera,* etc.

* Le ه se change quelquefois en ة; mais cela n'arrive guère que dans la poésie et dans la prose rhythmique, comme celle du Coran. *

159. Quelquefois pour donner plus d'emphase au discours, on joint l'affixe à la particule إِيَّا : إِيَّايَ *c'est moi,* إِيَّاكَ *c'est toi,* etc.

160. On rend les pronoms réfléchis par le mot نَفْس *âme,* et quelque-

---

[1] Quant aux changements que l'adjonction des affixes introduit dans les noms, les verbes et les particules, nous en parlerons lorque nous traiterons de ces parties du discours.

fois par ذَات *substance*, en y joignant les affixes : نَفْسِي *moi-même*, mot à mot *mon âme* ; ذَاتُهُ *soi-même* ; ذَاتُكُمْ *vous-mêmes*, à la lettre *sa substance, votre substance.*

ARTICLE II.

Des pronoms démonstratifs.

161. Les *pronoms démonstratifs* sont de deux sortes. Il y en a un simple et plusieurs composés. L'un indique les choses proches, et les autres les objets éloignés. Voici le premier de ces pronoms [1] :

Sing.
- masc. (ذَائِهِ ,ذَاهِ) ذَا , *celui-ci.*
- fém. نِي , ذِهِي , ذِي , تَا , تِه , تِهِي , *celle-ci.*

Duel
- masc.
  - nomin. (ذَانّ) ذَانِ, *ces deux-ci.*
  - gén. et acc. (ذَينّ) ذَيْنِ, *de ces deux-ci, ces deux-ci,* etc.
- fém.
  - nomin. (تَانّ) تَانِ, *ces deux-ci.*
  - gén. et acc. (تَينّ) تَيْنِ, *de ces deux-ci, ces deux-ci,* etc.

Pl. com. أُولَاهِ et أُولَا, *ceux-ci, celles-ci.*

* Le pronom démonstratif qui indique les objets éloignés se forme du précédent en ajoutant à la fin le pronom affixe كَ qu'on fait quelquefois précéder de لِ. En voici le tableau :

Sing.
- masc. ذَاكَ , ذَالِكَ , ذَلِكَ , *celui-là.*
- fém. (تَالِكَ) تِلْكَ , تَاكَ , *celle-là.*

Duel
- masc.
  - nom. ذَانِكَ , ذَانِّكَ , *ces deux-là.*
  - gén. et acc. ذَيْنِكَ , ذَيْنِّكَ , *de ces deux-là, ces deux-là,* etc.
- fém.
  - nom. تَانِكَ , تَانِّكَ , *ces deux-là.*
  - gén. et acc. تَيْنِكَ , تَيْنِّكَ , *de ces deux-là, ces deux-là,* etc.

Pl. com. أُولَاكَ et أُولَائِكَ, *ceux-là, celles-là.*

[1] Les pronoms mis entre parenthèses sont plus rarement employés que les autres.

162. Souvent au commencement des pronoms démonstratifs on ajoute ﻩ, abrégé de هَا *voici*, de la manière suivante :

Sing. masc. هَذَا, fém. هَذِه.

Duel masc. هَذَان, هَذَيْن, fém. هَتَان, هَتَيْن.

Pl. com. هَؤُلَاء.

On dit de même هَذَاكَ pour ذَاكَ, etc.

ARTICLE III.

Des pronoms relatifs.

163. Il y a deux *pronoms relatifs*, l'un *déclinable* et l'autre *indéclinable*. Le premier composé du démonstratif ذَا et de l'article أَلْ avec insertion d'un لْ, se décline comme il suit :

Sing.
  masc. الَّذِي الَّذ, أَلَّذِ; (أَلَّذِيّ), *qui, lequel.*
  fém. الَّتِي (أَلَّتُ, أَلَّتِ), *qui, laquelle.*

Duel
  masc.
    nomin. أَللَّذَان (أَللَّذَا, أَللَّذَانّ), *lesquels deux.*
    gén. et acc. أَللَّذَيْن, أَللَّذَيْنّ, *desquels deux,* etc.
  fém.
    nomin. أَللَّتَان (أَللَّتَا, أَللَّتَانّ), *lesquelles deux.*
    gén. et acc. أَللَّتَيْن, أَللَّتَيْنّ, *desquelles deux,* etc.

Pl.
  masc. أَللَّذِينَ (أَللَّذِي, أَللَّذُونَ, الْأُلَى), *lesquels.*
  fém. أَللَّاتِي (أَللَّائِي, أَللَّاء, أَللَّوَا, أَللَّوِت, أَللَّوِي, أَللَّاتِ), *lesquelles.*

* On dit quelquefois لَذِي pour الَّذِي *lequel;* الْأُلَى pour le plur. fémin.; اللَّائِي pour le plur. masc.; enfin اللَّاتِ pour le plur. commun. *

164. Le pronom relatif *indéclinable* est مَنْ *celui qui, celle qui, ceux, celles qui,* que l'on dit des personnes, et مَا *ce qui, les choses qui,* qui se dit des êtres non raisonnables. Ce pronom s'emploie aussi avec interrogation, comme on va le voir à l'article suivant.

ARTICLE IV.

Des pronoms interrogatifs.

165. Le pronom *interrogatif* est مَنْ qui se dit des personnes, et مَا qui se dit des êtres non raisonnables. Le mot مَا reste toujours indéclinable, tandis que مَنْ se décline de la manière suivante :

MASCULIN.

Singulier.		Duel.		Pluriel.	
Nominatif,	مَنُو	Nomin.	مَنَانْ	Nomin.	مَنُونْ
Génitif,	مَنِي	Gén. et acc.	مَنَيْنْ	Gén. et acc.	مَنِينْ
Accusatif,	مَنَا				

FÉMININ.

| Nom. gén. acc. | مَنَهْ / مَنْتَ / مَنْتَ | Nomin. | مَنْتَانْ | Nom. gén. acc. | مَنَاتْ |
| | | Gén. et acc. | مَنْتَيْنْ | | |

166. Le pronom أَيّ *quel?* أَيَّة *quelle?* prend tous les nombres et tous les cas; ainsi on dit au nominatif du duel : أَيَّانْ, fém. أَيَّتَانْ; au gén. et à l'acc. أَيَّيْنْ, fém. أَيَّتَيْنْ. On dit de même au nominatif du pl. أَيُّونَ, fém. أَيَّاتُ, au gén. et à l'acc. أَيِّينَ, fém. أَيَّاتٍ.

167. Il s'unit aux suffixes comme les noms substantifs : أَيُّكُمْ *qui de vous?* أَيُّهُمَا *qui des deux?*

168. De أَيّ et de مَنْ, مَا, se forment أَيَّمَنْ *quiconque,* أَيَّمَا *quelque chose que.* Dans ces deux noms on ne décline que أَيّ; ainsi on dit au gén. أَيَّمَا, أَيَّمَنْ; à l'acc. أَيَّمَا, أَيَّمَنْ.

169. Les pronoms كَأَيِّنْ, كَأَيْنْ, كَمْ *combien?* sont indécl.; on peut les considérer comme de véritables adverbes. Ils s'emploient quelquefois d'une manière énonciative, et non interrogative.

* أَيّ sert aussi de pron. relatif, comme on le verra dans la syntaxe. *

CHAPITRE TROISIÈME.

DU VERBE.

170. Le verbe arabe peut être regardé comme la partie fondamentale à laquelle se rapportent toutes les autres parties élémentaires du discours. Il est encore presque toujours la racine de laquelle dérivent les noms et les adjectifs, au moyen de l'addition de quelques lettres ou du changement des voyelles. Les considérations que la théorie présente sont de différents genres, mais toutes très-importantes à connaître. Nous allons les exposer dans une suite d'articles.

ARTICLE I.

Des Formes du verbe.

171. Le verbe arabe revêt un certain nombre de *Formes*, que beaucoup de grammairiens nomment *conjugaisons*, quoiqu'ils reconnaissent que cette dénomination n'est pas entièrement exacte. On compte ordinairement treize Formes différentes ; mais quelques grammairiens en admettent quinze. Ces Formes modifient le sens du verbe et la manière de le conjuguer. La première se nomme *primitive*, ou *radicale*, parce qu'elle n'est composée que des seules lettres qui constituent la *racine ;* les autres se nomment *dérivées*, comme dérivant toutes de la primitive.

172. Le verbe primitif est ou *trilitère*, c'est-à-dire composé de trois lettres, ou *quadrilitère*, composé de quatre. Le verbe trilitère peut produire jusqu'à douze ou même jusqu'à quatorze Formes dérivées ; mais le quadrilitère n'en produit que trois.

173. Les Formes dérivées du verbe trilitère se divisent en trois classes. La 1re comprend celles qui ajoutent une seule lettre à la Forme primitive ; la IIe, celles qui en ajoutent deux, et la IIIe, celles qui en ajoutent trois.

174. Quant aux quatre Formes du verbe quadrilitère, la Iʳᵉ répond à la Iʳᵉ du verbe trilitère, la IIᵉ à la Vᵉ, la IIIᵉ à la VIIᵉ, la IVᵉ à la IXᵉ; et elles se divisent en deux classes, dont la première contient une seule Forme, qui ajoute une lettre à la primitive, et la seconde renferme deux Formes qui ajoutent deux lettres à la Forme primitive.

* C'est la racine فَعَلَ *il a fait*, qui sert de paradigme ou modèle aux Arabes pour toutes les Formes du verbe et pour toutes ses inflexions grammaticales, pour tous les noms et les adjectifs, et même pour les pieds des vers et les règles de la prosodie. Ils forment de cette racine des mots techniques qui deviennent les noms des formes grammaticales. Ainsi, ils appellent la Iʳᵉ Forme فَعَلَ, la IIᵉ فَعَّلَ, et ainsi de suite, comme nous disons *amo, moneo*, au lieu de Iʳᵉ, IIᵉ *conjugaison*. Nous croyons donc faciliter l'étude des verbes et des noms en prenant pour notre paradigme cette même racine فَعَلَ, au lieu de toute autre, malgré le léger inconvénient que présente notre choix[1], et si nous prenons قَمْطَرَ *il a lié,* pour les verbes quadrilitères, c'est uniquement pour que les commençants ne confondent point, en certains cas, ces verbes avec les trilitères. *

175. Toutes les observations précédentes sur le verbe primitif et sur les Formes qui en dérivent se trouvent réunies dans le tableau suivant.

---

[1] La deuxième lettre radicale de فعل étant une gutturale devrait avoir régulièrement au futur un *fatha*, et non un *dhamma*.

FORMES DES VERBES TRILITÈRES.

	Forme primitive.		Formes dérivées.	

Forme primitive.	1re classe.	2e classe.	3e classe.
I فَعَلَ	II فَعَّلَ	V تَفَعَّلَ	X إِسْتَفْعَلَ
	III فَاعَلَ	VI تَفَاعَلَ	XI إِفْعَالَّ
	IV أَفْعَلَ	VII إِنْفَعَلَ	XII إِفْعَوْعَلَ
		VIII إِفْتَعَلَ	XIII إِفْعَوَّلَ
		IX إِفْعَلَّ	XIV إِفْعَنْلَلَ
			XV إِفْعَنْلَى

FORMES DES VERBES QUADRILITÈRES.

Forme primitive.	1re classe.	2e classe.
I قَمْطَرَ	II تَقَمْطَرَ	III إِقْمَنْطَرَ
		IV إِقْمَطَرَّ

* Remarquons 1° que les Formes XIV° et XV° du verbe trilitère étant
très-peu usitées et les exemples pouvant être classés sous la III° Forme
des verbes quadrilitères, nous les omettrons dans nos paradigmes ;
2° qu'on ne trouve pas un seul verbe employé même dans les treize
premières Formes, et que c'est par l'usage seulement qu'on peut apprendre dans quelles Formes dérivées chaque racine est usitée ; 3° que
cette multitude de Formes, loin de rendre l'étude de l'arabe difficile,
la facilite au contraire, parce qu'il y a un tel rapport entre la signification du primitif et celle des verbes dérivés, que, quand on connaît
la signification du primitif, on peut assez souvent se dispenser de
recourir au dictionnaire pour connaître le sens des dérivés. C'est ce que
prouvent les détails suivants.

176. Le verbe primitif ou la Ire Forme a une signification *active,
transitive,* ou bien *neutre, intransitive.*

177. La IIe Forme donne aux verbes de la Ire un sens 1° *actif,*

quand ils sont neutres ; 2° *doublement actif*, quand ils l'ont transitif ;
3° *déclaratif* et *putatif* ; 4° *fréquentatif* et *intensitif*. Enfin le verbe
à la II Forme tire sa signification d'un nom : جَيَّش *il a formé une
armée*, de جَيْش *armée* ; خَبَّز *il a fait du pain*, de خُبْز *pain*.

178. La III Forme a ordinairement le sens de la I, avec cette différence néanmoins que le complément indirect du verbe, qui s'exprime
dans la I Forme au moyen d'une préposition, se met simplement à
l'accusatif dans la III, sans préposition. Elle indique aussi les efforts
que l'on fait pour réaliser l'idée exprimée par la I.

179. La IV Forme a ordinairement les mêmes significations que
la II. Cependant elle conserve plus souvent le sens neutre.

180. La V Forme convertit ordinairement en passif le sens actif de
la II, dont elle est formée. Quelquefois elle ne fait qu'ajouter de l'é-
nergie à la signification de la I Forme.

181. La VI, dérivée immédiatement de la III, exprime : 1° l'action
commune et réciproque de deux ou de plusieurs personnes ; 2° le
passif de la III ou de la II. Enfin elle signifie aussi feindre une action,
une qualité.

182. La VII et la VIII Formes sont ordinairement le passif de la
I, et quelquefois de la II.

* Ces deux Formes, ainsi que la V, se rendraient souvent mieux en
français par la voix réfléchie. *

183. La IX et la XI désignent ordinairement les couleurs, et la XI
en indique le plus souvent l'intensité. Elles expriment aussi des difformités.

184. La X indique ordinairement le désir ou la demande de l'objet
exprimé par la I. Elle signifie aussi très-souvent penser qu'une personne ou une chose possède une qualité indiquée par la Forme primitive : حَلَّ *il a été permis*, اِسْتَحَلَّ *il a regardé comme permis*.

* Remarq. 1° que les verbes dérivés, et surtout ceux de la VIII et

de la Xe Formes, ont assez souvent des significations différentes de celles que nous venons d'indiquer, mais qu'on peut souvent aussi ramener à l'analogie de la règle commune en les analysant ; 2° que les verbes quadrilitères, peu nombreux d'ailleurs, n'offrant pas entre leur Forme primitive et leurs Formes dérivées des rapports de signification qu'on puisse soumettre à des règles fixes, c'est par les dictionnaires qu'on apprend à connaître le sens de chaque Forme en particulier. *

ARTICLE II.

Des voix du verbe.

185. En arabe on ne compte que deux *voix*, la *voix active* ou *transitive*, et la *voix passive*, quoique les verbes *neutres* ou *intransitifs* semblent en constituer une troisième qui leur est presque uniquement applicable. On verra plus tard ce qui distingue les différentes voix ; nous dirons seulement ici que toutes les Formes qui figurent dans le tableau précédent (n° 175) représentent la voix active.

186. Beaucoup de verbes arabes, quoique employés à la voix active, ont cependant la signification neutre ou passive, comme en latin *faveo*, *vapulo*.

187. Toutes les Formes des verbes, tant la primitive que les dérivées, sont susceptibles des deux voix active et passive. Il faut excepter la IXe et la XIe Formes des verbes trilitères, lesquelles ont toujours une signification neutre.

ARTICLE III.

De la manière de conjuguer le verbe, ou des modes, des temps, etc.

188. Conjuguer le verbe, c'est le faire passer successivement par les différentes inflexions qui lui sont particulières. Or ces inflexions viennent des modes, des temps, des nombres, des genres et des personnes.

189. Il n'y a, à proprement parler, en arabe, que deux modes :

48 PRINCIPES DE GRAMMAIRE ARABE.

l'*indicatif* et l'*impératif;* car l'*infinitif* et le *participe* n'indiquant par
eux-mêmes aucune idée de temps, ne peuvent être considérés que
comme de simples noms verbaux. Aussi les Arabes remplacent-ils l'infinitif par le nom abstrait d'action ou de qualité, et le participe par
un adjectif[1].

* On trouve cependant des traces de *subjonctif*, d'*optatif* et de *conditionnel* dans quelques formes particulières que prend le futur en certains cas, comme nous le montrerons plus loin. *

190. L'*impératif,* outre sa forme première et naturelle, en a deux
autres qui modifient sa signification. Ce mode, qui se forme du futur,
manque dans la voix passive.

191. Il n'y a dans la conjugaison arabe que deux *temps,* 1° le *prétérit,*
qui répond à notre parfait absolu, mais qui sert aussi pour l'imparfait, le plus-que-parfait et même le présent, suivant la nature des propositions dans lesquelles il se trouve employé; 2° le *futur,* qui, quoique répondant naturellement à notre futur simple, désigne tantôt le
passé, tantôt le présent. Au reste l'emploi de ces deux temps est soumis
à des règles qui seront exposées dans la syntaxe.

192. Le futur a cinq formes différentes ; car à sa forme première il
en ajoute quatre autres qui modifient sa signification en indiquant
différents modes.

193. Les verbes ont, comme les pronoms, trois *nombres* et trois
genres ; ils ont généralement aussi dans leurs modes et dans leurs
temps trois *personnes* (n° 151); l'impératif n'a cependant que la *seconde,*
et le futur manque au duel de la première.

194. Les diverses inflexions produites dans le verbe par les modes,
les temps, les personnes, etc., se font au moyen de lettres serviles
(n°ˢ 137, 138) que l'on place au commencement ou à la fin de la racine

---

[1] A l'exemple de M. de Sacy, nous parlerons de l'infinitif et du participe
lorsque nous traiterons des noms et des adjectifs.

du verbe représenté par la 3ᵉ personne sing. masc. du prétérit. On appelle *préformantes* celles qu'on met au commencement, et *adformantes* celles que l'on ajoute à la fin.

195. Il y a deux espèces de préformantes : les unes indiquent les différentes personnes du futur ; nous les nommerons proprement *préformantes ;* les autres servent à désigner certaines Formes ou certaines parties du verbe, comme l'impératif et le participe passif ; nous les appellerons *caractéristiques.*

196. Il y a aussi deux sortes d'adformantes : les *syllabiques*, qui forment à elles seules une ou plusieurs syllabes complètes, comme ﺖَ, نَّا, etc. ; et les *assyllabiques*, qui ne constituent des syllabes qu'avec le concours de la dernière lettre radicale du verbe, comme ا, أ, ن, ﻳﻦ, وا, ﺖ, etc. Les adformantes syllabiques donnent un *djezma* à la dernière radicale : 1° dans tout le verbe régulier, soit trilitère, soit quadrilitère ; 2° dans presque toutes les espèces de verbes irréguliers. Cette règle n'est pourtant pas applicable à la 3ᵉ pers. du duel fém., laquelle dérivant immédiatement de son sing. ﺖ, n'exerce, comme elle, aucune influence sur le radical. Les adformantes assyllabiques, au contraire, ne privent généralement point la dernière radicale de sa voyelle ; seulement les trois quiescentes ا, و, ي introduisent quelquefois entre elles une permutation nécessitée par l'euphonie (n° 80)[1].

197. Les préformantes du futur sont ي, ﺖ, أ, ن. — Le ي indique la 3ᵉ pers. masc. du sing., du duel et du plur., et de plus la 3ᵉ pers. fém. du plur. — Le ﺖ toutes les 2ᵉˢ personnes, de quel genre et de quel nombre qu'elles soient, et de plus, la 3ᵉ pers. fém. du sing. et la 3ᵉ fém. du duel. — L'ا indique seulement la 1ʳᵉ pers. sing. com. — Enfin le ن sert à exprimer la 1ʳᵉ pers. plur. com.

---

[1] Les commençants ne sauraient trop porter leur attention sur cette distinction des adformantes, car en expliquant d'une manière claire et nette le mécanisme principal de la conjugaison arabe, elle en rend l'étude extrêmement facile.

198. Les adformantes du prétérit sont تُمَا ,نَا ,ا ,تُ ,تِ ,تَ , تْ, تُنّ ,تُمْ ,نَ ,وا ,نَا. L'adformante تْ indique la 3ᵉ pers. sing. fém.;— تَ la 2ᵉ sing. m.;— تِ la 2ᵉ sing. f.;— تُ la 1ʳᵉ sing. c.;— ا la 3ᵉ m. du duel.;— تَا la 3ᵉ f. du duel.;— تُمَا la 2ᵉ c. du duel.;— وا la 3ᵉ m. du plur.;— نَ la 3ᵉ f. du plur.;— تُمْ la 2ᵉ m. du plur.;— تُنّ la 2ᵉ f. du plur.;— نَا la 1ʳᵉ c. du plur. Ainsi, de la 3ᵉ pers. m. sing. du prétérit du verbe trilitère فَعَلَ *il a fait*, laquelle représente la racine (n° 172), se forment فَعَلَتْ *elle a fait*, فَعَلْتَ *tu* (m.) *as fait*, فَعَلْتِ *tu* (f.) *as fait*, فَعَلْتُ *j'ai* (c.) *fait*, فَعَلَا *eux deux ont fait*, فَعَلَتَا *elles deux ont fait*, فَعَلْتُمَا *vous deux* (c.) *avez fait*, فَعَلُوا *ils ont fait*, فَعَلْنَ *elles ont fait*, فَعَلْتُمْ *vous* (m.) *avez fait*, فَعَلْتُنّ *vous* (f.) *avez fait*, فَعَلْنَا *nous* (c.) *avons fait*.

199. Les adformantes du futur sont : نَ ,ونَ ,انِ ,ينَ. — L'adformante ينَ indique la 2ᵉ pers. fém. du sing.;— انِ la 3ᵉ m. et f. et la 2ᵉ c. du duel; — ونَ la 3ᵉ et la 2ᵉ pers. m. du plur.;— et نَ la 3ᵉ et la 2ᵉ pers. f. du plur. Ainsi, en ajoutant à la racine فَعَلَ ces mêmes adformantes et en y joignant les préformantes (n° 197), on aura pour le premier futur (n° 192) : يَفْعَلُ *il fera*, تَفْعَلُ *elle fera*, تَفْعَلُ *tu* (m.) *feras*, تَفْعَلِينَ *tu* (f.) *feras*, أَفْعَلُ *je* (c.) *ferai*, يَفْعَلَانِ *eux deux feront*, تَفْعَلَانِ *elles deux feront*, تَفْعَلَانِ *vous deux* (c.) *ferez*, يَفْعَلُونَ *ils feront*, يَفْعَلْنَ *elles feront*, تَفْعَلُونَ *vous* (m.) *ferez*, تَفْعَلْنَ *vous* (f.) *ferez*, نَفْعَلُ *nous* (c.) *ferons*.

200. Les adformantes de l'impératif sont ي ,ا ,وا ,نَ. — L'adformante ي indique la 2ᵉ pers. f. du sing.;— ا la 2ᵉ c. du duel ; — وا la 2ᵉ m. du plur.;— et نَ la 2ᵉ f. du plur. Ainsi, en ajoutant à la racine فَعَلَ ces adformantes et la préformante caractéristique أ (n° 195), on aura pour le premier impératif (n° 190) : أَفْعَلْ (m.) *fais*, أَفْعَلِي (f.) *fais*, أَفْعَلَا (c.) *faites tous deux*, أَفْعَلُوا (m.) *faites*, أَفْعَلْنَ (f.) *faites*.

201. Les adformantes du prétérit, celles du futur et de l'impératif sont les mêmes pour toutes les Formes. C'est pour cela qu'il n'y a en arabe qu'une seule conjugaison proprement dite, mais modifiée de plusieurs manières. On peut comparer en latin *palpo, palpito; cado, cœdo;* en allemand *fallen, fœllen; trinken, trœnken,* etc.

* Les préformantes et les adformantes peuvent être regardées comme des pronoms personnels mutilés ajoutés au radical du verbe pris d'une manière abstraite. Ainsi فَعَلْتَ est pour فَعَلَ أَنْتَ ; أَفْعُلُ pour أَنَا فَعُلُ, etc. *

202. Le verbe qui suit dans toutes les inflexions grammaticales la règle commune ou le paradigme فَعَلَ s'appelle *régulier* ou *parfait;* celui qui s'en écarte se nomme *irrégulier* ou *imparfait.*

203. Les verbes qui ont parmi leurs radicales une gutturale éprouvent, sans pourtant cesser d'être réguliers, des anomalies de voyelles produites par la nature même des lettres gutturales.

204. Les pronoms suffixes, lorsqu'on les joint au verbe, lui font éprouver aussi quelques changements.

* Au reste, toutes les règles données dans cet article et les deux précédents se comprendront et se graveront beaucoup mieux dans la mémoire par l'étude des Tableaux ou Paradigmes des verbes placés à la fin de la Grammaire, et par les détails que nous donnons dans les articles suivants, où nous traitons de chacune des Formes du verbe en particulier. *

ARTICLE IV.

Des Formes du verbe trilitère régulier.

§ I. *De la Forme primitive du verbe trilitère régulier à la voix active* [1].

205. La 1re et la 3e lettre radicale du prétérit ont toujours un *fatha.* La 2e a aussi ordinairement un *fatha,* lorsque le verbe est actif; mais elle est mue par un *kesra* ou un *dhamma* dans un grand nombre de

---

[1] Voy. à la fin de la Grammaire le paradigme A [1].

verbes neutres. Le *kesra* indique communément une manière d'être accidentelle : حَزِنَ *il a été triste* ; et le *dhamma* une qualité constante, naturelle et habituelle : حَسُنَ *il a été beau.*

206. Plusieurs verbes peuvent prendre les trois voyelles, ou deux seulement ; mais alors leur signification varie le plus ordinairement suivant la voyelle dont la 2ᵉ radicale est affectée : رَفَعَ *il a élevé*, رَفُعَ *il a été noble*, رَفِعَ *il a été doué d'une voix haute.*

207. La 2ᵉ lettre radicale, quelle que soit sa voyelle à la 3ᵉ pers. du sing. masc. du prétérit, la conserve dans toutes les inflexions de ce temps.

208. Lorsque la 3ᵉ radicale est un ت, elle se confond par un *teschdid* avec le ت adformante de plusieurs personnes du prétérit. Ainsi 'on écrit ثَبَتَّ *tu* (m.) *as été ferme*, au lieu de ثَبَتْتَ, etc. Il en est de même de ن devant un autre ن adformante : أَمَنَّا *nous avons cru*, pour أَمَنْنَا, etc.

209. Si la 3ᵉ radicale est un ث, on la conserve, mais on ne la prononce pas, ce que l'on indique par la suppression de son *djezma*, et on double l'adformante ت par un *teschdid* euphonique (n° 57) ; on écrit donc لِبِثُّ *je suis resté*, etc., pour لَبِثْتُ. La même chose a lieu quand la 3ᵉ radicale est une des lettres د, ذ, ص, ط, ظ (n° 57 *).

210. Lorsque les personnes du verbe qui se terminent par une lettre djezmée viennent à être suivies d'un *élif* d'union, le *djezma* se change par euphonie en *kesra*, excepté à la 2ᵉ pers. pl. m. du prétérit, où il se convertit en *dhamma* : أُكْتُبِ ٱلرِّسَالَةَ *écris la lettre*, كَتَبْتُمُ ٱلرِّسَالَةَ *vous avez écrit la lettre* (n° 135).

211. Les préformantes du futur ont toujours un *fatha* à la voix active, et cela dans toutes les Formes dérivées, excepté la IIᵉ, la IIIᵉ et la IVᵉ.

212. La voyelle de la 2ᵉ rad. du futur est ordinairement : 1° un *dhamma*, lorsque celle de la 2ᵉ rad. du prétérit est elle-même un

fatha ou un *dhamma*; 2° un *fatha*, si la 2ᵉ ou la 3ᵉ rad. du verbe est une des gutturales ‏ا‎, ‏ح‎, ‏خ‎, ‏ع‎, ‏غ‎, ‏ه‎, ou bien si le prét. a un *kesra* sous la 2ᵉ rad. ; 3° un *kesra* dans certains verbes dont la 2ᵉ radicale du prétérit est affectée d'un *fatha* : ‏ضَرَبَ‎ *il a frappé*, fut. ‏يَضْرِبُ‎, ou même d'un *kesra* : ‏حَسِبَ‎ *il a pensé*, fut. ‏يَحْسِبُ‎.

* Les dictionnaires indiquent ordinairement la voyelle de la 2ᵉ radicale du futur par cette abréviation : F. A., F. I., F. O., c'est-à-dire futur dont la 2ᵉ radicale est mue par un *fatha*, ou par un *kesra*, ou par un *dhamma*. *

213. Quelle que soit la voyelle de la 2ᵉ radicale à la 3ᵉ pers. du sing. m. du futur, elle se conserve dans toutes les inflexions de ce temps.

214. Quant aux autres futurs, le 2ᵉ diffère du 1ᵉʳ en ce que sa 3ᵉ radic. prend un *djezma* au lieu d'un *dhamma* et que l'adformante ‏ن‎ se retranche, excepté aux 2ᵉ et 3ᵉ pers. fém. du pluriel. Le 3ᵉ prend un *fatha* sur la dernière radicale. Le 4ᵉ se distingue des précédents : 1° par la syllabe ‏نْ‎ ou ‏نَّ‎ qui termine toutes les personnes ; 2° par un ‏ا‎ intercalé au plur. fém. entre l'adformante ‏ن‎ et la syllabe paragogique ‏نَّ‎. Enfin le 5ᵉ diffère sculement du 4ᵉ en ce qu'il a un simple *djezma* sur le *noun* paragogique, et qu'il n'est usité ni au duel, ni aux 2ᵉ et 3ᵉ pers. fém. du pluriel.

FUTUR	2ᵉ	3ᵉ	4ᵉ	5ᵉ
Sing. 3. m.	‏يَفْعَلْ‎	‏يَفْعَلَ‎	‏يَفْعَلَنْ‎	‏يَفْعَلَنَّ‎
3. f.	‏تَفْعَلْ‎	‏تَفْعَلَ‎	‏تَفْعَلَنْ‎	‏تَفْعَلَنَّ‎
2. m.	‏تَفْعَلْ‎	‏تَفْعَلَ‎	‏تَفْعَلَنْ‎	‏تَفْعَلَنَّ‎
2. f.	‏تَفْعَلِي‎	‏تَفْعَلِي‎	‏تَفْعَلِنْ‎	‏تَفْعَلِنَّ‎
1. c.	‏أَفْعَلْ‎	‏أَفْعَلَ‎	‏أَفْعَلَنْ‎	‏أَفْعَلَنَّ‎
Duel 3. m.	‏يَفْعَلَا‎	‏يَفْعَلَا‎	‏يَفْعَلَانْ‎	
3. f.	‏تَفْعَلَا‎	‏تَفْعَلَا‎	‏تَفْعَلَانْ‎	
2. c.	‏تَفْعَلَا‎	‏تَفْعَلَا‎	‏تَفْعَلَانْ‎	

FUTUR		2ᵉ	3ᵉ	4ᵉ	5ᵉ
Pl.	3. m.	يَفْعُلوا	يَفْعُلوا	يَفْعُلَنّ	يَفْعُلُنّ
	3. f.	يَفْعُلْنَ	يَفْعُلْنَ	يَفْعُلْنانّ	
	2. m.	تَفْعُلوا	تَفْعُلوا	تَفْعُلَنّ	تَفْعُلُنّ
	2. f.	تَفْعُلْنَ	تَفْعُلْنَ	تَفْعُلْنانّ	
	1. c.	نَفْعُلَ	نَفْعُلَ	نَفْعُلَنّ	نَفْعُلُنّ

* Remarq. 1° que le 2ᵉ futur se nomme communément, ou *apocopé*, à cause du retranchement du *dhamma* de la 3ᵉ radicale, ou *djézmé*, parce qu'il prend un *djezma* sur la 3ᵉ rad.; que le 3ᵉ fut. s'appelle *antithétique*, parce qu'on substitue un *fatha* à ce même *dhamma;* que le 4ᵉ et le 5ᵉ se nomment *paragogiques*, à cause des lettres paragogiques qu'on y introduit; 2° que l'on trouve dans l'Alcoran, XII, 32 : لِيَكُونًا pour لِيَكُونَنْ *assurément il sera*, et XCVI, 15 : لَنَسْفَعًا pour لَنَسْفَعَنْ *assurément nous prendrons.* *

215. Le 1ᵉʳ impér. se forme du 2ᵉ fut. : أَفْعُلْ, fut. يَفْعُلْ; le 2ᵉ, qui dérive du 4ᵉ fut., a pour caractères distinctifs : 1° la syllabe َنّ ou ُنّ qui le termine; 2° un ا intercalé au plur. fém. entre l'adformante نْ et la syllabe paragogique نّ; ainsi, أَفْعُلَنّ, fém. َنّ; duel com. أَفْعُلانّ; pl. أَفْعُلُنّ, fém. أَفْعُلْنانّ. Le 3ᵉ impér. diffère du 2ᵉ en ce qu'il se termine par نْ au lieu de نّ, et que, comme le 5ᵉ fut. d'où il dérive, il n'est usité ni au duel, ni au fém. du pl. : أَفْعُلَنْ, fém. أَفْعُلَنْ, pl. masc. أَفْعُلُنْ.

* On nomme cet impératif et le précédent *paragogiques* à cause des lettres paragogiques qu'on y introduit. *

216. La 3ᵉ lettre radicale de l'impératif a toujours la même voyelle que la 2ᵉ radicale du futur. Si cette voyelle est un *fatha* ou un *kesra*, l'ا caractéristique de l'impératif prend un *kesra* au lieu d'un *dhamma :* إِجْلِسْ *assieds-toi*, إِعْلَمْ *sache*, de يَجْلِسْ, يَعْلَمْ.

§ II. *De la Forme primitive du verbe trilitère régulier*
à la voix passive.

217. Le prétérit passif ne diffère du prétérit actif qu'en ce que, à la voix passive, la 1ʳᵉ rad. a toujours pour voyelle un *dhamma,* et la 2ᵉ un *kesra,* quelle que soit d'ailleurs la voyelle de la 2ᵉ rad. à la voix active. Du reste, les nombres, les genres et les personnes se forment de la même manière pour l'une et pour l'autre voix[1].

218. La voix passive n'a point d'impératif (n° 190). Au futur les préformantes ont toujours pour voyelle un *dhamma* et la 2ᵉ radicale un *fatha.* C'est la seule différence qui existe entre le fut. actif et le fut. passif[2].

219. Le futur passif ajoute à sa 1ʳᵉ Forme quatre autres Formes semblables à celles du futur actif, et qui modifient de la même manière sa signification primitive.

FUT. PASSIF	2ᵉ	3ᵉ	4ᵉ	5ᵉ
Sing. 3. m.	يُفْعَلْ	يُفْعَلَ	يُفْعَلَنْ	يُفْعَلَنَّ
3. f.	تُفْعَلْ	تُفْعَلَ	تُفْعَلَنْ	تُفْعَلَنَّ
2. m.	تُفْعَلْ	تُفْعَلَ	تُفْعَلَنْ	تُفْعَلَنَّ
2. f.	تُفْعَلِي	تُفْعَلِي	تُفْعَلِنْ	تُفْعَلِنَّ
1. c.	أُفْعَلْ	أُفْعَلَ	أُفْعَلَنْ	أُفْعَلَنَّ
Duel 3. m.	يُفْعَلَا	يُفْعَلَا	يُفْعَلَانْ	
3. f.	تُفْعَلَا	تُفْعَلَا	تُفْعَلَانْ	
2. c.	تُفْعَلَا	تُفْعَلَا	تُفْعَلَانْ	
Pl. 3. m.	يُفْعَلُوا	يُفْعَلُوا	يُفْعَلُنْ	يُفْعَلُنَّ
3. f.	يُفْعَلْنَ	يُفْعَلْنَ	يُفْعَلْنَانْ	

[1] Voy. à la fin de la Grammaire les paradigmes A¹, A².
[2] Voy. à la fin de la Grammaire le paradigme A².

FUT. PASSIF	2e	3e	4e	5e
2. m.	تُفْعَلُوا	تُتَفَعَّلُوا	تُتَفَعَّلَنَّ	تُتَفَعْلَنَّ
2. f.	تُفْعَلْنَ	تُتَفَعَّلْنَ	تُتَفَعَّلْنَانِّ	تُتَفَعْلْنَ
1. c.	تُفْعَلُ	تُتَفَعَّلُ	تُتَفَعَّلَنَّ	تُتَفَعْلُنَّ

§ III. *Des Formes dérivées du verbe trilitère, et des Formes primitive et dérivées du verbe quadrilitère, tant à la voix active qu'à la voix passive.*

220. Dans toutes les Formes dérivées du verbe trilitère, ainsi que dans la Forme primitive du verbe quadrilitère, les préformantes et les adformantes sont les mêmes que dans la Forme primitive du verbe trilitère. Il n'y a donc à considérer dans toutes ces Formes que les voyelles des lettres radicales, celles des caractéristiques de chaque Forme et des préformantes du futur. Or on peut diviser, à cet égard, toutes les Formes dérivées en deux classes. La 1re contient les IIe, IIIe et IVe Formes du verbe trilitère, et la Ire ou primitive du verbe quadrilitère; la 2e classe comprend toutes les autres Formes des verbes trilitère et quadrilitère (n° 175).

221. PREMIÈRE CLASSE. Les verbes de cette classe sont soumis aux règles suivantes :

1° Au prétérit actif, l'avant-dernière radic. a toujours pour voyelle un *fatha,* et au futur un *kesra ;* 2° les préformantes du futur sont toujours mues par un *dhamma* (n° 211) ; 3° l'ا caractéristique de l'impér. de la Forme primitive se retranche ; 4° l'ا caractéristique de la 4e Forme disparaît devant les préformantes du fut. : يُفْعَلُ pour يُاَفْعَلُ, fut. de أَفْعَلَ ; mais il se conserve à l'impér. qui a perdu le sien à la Forme primitive (3°) : أَفْعِلْ [1] ; 5° au prétérit passif de la IIIe Forme, l'ا quiescent caractéristique de cette Forme se change en و, à cause du *dhamma* qui le précède (n° 80) ; 6° les voyelles de la 2e rad. et des préform. du fut.

[1] Voy. à la fin de la Grammaire le paradigme A.

passif sont les mêmes qu'à la Forme primitive de la même voix
(n° 218) [1].

222. DEUXIÈME CLASSE. Cette classe a aussi ses règles particulières ;
ainsi :

1° Au prétérit actif l'avant-dernière radicale a toujours pour voyelle
un *fatha*, comme dans la 1re classe ; au futur elle a également un
fatha dans les Ve, VIe, IXe, XIe, XIIIe Formes du verbe trilitère, et dans
la IIe du verbe quadrilitère ; mais elle prend un *kesra* dans toutes les
autres Formes ; 2° les préformantes du futur sont toujours affectées
d'un *fatha* (n° 211) ; 3° l'ا caractéristique de l'impér. de la Forme primitive se retranche comme dans la 1re classe ; 4° la IXe et la XIe Formes
ayant toujours une signification neutre, ne sont pas usitées à la voix
passive ; 5° la 3e radic. étant doublée à la IXe et à la XIe Forme, le redoublement est seulement indiqué par un *teschdid* dans les cas où cette
3e radicale doit être affectée d'une voyelle ; ainsi, اِصْفَرَّ et اِصْفَارَّ *il
a été jaune,* sont pour اِصْفَرَرَ et اِصْفَارَرَ ; mais si la 3e radicale doit avoir
un *djezma,* on l'écrit deux fois : اِصْفَرَرْتَ et اِصْفَارَرْتَ. C'est par la même
raison que la contraction par le *teschdid* n'a pas lieu à l'impér. et au
2e fut., et qu'on écrit اِصْفَارِرْ, اِصْفَرِرْ, يَصْفَارِرُ. Cette règle s'applique également à la IVe Forme du verbe quadrilitère et aux verbes
dont les deux dernières radic. sont semblables (n° 226). 6° Au prétérit
passif de la VIe Forme, l'ا, qui est une des caractéristiques de cette
Forme, se change en و, à cause du *dhamma* qui le précède (n° 80) ;
7° l'ا initial caractéristique des Formes VIIe-XIIIe disparaît devant les
préformantes du futur ; mais il se conserve à l'impératif de ces mêmes
Formes. Cette observation, en ce qui regarde le futur, s'applique,
comme toutes celles qui suivent, aux deux voix, active et passive [2].

223. Le ت caractéristique des Ve et VIe Formes disparaît quelque-

<hr>

[1] Voy. à la fin de la Grammaire le paradigme A [2].
[2] Voy. à la fin de la Grammaire le paradigme B.

fois devant le ت, préformante du futur : تَتَكَسَّرُ pour تَتَكَسَّرُ *tu seras brisé*, etc. Les voyelles de ces futurs les distinguent suffisamment des futurs de la IIe et de la IIIe Formes, soit actifs, comme تُكَسَّرُ, تُبَاعَدُ, soit passifs, comme تُبَاعَدُ, تُكَسَّرُ. La même chose peut avoir lieu à la IIe Forme du verbe quadrilitère.

* Les Ve et VIe Formes s'écrivent quelquefois dans le Coran إِفَّعَّلَ, إِقَّاعَلَ, au lieu de تَفَعَّلَ, تَفَاعَلَ. *

224. Le ت caractéristique de la VIIIe Forme éprouve divers changements qui sont aussi purement euphoniques (n°s 75, 76) : 1° il s'unit par un *teschdid* à la 1re radicale, quand elle est un ت elle-même : إِتَّبَعَ pour إِتْتَبَعَ, de تَبَعَ *il a suivi*; 2° il s'assimile et s'unit par un *teschdid* à la 1re radicale, si elle est une des lettres د, س, ش, ط; ainsi إِطَّبَعَ est pour إِطْتَبَعَ, de طَبَعَ *il a imprimé*; إِدَّرَكَ pour إِدْتَرَكَ, de دَرَكَ *il a laissé*; إِسَّمَعَ pour إِسْتَمَعَ, de سَمِعَ *il a écouté*; إِشَّبَهَ pour إِشْتَبَهَ, de شَبَهَ *il a été obscur, ambigu*; 3° il se change en ط après ص, ض, ظ; on dit donc : إِصْطَبَغَ pour إِصْتَبَغَ, de صَبَغَ *il a teint*; إِضْطَرَمَ pour إِضْتَرَمَ, de ضَرِمَ *il a brûlé*; إِظْطَلَمَ pour إِظْتَلَمَ, de ظَلَمَ *il a été injuste*; 4° il se change aussi en د après ز ou ذ, et on dit : إِزْدَادَ pour إِزْتَادَ, de زَادَ *il a augmenté*; إِذْدَكَرَ pour إِذْتَكَرَ, de ذَكَرَ *il s'est souvenu*; quoique, dans ce dernier cas, il se change aussi en ذ, et qu'on écrive إِذَّكَرَ; ou bien ت et ذ se changent tous deux en د, en écrivant إِدَّكَرَ; 5° le ت s'assimile au contraire la 1re radicale, si elle est une des lettres ا, ث, و, ي; ainsi on dit : إِتَّخَذَ pour إِأْتَخَذَ, de أَخَذَ *il a pris*; إِتَّبَتَ pour إِثْتَبَتَ, de ثَبَتَ *il a été ferme*; إِتَّحَدَ pour إِوْتَحَدَ, de وَحَدَ *il a été unique*; إِتَّسَرَ pour إِيْتَسَرَ, de يَسَرَ *il a joué aux dés*.

* On lit à la Xe Forme dans le Coran, XVIII, 96 : اسْطَاعُوا *ils ont pu*, pour اسْتَطَاعُوا. *

ARTICLE V.

Des verbes irréguliers.

225. Les verbes irréguliers, c'est-à-dire les verbes qui dans leurs inflexions s'écartent du paradigme فَعَلَ (n° 202), sont de différentes espèces : 1° le verbe *sourd* ou *redoublé*, verbe trilitère dont la 3ᵉ radicale est semblable à la 2ᵉ ; 2° le verbe *hamzé*, qui compte parmi ses radic. un *hamza* ou ا mobile ; 3° le verbe *assimilé*, dont la 1ʳᵉ radic. est un و ou un ي ; 4° le *concave*, qui a pour 2ᵉ radic. une des lettres quiescentes و, ا, ي ; 5° le *défectueux*, dont la 3ᵉ radic. est un و ou un ي. Parmi ces différents verbes, les uns sont simplement irréguliers, les autres doublement, d'autres enfin triplement, selon que leur irrégularité porte sur une, sur deux ou sur trois lettres radicales.

§ I. *Des verbes sourds.*

226. Toute l'irrégularité des verbes sourds peut se réduire à la règle suivante : dans toutes les inflexions où, conformément à la conjugaison régulière, la dernière radicale doit avoir une voyelle, l'avant-dernière radicale s'unit à la dernière par un *teschdid* en perdant sa voyelle, si la lettre précédente doit régulièrement en avoir une propre, ou en la reportant sur cette même lettre précédente, si elle ne doit avoir qu'un *djezma*. Dans toutes les inflexions, au contraire, où la dernière radicale doit avoir un *djezma*, ces verbes se conjuguent régulièrement : مَدَّ pour مَدَدَ *il a étendu;* مُدَّ pour مُدِدَ *il a été étendu;* يَمُدَّ pour يَمْدُدَ *il étendra;* يُمَدَّ pour يُمْدَدَ *il sera étendu;* مَدَدْتَ *tu as étendu,* مُدِدْتَ *tu as été étendu,* etc. [1].

Observations.

227. Le prétérit se conjugue quelquefois comme celui des verbes concaves (n° 249); ainsi, ظَلَّ *il a persévéré,* fait ظَلْتَ pour ظَلِلْتَ, ظَلْتُمْ pour ظَلِلْتُمْ, comme si la racine était ظَلَلَ.

[1] Voy. à la fin de la Grammaire le paradigme C[1].

228. Les verbes qui ont au fut. un *fatha* ou un *kesra* à la 2ᵉ rad. le conservent, mais ils se conjuguent pour le reste comme مَدَّ : يَعَضّ pour يَعْضَضُ *il mordra*; يَفِرّ pour يَفْرِرُ *il fuira*.

229. Le 2ᵉ futur ayant, comme le prétérit, dans plusieurs de ses inflexions un *djezma* sur la 3ᵉ radicale (nᵒ 214), se conjugue en partie régulièrement : يَمْدُدُ, نَمْدُدُ, fém. نَمْدِّي, etc.; duel يَمُدَّا, fém. تَمُدَّا; plur. يَمُدُّوا, f. يَمْدُدْنَ, etc. On dit cependant يَمُدّ, comme on peut dire aussi يَعَضّ au lieu de يَعْضَضُ. et يَفِرّ au lieu de يَفْرِرُ.

230. L'impératif[1] se conjugue comme celui des verbes réguliers. D'après la règle particulière au verbe *sourd* (nᵒ 226), on devrait dire أُمْدِّي, أُمُدَّا, أُمُدّوا, mais on ne le dit pas, parce que l'ا d'union exige nécessairement après lui une lettre djezmée (nᵒ 61). Cependant il admet une forme irrégulière, qui est : مُدَّ ou مُدّ, f. مُدِّي; duel مُدَّا; plur. مُدُّوا, f. régul. أُمْدُدْنَ.

231. La voix passive est soumise aux mêmes règles que la voix active[2]; on dit مُدَّ pour مُدِدَ, مُدِدْتَ; fut. يُمَدّ pour يُمْدَدُ, etc. (nᵒ 226).

232. Quant aux Formes dérivées, les IIᵉ, Vᵉ, IXᵉ, XIᵉ et XIIIᵉ ayant par leur nature même un *teschdid*, n'admettent pas celui qui est particulier aux verbes *sourds*, et par là même elles se conjuguent régulièrement; toutes les autres au contraire l'admettent absolument dans les mêmes cas que la Forme primitive, c'est-à-dire au prét. et au fut.; car l'impér. reste entièrement régulier (nᵒ 226). Ainsi on dit :

[1] Voy. à la fin de la Grammaire le paradigme C¹.

[2] Voy. à la fin de la Grammaire le paradigme C².

	Prét.	Fut.	Imp.
II.	مَدَّدَ	يُمَدِّدُ	مَدِّدْ
V.	تَمَدَّدَ	يَتَمَدَّدُ	تَمَدَّدْ
IX.	اِمْدَدَّ	يَمْدَدُّ	اِمْدَدِدْ
XI.	اِمْدَادَّ	يَمْدَادُّ	اِمْدَادِدْ
XIII.	اِمْدَوَّدَ	يَمْدَوِّدُ	اِمْدَوِّدْ

	Prét.	Fut.	Imp.
III.	مَادَّ	يُمَادُّ	مَادِدْ
IV.	أَمَدَّ	يُمِدُّ	أَمْدِدْ
VI.	تَمَادَّ	يَتَمَادُّ	تَمَادَدْ
VII.	اِنْمَدَّ	يَنْمَدُّ	اِنْمَدِدْ
VIII.	اِمْتَدَّ	يَمْتَدُّ	اِمْتَدِدْ
X.	اِسْتَمَدَّ	يَسْتَمِدُّ	اِسْتَمْدِدْ
XII.	اِمْدَوْدَدَ	يَمْدَوْدِدُ	اِمْدَوْدِدْ

* On dit cependant quelquefois à la IIIe Forme مَادَدَ, يُمَادِدُ, au lieu
de مَادَّ, يُمَادُّ, etc. *

§ II. *Des verbes hamzés.*

233. Les verbes *hamzés* se conjuguent à peu près comme le régulier فَعَلَ. Il ne s'agit en général que de bien observer les règles de permutation (n° 79 et suiv.). Mais comme le *hamza* peut affecter la 1re, la 2e ou la 3e radicale, on distingue trois sortes de verbes hamzés.

1° Des verbes ayant pour 1re radicale un أ.

234. Les verbes dont la 1re radicale est un أ, comme أَثَرَ *il a raconté*, sont entièrement réguliers dans la Ire Forme, au prétérit actif et passif, et au futur actif. A l'impér. l'أ radic. se change en ي, et on écrit إِيثِرْ au lieu de إِأْثِرْ (n° 80) ; ou bien en و, si la voyelle de l'impératif est un *dhamma* : أُومُلْ de أَمَلَ *il a espéré* (n° 80). Il se change également en و au fut. passif : يُوثَرُ pour يُأْثَرُ (n° 80).

* Les verbes أَخَذَ *il a pris*, أَكَلَ *il a mangé*, أَمَرَ *il a ordonné*, font à l'impératif خُذْ, كُلْ, مُرْ, et très-rarement أُوخُذْ, أُوكُلْ. Si l'impératif est précédé de و, فَ *et, or, donc*, on écrit فَأْمُرْ, وَأْمُرْ, etc.

235. A la IIe Forme le prétér., l'impér. actif et le prétér. passif sont réguliers. Le fut. actif est يُؤَثِّرُ et le passif يُؤَثَّرُ (n° 84). A la IIIe Forme le prétérit actif·fait آثَرَ ou أَثْرَ pour أَأْثَرَ (n° 87) ; le prét. passif est régulier : أُوثِرَ. Le fut. actif est يُوَاثِرُ, le passif يُوَاثَرُ (n° 84) ; et l'impér. آثِرْ (n° 87). A la IV° Forme le prét. actif et l'impér. sont semblables à ceux de la III°. Le prétér. passif fait أُوثِرَ (n° 80). Le fut. actif est يُوثِرُ (n° 80), et le fut. passif يُوثَرُ, comme celui de la Ire Forme (n°·234).

236. La V° Forme est régul. à l'exception du prét. passif, qui fait نُوثِّرَ au lieu de نُأَثِّرَ (n° 80). La sixième est irrég. dans toutes ses parties, à cause du concours des deux *élifs*. Ainsi, d'après les règles de permutation particulières à l'ا (n°s 87, 88), le prétér. actif fait تَآثَرَ ou نَوَاثَرَ pour تَأَاثَرَ ; le fut. يَتَآثَرُ ou يَتَوَثَّرُ au lieu de يَتَأَاثَرُ ; l'impér. تَآثَرْ ou نُوَاثَرْ pour تَأَاثَرْ. Au passif le prétérit fait نُوثِّرَ (n° 83), et·le fut. يَتَوَاثَرُ (n° 84).

237. La VII° Forme est entièrement régul. La VIII° change son *élif*, tantôt en و et tantôt en ى ; prétérit actif : إِيتَثَرَ ; impér. إِيتَثِرْ (n° 80) ; prét. et futur passif : يُوتَثَرُ, أُوتُثِرَ (n° 80). Le futur actif est régulier : يَأْتَثِرُ.

* Le verbe أَخَذَ *il a pris*, fait à la VIII° Forme إتَّخَذَ au lieu de إِيتَخَذَ. *

238. La X° n'est irrégul. qu'au prétér. passif : أُسْتُوثِرَ au lieu de أُسْتُأْثِرَ.[1]

2° Des verbes ayant pour 2° radicale un ا.

239. Les verbes dont la 2° rad. est un ا suivent, comme les précédents, les règles de permutation des deux premiers tableaux (n° 80 et suiv.), c'est-à-dire que l'ا 2° rad. se conserve lorsqu'il est mu ou précédé d'un *fatha*, et qu'il se change en و ou en ى selon qu'il est mu ou précédé d'un *dhamma* ou d'un *kesra* : سَأَلَ *il a demandé* ; بُوسَ pour بَأُسَ *il a été courageux* ; صَيْبَ pour صَأُبَ *il a étanché sa soif* (n° 83) ; futur يَسْأَلُ, يَبْيَسُ, يَصَأَبُ. Au passif سِيلَ.[2]

---

[1] Voy. pour ces verbes, à la fin de la Grammaire, les paradigmes D¹, D², D³.

[2] Voy. à la fin de la Grammaire les paradigmes D³, D⁴.

240. La conjugaison des Formes dérivées est conforme à celle de la Forme primitive. Ainsi, لَأَمَ *il a consolidé*, fait à la IIIᵉ Forme لَاءَمَ, fut. يُلَائِمُ, imp. لَائِمْ; et au passif لُوئِمَ, fut. يُلَاءَمُ; à la IVᵉ أَلْأَمَ, fut. يُلْئِمُ, imp. أَلْئِمْ; et au passif أُلْئِمَ, fut. يُلْأَمُ; à la VIIIᵉ إِلْتَأَمَ, fut. يَلْتَئِمُ, imp. إِلْتَئِمْ; et au passif أُلْتُئِمَ, fut. يُلْتَأَمُ, etc.

* Ces verbes se conjuguent quelquefois comme les *concaves* (nᵒ 249). *

3° Des verbes ayant pour 3ᵉ radicale un أ.

241. L'أ de ces verbes se conserve ou se change, soit en ؤ, soit en ئ, selon que l'exigent les règles de permutation (nᵒˢ 84, 85, 86) : بَرَأَ *il a été guéri*, بَرَأَتْ, بَرُأَتْ, etc.; هَنَأَ *il a donné*, هَنَأَتْ, هَنُأَتْ; دَنَأَ *il a été vil*, دَنُؤْتَ, دَنَؤْتُ; خَرِئَ *il est allé à la selle*, خَرِيتَ, إِهْنِئ; fut. خَرِيتَ; يَبْرَأُ, يَهْنِئُ, يَدْنُؤُ, يَخْرَأُ ou يَخْرُؤُ; impér. أَبْرُؤ, إِهْنِئ, أُدْنُؤ, إِخْرَأْ. Au passif, يُبْرَؤُ, بُرِئَ[1].

242. Les Formes dérivées suivent la même règle : جَشَّأَ *il s'est tour-menté*, fait à la IIᵉ Forme جَشَّأ, يُجَشِّئِ; à la Vᵉ تَجَشَّأَ, يَتَجَشَّأُ, etc.

* Ces verbes se conjuguent aussi assez souvent comme les *défec-tueux* (nᵒ 256). *

§ III. *Des verbes assimilés.*

243. Les verbes dont la 1ʳᵉ lettre est un و ou un ي sont nommés *assimilés,* parce que leur conjugaison, au prétérit, est semblable à celle des verbes réguliers.

1° Des verbes dont la 1ʳᵉ radicale est un و.

244. L'irrégularité de ces verbes consiste principalement en ce que le و 1ʳᵉ radicale se retranche quelquefois au futur et à l'impératif, qui, dans ce cas, perd même son أ *caractéristique.* Cependant ce retranche-ment n'a lieu le plus ordinairement que dans les verbes qui ont un

---

[1] Voy. à la fin de la Grammaire les paradigmes D⁵, D⁶.

kesra sous la 2ᵉ rad. du futur : وَعَدَ *il a promis*, fut. يَعِدُ pour يَوْعِدُ, impér. عِدْ pour اِوْعِدْ. Au contraire, وَجِلَ *il a craint*, وَدَّ *il a aimé*, etc., qui n'ont pas un *kesra* sous la 2ᵉ radicale du futur, font régulièrement à ce temps يَوَدُّ, يَوْجَلُ. Dans ce cas l'impératif se forme aussi d'une manière régulière, mais en ayant égard aux règles de permutation des lettres ا, و, ي (n° 80) : إِيجَلْ, إِيدَدْ pour اِوْجَلْ, اِوْدَدْ[1].

* Les six verbes وَطِئَ (pour وَطَأَ) *il a foulé aux pieds*, وَسِعَ *il a été vaste*, وَقَعَ *il est tombé*, وَدَعَ *il a laissé*, وَهَبَ *il a donné*, وَضَعَ *il a posé*, ne prenant qu'accidentellement un *fatha*, parce qu'ils ont pour 2ᵉ ou 3ᵉ radicale une lettre gutturale (n° 212), perdent leur و au fut. et à l'impér., et font : fut. يَضَعُ, يَهَبُ, يَدَعُ, يَقَعُ, يَسَعُ, يَطَأُ ; impér. ضَعْ, هَبْ, دَعْ, قَعْ, سَعْ, طَأْ.*

245. Le passif de la Iʳᵉ Forme, ainsi que l'actif et le passif de toutes les autres, ne sont sujets à aucune irrégularité; la VIIIᵉ seulement change le و 1ʳᵉ radicale en un ت qui se confond par un *teschdid* avec le ت caractéristique de cette Forme : يَتَّعِدُ pour اِوْتَعَدَ ; اِتَّعَدَ pour اِوْتَعَدَ ; يَوْتَعِدُ pour اِتَّعِدُ[2].

2° Des verbes dont la 1ʳᵉ radicale est un ي.

246. Ces verbes, à proprement parler, ne sont point irréguliers; ainsi, يَسَرَ *il a joué à des jeux de hasard*, fait au futur يَيْسِرُ, et à la IIᵉ Forme يَسَّرَ, fut. يُيَسِّرُ. Seulement le ي radical se change en و, lorsque destitué de voyelle, il est précédé d'un *dhamma* (n° 80). Ainsi, يَسَرَ fait au fut. de la IVᵉ Forme يُوسِرُ au lieu de يُيْسِرُ, etc.

247. A la VIIIᵉ Forme le ي radical se change aussi en un ت qui s'unit par un *teschdid* au ت caractéristique de cette Forme; ainsi, إِتَّسَرَ, fut. يَتَّسِرُ, imp. إِتَّسِرْ[3].

---

[1] Voy. à la fin de la Grammaire le paradigme E¹.

[2] Voy. à la fin de la Grammaire le paradigme E².

[3] Voy. à la fin de la Grammaire les paradigmes E³, E⁴.

§ IV. *Des verbes concaves.*

248. Les verbes *concaves* (n° 225) sont seulement irrég. aux Formes Ire, IVe, VIIe, VIIIe et X^e. Or voici en quoi consiste leur irrégularité.

249. La 2e radicale perd toujours sa voyelle ; elle disparaît elle-même quelquefois, et lorsqu'elle est quiescente, elle éprouve divers changements, conformément aux règles de permutation (n°s 121-125). Ainsi, قَالَ pour قَوَلَ *il a dit* ; سَارَ pour سَيَرَ *il a marché* (n° 121) ; قُلْتُ pour قَوَلْتُ *j'ai dit* ; سِرْتُ pour سَيَرْتُ *j'ai marché* (n° 122) ; fut. يَقُولُ pour يَقْوُلُ ; يَسِيرُ pour يَسْيِرُ (n° 123). L'impératif perd sa caractéristique ا, parce que cette caractéristique étant un *élif* d'union ne peut se placer que devant une lettre djezmée (n° 61), et que la 1re radicale des verbes concaves a une voyelle à l'impér. : قُلْ, سِرْ. Le prét. passif est قِيلَ pour سُيِرَ ; سِيرَ pour سُيِرَ ; 2e pers. قُلْتَ pour قُوِلْتَ, سِرْتَ pour سُيِرَ (n° 125), etc. D'où il résulte que سِرْتَ, سِرْتُ, etc., se confondent avec les personnes correspondantes de la voix active [1].

Observations.

250. Les verbes qui ont pour dernière radicale un ت ou un ن unissent ces lettres aux adformantes ت et ن par un *teschdid* (n° 208) : مَاتَ *il est mort,* مُتَّ *tu es mort,* مُتِّ *tu es morte,* etc. ; صَانَ *il a conservé,* صُنَّ *elles ont conservé,* صُنَّا *nous avons conservé,* يَصُنَّ *elles conserveront,* etc.

251. Le futur, conformément à la conjugaison du verbe régulier (n° 242), prend un *fatha,* un *dhamma* ou un *kesra,* selon la voyelle qu'aurait la 2e radicale du prétérit, si elle n'était devenue quiescente : يَقُولُ, fut. de قَالَ pour قَوَلَ *il a dit* ; يَطُولُ, de طَالَ pour طَوُلَ *il a été long* ; يَخَافُ, de خَافَ pour خَوِفَ *il a craint* ; يَهَابُ, de هَابَ pour هَيِبَ *il a redouté* ; يَسِيرُ, de سَارَ pour سَيَرَ *il a marché.*

---

[1] Voy. à la fin de la Grammaire les paradigmes F¹, F², F³.

252. Au prétérit et au futur passifs, il n'y a aucune différence entre les verbes dont la 2e radicale est un و et ceux dont la 2e radicale est un ي.

* Cependant les verbes de la Forme قَالَ pour قَوَلَ, fut. يَقُوُلُ, peuvent s'écrire قُلْتَ, قُلْتُ, etc., au lieu de قِلْتُ, قِلْتَ; ce qui confond pour ces personnes le passif avec l'actif. *

253. Quant aux Formes dérivées irrégulières, c'est-à-dire les Formes IVe, VIIe, VIIIe et X^e (n° 248), leurs anomalies sont les mêmes pour les deux espèces de verbes concaves. Ainsi on dit :

	VOIX ACTIVE.				VOIX PASSIVE.	
	Prét.	Fut	Imp.		Prét.	Fut.
IV.	أَقَلَّ	يُقِيلُ	أَقِلْ	IV.	أُقِيلَ	يُقَالُ
	أَسَارَ	يُسِيرُ	أَسِرْ		أُسِيرَ	يُسَارُ
VII.	إِنْقَالَ	يَنْقَالُ	إنْقَلْ	VII.	أُنْقِيلَ	يُنْقَالُ
	إِنْسَارَ	يَنْسَارُ	إنْسَرْ		أُنْسِيرَ	يُنْسَارُ
VIII.	إِقْتَالَ	يَقْتَالُ	إقْتَلْ	VIII.	أُقْتِيلَ	يُقْتَالُ
	إِسْتَارَ	يَسْتَارُ	إسْتَرْ		أُسْتِيرَ	يُسْتَارُ
X.	إِسْتَقَالَ	يَسْتَقِيلُ	إسْتَقِلْ	X.	أُسْتُقِيلَ	يُسْتَقَالُ
	إِسْتَسَارَ	يَسْتَسِيرُ	إسْتَسِرْ		أُسْتُسِيرَ	يُسْتَسَارُ

254. La formation des différentes personnes de ces Formes dérivées est soumise aux mêmes règles que celle de la Forme primitive. Ainsi on dit à la IVe أَقَالَتْ pour أَقْوَلَتْ (n° 123), أَقَلْتَ pour أَقْوَلْتَ (n° 124), et ainsi des autres.

255. Quoique régulières, les Formes IIIe et VIe éprouvent une sorte d'anomalie au passif des verbes dont la 2e radicale est un و ; car l'ا caractéristique de ces Formes se changeant en و, à cause du *dhamma* qui le précède, ce و s'unit par un *teschdid* au و radical : قُوِّلَ et نُقَوَّلُ, au lieu de قُوِولَ et نُقَوِّولُ (n° 95). Dans ce cas les voix passives des IIe et IIIe Formes se confondent au prétérit.

* Quelques verbes *concaves* se conjuguent régulièrement ; d'autres, quoique irréguliers à la Ire Forme, peuvent se conjuguer régulièrement ou irrégulièrement aux autres Formes. Enfin la plupart de ceux dont la 2e radicale est un و se conjuguent régulièrement ou irrégulièrement. *

§ V. *Des verbes défectueux.*

256. Les verbes *défectueux* (n° 245) sont ceux qui perdent en certains cas leur 3e radicale, comme غَزَا *il a attaqué,* رَمَى *il a jeté.*

257. La 3e lettre radicale des verbes *défectueux* éprouve des changements pareils à ceux que subit la 2e des verbes *concaves ;* tantôt elle se change en une autre lettre, tantôt elle disparaît ; quelquefois sa voyelle passe à la lettre précédente ; d'autres fois elle est totalement supprimée. Les anomalies de ces verbes sont, pour la plupart, fondées sur les règles de permutation des lettres ي ,و ,ا [1].

258. Les verbes qui ont pour 3e rad. un و et dont la 2e est affectée d'un *dhamma,* comme سَرُوَ *il a été généreux,* suivent presque entièrement le paradigme de غَزَا ; l'exception sera indiquée plus bas (n° 283) ; mais ceux dont la 2e rad. est mue par un *kesra,* comme رَضِيَ *il s'est complu,* pour رَضِوَ (n° 103), se conjuguent d'une manière particulière[2].

Observations sur la voix active.

259. Au prétérit, غَزَا est pour غَزَوَ (n° 96), et رَمَى pour رَمَيَ (n° 107) ; le fém. غَزَتْ ,رَمَتْ, est pour غَزَوَتْ ,رَمَيَتْ (n° 82). Quant au duel غَزَوَا, رَمَيَا, il perd aussi sa troisième radicale, quoiqu'il ne soit pas suivi d'une lettre djezmée (n° 82), parce qu'il se forme du singulier par la seule addition d'un *fatha* suivi d'un ا quiescent, et sans avoir égard à la 3e radicale qui était déjà disparue. C'est ainsi que dans le verbe régulier le duel fém. فَعَلَتَا se forme du sing. فَعَلَتْ (n° 196). Au plur.

---

[1] Voy. à la fin de la Grammaire les paradigmes G¹, G², G³.

[2] Voy. à la fin de la Grammaire le paradigme G⁴.

masc., غَزَوْا et رَمَوْا sont pour غَزَوُوا et رَمَيُوا (n° 117), forme régulière qui reparaît devant un ‍ا d'union : دَعَوُا اللهَ *ils ont invoqué Dieu* (n° 63).

260. Au fut. le *fatha* de la 2e radicale du prétérit se change en *dhamma*, si la dernière est un و, et en *kesra*, si elle est un ي. Cependant quelques verbes dont la 3e radicale est un ي et la 2e une lettre gutturale, conservent le *fatha* (n° 212). De plus, la dernière rad. perd sa voyelle naturelle et devient quiescente (n°ˢ 98, 107, 110). Enfin la 2e pers. du sing. fém., ainsi que la 3e et la 2e du plur. masc., éprouvent une contraction, conformément aux règles d'euphonie (n°ˢ 117, 118) ; ainsi, تَغْزِينَ, تَرْمِينَ, يَغْزُونَ, يَرْمُونَ pour تَغْزُوِينَ, تَرْمِيِينَ, يَغْزُوُونَ, يَرْمِيُونَ, etc.

* Rem. 1° par l'effet de cette contraction euphonique, غَزَا et les verbes qui se conjuguent de même, ont les 2e et 3e pers. du pl. masc. semblables à celles du pl. fém.; de même dans رَمَى et les verbes qui suivent sa conjugaison, la 2e pers. du sing. fém. ne diffère point de celle du pl. de ce même genre ; 2° on trouve dans le Coran, XVII, 11 : وَيَدْعُ *et il prie*, pour يَدْعُو, de دَعَا. On dit encore لَا أَدْرِ *je ne sais pas*, pour لَا أَدْرِي, de دَرَا pour دَرَى. *

261. Quant aux autres futurs, le 2e n'a pas de *djezma* sur la 3e rad., laquelle se retranche même à quelques personnes ; et l'adformante ن disparaît à la 2e pers. du sing. fém. et aux 2e et 3e du pl. masc. Le 3e éprouve les mêmes contractions que le 1er. Au 4e le و et le ي, qui après la contraction étaient restés à la 2e pers. du sing. fém. et aux 2e et 3e du pl. masc., disparaissent entièrement, à cause du ن djezmé qui suit, conformément à la règle de permutation (n° 82). Le 5e n'est comme dans le verbe régulier, qu'une légère modification du 4e.

FUTUR	2e	3e	4e	5e	FUTUR	2e	3e	4e	5e
S. 3. m.	يَغْزَ	يَغْزُو	يَغْزُونَ	يَغْزُوا	S. 3. m.	يَرْمِ	يَرْمِي	يَرْمِينَ	يَرْمِينَ
3. f.	تَغْزَ	تَغْزُو	تَغْزُونَ	تَغْزُوا	3. f.	تَرْمِ	تَرْمِي	تَرْمِينَ	تَرْمِينَ
2 m.	تَغْزَ	تَغْزُو	تَغْزُونَ	تَغْزُوا	2. m.	تَرْمِ	تَرْمِي	تَرْمِينَ	تَرْمِينَ

FUTUR	2e	3e	4e	5e
2. f.	تَغْزِي	تَغْزِي	تَغْزِنَّ	تَغْزِنْ
1. c.	أَغْزُ	أَغْزُوَ	أَغْزُوَنَّ	أَغْزُوَنْ
D. 3. m.	يَغْزُوَا	يَغْزُوَا	يَغْزُوَانِّ	
3. f.	تَغْزُوَا	تَغْزُوَا	تَغْزُوَانِّ	
2. c.	تَغْزُوَا	تَغْزُوَا	تَغْزُوَانِّ	
P. 3. m.	يَغْزُوا	يَغْزُوا	يَغْزُنَّ	يَغْزُنْ
3. f.	يَغْزُونَ	يَغْزُونَ	يَغْزُونَانِّ	
2. m.	تَغْزُوا	تَغْزُوا	تَغْزُنَّ	تَغْزُنْ
2. f.	تَغْزُونَ	تَغْزُونَ	تَغْزُونَانِّ	
1. c.	نَغْزُ	نَغْزُوَ	نَغْزُوَنَّ	نَغْزُوَنْ

FUTUR	2e	3e	4e	5e
2. f.	تَرْمِي	تَرْمِي	تَرْمِنَّ	تَرْمِنْ
1. c.	أَرْمِ	أَرْمِيَ	أَرْمِيَنَّ	أَرْمِيَنْ
D. 3. m.	يَرْمِيَا	يَرْمِيَا	يَرْمِيَانِّ	
3. f.	تَرْمِيَا	تَرْمِيَا	تَرْمِيَانِّ	
2. c.	تَرْمِيَا	تَرْمِيَا	تَرْمِيَانِّ	
P. 3. m.	يَرْمُوا	يَرْمُوا	يَرْمُنَّ	يَرْمُنْ
3. f.	يَرْمِينَ	يَرْمِينَ	يَرْمِينَانِّ	
2. m.	تَرْمُوا	تَرْمُوا	تَرْمُنَّ	تَرْمُنْ
2. f.	تَرْمِينَ	تَرْمِينَ	تَرْمِينَانِّ	
1. c.	نَرْمِ	نَرْمِيَ	نَرْمِيَنَّ	نَرْمِيَنْ

* Rem. 1° au 2e fut. on ajoute quelquefois devant la pause un ه djezmé qui tient lieu de la 3e rad.: يَغْزُهْ، يَرْمَهْ، etc.; 2° au 3e on retranche quelquefois le *fatha* de la 3e rad.; ainsi l'on dit لَنْ يَعْفُو pour لَنْ يَعْفُوَ *il ne pardonnera pas.* *

262. Le 1er impératif, comme on le voit par le paradigme, se conforme en tout au 2e futur, de même que dans les verbes réguliers; or le 2e et le 3e suivent également le 4e et 5e futur d'où ils dérivent. Ainsi, غَزَا fait au 2e أُغْزُوَنَّ, f. أُغْزِنَّ; du c. أُغْزُوَانِّ; pl. أُغْزُنَّ, f. أُغْزُونَانِّ; et au 3e أُغْزُوَنْ, f. أُغْزِنْ; pl. m. أُغْزُنْ. — De même رَمَى fait au 2e أُرْمِيَنَّ, f. أُرْمِنَّ; d. c. أُرْمِيَانِّ; pl. أُرْمُنَّ, f. أُرْمِينَانِّ; et au 3e أُرْمِيَنْ, f. أُرْمِنْ; d. c. أُرْمِيَانِّ; pl. أُرْمُنَّ, f. أُرْمِينَانِّ; pl. m. أُرْمُنْ.

* Devant la pause, l'impératif prend quelquefois un ه djezmé, comme le 2e fut.: إِقْتَدِهْ pour إِقْتَدِ *imite*, impér. de la VIIIe Forme de قَدِي, Coran, VI, 90. *

263. Les verbes terminés par un و précédé d'un *dhamma*, comme سَرُوَ *il a été généreux*, bien qu'ils suivent d'ailleurs le paradigme de

غَزَا (n° 258), en diffèrent : 1° à la 3ᵉ pers. du sing. et du duel fém. du prétérit : سَرُوَتْ ,سَرُوَتَا, au lieu de سَرَتْ ,سَرَتَا ; 2° à la 3ᵉ pers. du plur. masc. du même temps : سَرُوا pour سَرُووا (nᵒˢ 117; 118).

264. Les verbes qui ont un *kesra* sous la 2ᵉ rad. comme رَضِيَ, présentent quelques irrégularités (parad. G⁴); mais ces irrégularités s'expliquent encore par les règles de permutation :

1° Au prét. le plur. رَضُوا est pour رَضِيُوا (n° 118).

2° Au futur يَرْضَى est pour يَرْضَوُ (n° 96). Le plur. fém. devrait faire يَرْضَوْنَ et تَرْضَوْنَ, au lieu de يَرْضَيْنَ et تَرْضَيْنَ, puisque le و, cessant d'être final, ne devrait pas être converti en ي. Par la même raison la 2ᵉ pers. du sing. fém. devrait être تَرْضَيِينَ, et le plur. masc. يَرْضَيُونَ et يَرْضَوُنَ, comme le duel est يَرْضَيَانِ ; mais on dit تَرْضَيْنَ ,تَرْضَوُنَ ,يَرْضَوُنَ (n° 117).

3° Le 2ᵉ fut. est يَرْضَ ,تَرْضَ ,تَرْضَى. f. ,أَرْضَ ; d. يَرْضَيَا ; — تَرْضَ. f. ,تَرْضَيْنَ ; pl. يَرْضَوْا ,يَرْضَوْا. f. ,تَرْضَيْنَ ; c. تَرْضَيَا. f. تَرْضَيَا ,يَرْضَوْا ,تَرْضَوْا, sont pour تَرْضَى (n° 117), comme تَرْضَيْ est pour يَرْضَيُوا ,تَرْضَيُوا (n° 117).

4° Le 3ᵉ fut. fait تَرْضَيَ ,يَرْضَيَ, au lieu de تَرْضَبْ (n° 107); ce qui le confond avec le fut. 1ᵉʳ dans toutes les inflexions où il n'y a aucune lettre adform. La 2ᵉ pers. sing. fém., le duel et les 2ᵉˢ pers. pl. sont les mêmes qu'au 2ᵉ futur.

5° Le 4ᵉ fut. reprend le و, le ي et leurs voyelles qui avaient disparu au 3ᵉ : يَرْضَيَّنَ ,تَرْضَيَّنَ, etc.; du. يَرْضَيَانِ, etc.; pl. يَرْضَوُّنَ, etc.; f. يَرْضَيْنَانِ. etc.

6° Le 5ᵉ enfin se forme régulièrement du 4ᵉ : يَرْضَيَّنَ ,تَرْضَيَّنَ, pl. يَرْضَوُّنَ, etc.

* Devant l'*élif* d'union, le *djezma* qui, aux 2ᵉ et 3ᵉ futurs, est sur le ي de la 2ᵉ pers. sing. fém., et celui qui affecte le و des 2ᵉ et 3ᵉ pers.

plur. masc., se changent, l'un en *kesra* et l'autre en *dhamma* (nᵒˢ 63,
259). Cette observation s'applique aussi au 1ᵉʳ impératif. *

265. Le 2ᵉ impér. reprend le و , le ى et leurs voyelles qui avaient
disparu au 1ᵉʳ : إِرْضَيْنَ .f , إِرْضَيَيْنِ ; du. إِرْضَيَانِ ; pl. إِرْضَوْنَ .f , إِرْضَيْنَانِ.
— Le 3ᵉ se forme régulièrement du 2ᵉ : إِرْضَيْنِ .f , إِرْضَيْنَ ; pl. إِرْضَوْنَ.

Observations sur la voix passive.

266. Les verbes défectueux des quatre Formes عَزَا, سَرُوَ, رَمَى et رَضِيَ
(nᵒˢ 276, 278), se conjuguent tous de la même manière à la voix passive : رُضِيَ, رُمِيَ, سُرِيَ, غُزِيَ. Toutes les inflexions de ces passifs, soit
au prétérit, soit au futur, sont semblables à celles de la voix active de
رَضِيَ, avec cette seule différence que la 1ʳᵉ radicale au prétérit et les
préformantes au futur prennent un *dhamma* pour voyelle; ce qui est
d'ailleurs un des caractères essentiels de la voix passive (nᵒˢ 217, 218).
Voyez à la fin de la Grammaire les paradigmes G² et G⁴.

Observations sur les Formes dérivées.

267. Les verbes dont la 3ᵉ rad. est un و et ceux dont elle est un ى
ne présentent aucune différence dans les Formes dérivées; on peut le
voir dans le tableau suivant, où nous ne portons que les Formes les
plus usitées.

	VOIX ACTIVE			VOIX PASSIVE.	
	Prétérit.	Futur.		Prétérit.	Futur.
II.	غَزَّى	يُغَزِّي	II.	غُزِّيَ	يُغَزَّى
III.	غَازَى	يُغَازِي	III.	غُوزِيَ	يُغَازَى
IV.	أَغْزَى	يُغْزِي	IV.	أُغْزِيَ	يُغْزَى
V.	نَغَزَّى	يَتَغَزَّى	V.	نُغُزِّيَ	يُتَغَزَّى
VIII.	إِغْتَزَى	يَغْتَزِي	VIII.	أُغْتُزِيَ	يُغْتَزَى
X.	إِسْتَغْزَى	يَسْتَغْزِي	X.	أُسْتُغْزِيَ	يُسْتَغْزَى

268. Toutes les Formes dérivées suivent à l'actif le paradigme de رَمَي, et au passif celui de رُضِي.

§ VI. *Des verbes doublement irréguliers.*

269. Les verbes doublement irréguliers sont ceux qui ont parmi leurs radicales deux lettres sujettes à quelque irrégularité. Ils se divisent en deux classes. La 1ʳᵉ contient les verbes qui comptent parmi leurs radicales une des lettres quiescentes و, ي et un أ; et la 2ᵉ comprend ceux qui sont à la fois *assimilés* et *défectueux*, ou *concaves* et *défectueux* (nᵒ 225).

1ᵒ Des verbes doublement irréguliers de la Iʳᵉ classe.

270. Les verbes de cette classe diffèrent dans la manière de se conjuguer, selon la place qu'occupent dans le radical les lettres soumises à l'irrégularité; ainsi :

271. 1ᵒ Les verbes dont la 1ʳᵉ radicale est un و ou un ي et la 2ᵉ ou la 3ᵉ un أ se conjuguent comme les verbes *assimilés* (nᵒ 243 et suiv.) : وَأَرَ *il a effrayé,* وَذَأَ *il a blâmé,* وَطِئَ *il a foulé aux pieds;* futur يَئِرُ, يَذَأُ, يَطَأُ.

* يَئِسَ *il a désespéré,* fait au futur يَيْئِسُ et يِيْأَسُ, au lieu de يَأَسُ; à l'impératif إِيئِسْ et إِيأَسْ. Le quadrilitère يَأَيَا *il a caressé,* fait au prétérit يَأَيَا, يَأَيَتَ, يَأَيَاتَ, يَأَيُوا, etc.; au fut. يُوَأَبِي, يُوَأَبِيُّونَ, etc., où le ي est changé en و (nᵒ 105); à l'impér. يَأَيِ, يَأَيِّي, يَأَيِا, يَأَيُوا. * يَأَيِّنَ.

2ᵒ Ceux dont la 1ʳᵉ radicale est un أ et la 2ᵉ un و, comme آلَ, آبَ pour أَوَلَ, أَوَبَ *il est revenu, il est retourné,* se conjuguent, pour l'أ sur أَيُّوبُ, et pour le و sur قَالَ : prét. آبَ, أُبْتَ, أَبْتَ, etc.; fut. أَثَرُ pour يَأْوُبُ (nᵒ 83); imp. أُبْ, أُوِبِي, etc.

3ᵒ Ceux qui ont pour 2ᵉ radicale un و et pour 3ᵉ un أ, comme سَآءَ pour سَوُءَ *il a mal agi,* se conjuguent sur قَالَ et هَنَا (nᵒ 241) : سَآءَ, سَآءَتْ,

سُوَّتَ, سُوِّتَ, etc.; fut. يَسُوءُ, etc.; impér. سُوَّ. Le passif est سِيَّ pour سُوِّيَ.

4° Ceux dont la 2ᵉ radicale est un ي et la 3ᵉ un ا, ne se conjuguent pas tous de la même manière; car ceux dont le ي est mu par un *fatha*, comme جَاءَ pour جَيَأَ *il est venu*, se conjuguent sur سَارَ (n° 249) et sur هَنَا; et ceux qui ont le ي affecté d'un *kesra*, comme شَاءَ pour شَيِأَ *il a voulu*, sur هَابَ (n° 251) et هَنَا (n° 241). Ainsi, جَاءَ fait au prét. جَاءَتْ, جِئْتَ, جِئْتُ, etc.; au fut. يَجِيّ, etc., à l'imp. جِيّ; tandis que شَاءَ, dont le prét. est شَاءَتْ, شِئْتَ, شِئْتُ, شِئْتُ, fait au fut. يَشَأُ, à l'imp. شَأْ.

5° Ceux dont la 1ʳᵉ radicale est un ا et la 3ᵉ un و ou un ي, tels que أَدَا pour أَدَوَ *il a secouru*, أَتَى *il est venu*, se conjuguent sur أَثَرَ (n° 234 et suiv.) et sur غَزَا, ou سَرُوَ, ou رَمَى, ou رَضِيَ (n° 257 et suiv.). Prét. أَدَا, أَدَتْ, أَدَوْتَ, etc.; أَتَى, أَتَتْ, أَتَيْتَ, etc.; fut. يَأْدُو, يَأْتِي; impér. أُدُو pour أُأْدُو (n° 80), إِئْتِ, et irrégulièrement ت ou ته.

6° Enfin ceux qui ont pour 2ᵉ radicale un ا et pour 3ᵉ un و ou un ي, comme بَأَا pour بَأَوَ *il s'est glorifié*, نَأَى *il s'est éloigné*, se conjuguent sur سَأَلَ (n° 239) et غَزَا, ou رَمَى, ou رَضِيَ; ainsi, بَأَا, بَأَتْ, بَأَوْتَ, etc.; fut. يَبْأُو, يَنْأَي; imp. أُبُو, إِنْأَ, نَأَى, نَأَتْ, نَأَيْتَ, etc.

* La 2ᵉ rad. de ces verbes peut conserver au fut. le *fatha* qu'elle avait au prét., parce que l'ا est une gutturale (n° 212). *

272. Le verbe رَأَى *il a vu* suit constamment au prétérit le paradigme de رَمَى; mais au futur et à l'impér. il s'en écarte le plus souvent. Dans ce dernier cas, l'ا disparaît en donnant sa voyelle au ر. Ainsi :

1° Le 1ᵉʳ fut. est أَرَى, يَرَى, نَرَى, تَرَى, تَرَيْنَ; duel يَرَيَانِ, تَرَيَانِ, Le 2ᵉ fut. fait يَرَ, تَرَ, نَرَ; pl. يَرَوْنَ, يَرَيْنَ, تَرَوْنَ, تَرَيْنَ; تَرَيَانِ, أَرَ; duel يَرَيَا, etc.; plur. يَرَوْا, etc. Le 3ᵉ a le sing. semblable à celui du 1ᵉʳ, et le duel et le pl. semblables à ceux du 2ᵉ. Le 4ᵉ fait يَرَيَّنَ, تَرَيَّنَ, etc.; au duel يَرَيَانِ, etc.; au pl. يَرَوُنَّ, etc.

2° Le 1ᵉʳ impér. est رُ ou رَهٌ, رَيِّ; duel رَيَا; pl. رُوا, رَيْنَ. Le 2ᵉ est رَيْنَ, رُونَ; pl. رَيَانِ; duel رَيْنَانِ.

273. Le passif رُيِّيَ se conjugue sur رُمِيَ. Au futur on peut retrancher l'ا comme à la voix active, et dire يُرِي pour يُرَأَي.

274. A la IVᵉ Forme, l'ا 2ᵉ radic. disparaît : أَرَيْتُ, أَرَتْ, أَرَي, etc.; 1ᵉʳ fut. يُرِي, نُرِي, etc.; 1ᵉʳ impér. أَرِ, أَرِي; duel أَرِيَا; pl. أَرُوا, أَرِينَ; 2ᵉ impér. أَرِنَّ, أَرِينَ; duel أَرِيَانِ; pl. أَرُونَّ, أَرِينَانِ.

* L'impératif des verbes رَأْي, أَنِّي, et autres semblables, étant réduit à une seule lettre, on ajoute à la fin un ه, lorsqu'ils précèdent une pause : رَهْ, نَهْ, etc.

2° Des verbes doublement irréguliers de la IIᵉ classe.

275. Les verbes de cette classe sont de deux espèces; les uns ont pour 1ʳᵉ et 3ᵉ radicales les lettres و, ي, comme وَقِي *il a gardé*, وَجِي *il a eu l'ongle brisé*; les autres ont ces mêmes lettres pour 2ᵉ et 3ᵉ radicales, comme شَوَي *il a rôti*, قَوِي *il a été fort*, حَيِيَ *il a vécu*.

276. Les verbes de la 1ʳᵉ espèce qui ont un *fatha* sur la 2ᵉ radicale se conjuguent sur وَعَدَ et رُمِيَ (nᵒˢ 244, 256); et ceux qui ont un *kesra*, sur وَجِلَ et sur رَضِيَ (nᵒˢ 244, 258). Ainsi on dit وَقِي, وَقَتْ, وَقِيتَ, etc.; fut. يَقِي, نَقِي, etc.; imp. ق ou قِهْ (nᵒ 243), قِي; duel قِيَا; pl. قُوا, قِينَ. Mais وَجِي, وَجِيتَ, وَجِيتَ, etc.; fut. يَوْجَي, نَوْجَي, etc.; impér. إِيجَ, إِيجَيَا, إِيجَوْا, إِيجَيْنَ.

277. Les verbes de la 2ᵉ espèce n'éprouvent d'irrégularité que dans leur 3ᵉ radicale : شَوَي se conjugue sur رُمِيَ; mais حَيِيَ et قَوِي sur رَضِيَ; quelques-uns sur غَزَا. Ainsi on dit : شَوَي, شَوَتْ, شَوَيْتَ; fut. يَشْوِي; imp. إِشْوِ, etc. — قَوِي, قَوِيتَ; fut. يَقْوِي; imp. إِقْوِ, etc. — حَيِيَ, حَيِيتَ, حَيِيتَ; fut. يَحْيَا, duel يَحْيَيَانِ, pl. يَحْيَيُونَ; imp. إِحْيَ, إِحْيَيَا, إِحْيَوْا, إِحْيَيْنَ.

* Le prétérit حَيِيَ étant pour حَيِوَ (n° 103), le futur devrait être naturellement يَحْيِوُ, et selon la règle de permutation (n° 96) يَحْيِيُ ; mais
une autre règle (n° 109) permet de dire ici يَحْيَا ; ce qui d'ailleurs distingue ce futur du nom propre يَحْيِيُ. Ce changement de la 3ᵉ radicale
و en ي fait que حَيِيَ se contracte souvent à la manière des verbes
sourds (n° 226), dans les 3ᵉˢ personnes du prétérit, à l'exception de
celle du plur. fém.: حَيُّوا, حَيِيتَا, حَيَّا, حَيِيتْ, حَيَّ. Au lieu de حَيَّ on dit
aussi حَيِيَ. *

278. Dans les Formes dérivées, les verbes de cette 2ᵉ espèce suivent l'analogie de ceux qui ont pour dernière radicale un و ou un ي ;
mais حَيِيَ perd souvent à la Xᵉ Forme sa 2ᵉ radicale dont la voyelle passe
à la 1ʳᵉ. Ainsi on dit indifféremment : prét. إِسْتَحْيَا ou إِسْتَحَى ; fut.
يَسْتَحْيِي ou يَسْتَحِي ; impér. إِسْتَحْيِ ou إِسْتَحِ.

§ VII. *Des verbes triplement irréguliers.*

279. On peut distinguer trois espèces de verbes triplement irréguliers. Les uns ont pour 1ʳᵉ et 3ᵉ radicales un ا et pour 2ᵉ un و ou un ي ;
tel est أَدَأَ *il a préparé des cuirs avec le fruit* أَدَأ. Pour bien conjuguer
ces verbes, il suffit d'observer les règles de permutation particulières à
l'ا (n° 83 et suiv.) et celles de la conjugaison d'un verbe concave
(n° 248 et suiv.). Ainsi, أَدَأ, أَدَأَتْ, أَدَأْتُ, أُدْتُ, أُدْتَ ; duel أَدَآ, etc.;
pl. يَأْدَؤُون, أُدْنَ, أُدْتُم, etc. ; fut. يَأْدُو, etc. ; duel يَأْدُوَان, etc.; pl. يَأْدُوُون,
أُدْنَ, etc.; imp. أُدْ, أُدْوِي ; duel أُدُوا ; pl. أُدُّوا, أُدْنَ.

279 b. Les verbes de la 2ᵉ espèce ont pour 1ʳᵉ rad. un ا et pour les deux
autres un و et un ي, comme أَوَى *il s'est réfugié*. Ils suivent les paradigmes de أَثَرَ (n° 234) et de شَوَى (n° 277): prét. أَوَى, أَوَتْ, أَوَيْتَ, etc.;
fut. يَأْوِي, تَأْوِي, etc.; impér. إِيوِي, إِيوِ, etc.

280. Enfin ceux de la 3ᵉ espèce ont pour 2ᵉ rad. un ا et pour les deux
autres un و et un ي ; tel est وَأَى *il a promis*, qui se conjugue comme
سَأَلَ et وَفِي (n° 239, 276) : وَأَى, وَأَتْ, وَأَيْتَ, etc.; duel وَأَيَا, etc.;

pl. يَأُونَ, وَأْوُا, etc.; fut. نَأْي, يَأْي, etc.; duel يَأْيَانِ, etc.; pl. يَأْينَ, etc.; imp. ! ou ةٌ, إِي; duel إِيَا; pl. أُوا, إِينَ. — Le 2ᵉ fut. fait يَاءَ, نَاءَ, etc.; duel يَأْيَا, etc.; pl. يَأُوا, يَأْينَ.

<h3 style="text-align:center">§ VIII. Du verbe négatif.</h3>

281. Le verbe négatif لَيْسَ *il n'a pas été, il n'est pas*, que l'on croit formé de لَا *non* et de أَيْسَ *il est, il existe*, n'a que le prétérit, et il se conjugue à peu près comme un verbe concave : لَيْسَ, لَيْسَتْ, لَسْتَ, لَسْتِ, لَسْتُمْ, لَسْنَ; duel لَيْسَا, لَيْسَتَا, لَسْتُمَا; pl. لَبْسُوا, لَسْنَ, لَسْتُمْ, لَسْتُنَّ, لَسْتُ, لَسْتِ, لَسْنَا.

<h3 style="text-align:center">§ IX. Des verbes de louange, de blâme et d'admiration.</h3>

282. Les *verbes de louange et de blâme*, qu'on emploie dans le discours comme *exclamatifs*, sont نِعْمَ, نَعِمَ (que l'on prononce aussi نَعْمَ et نِعْمَا) *il est bon!* بِئْسَ *il est mauvais!* fém. نَعِمَتْ, بِئْسَتْ; du. نِعْمَا; pl. نَعِمُوا. — On joint à ces verbes سَاءَ *il est mauvais*, et le mot حَبَّذَا *fort bien! qu'il est excellent!* composé de حَبَّ *il a aimé*, et de ذَا *celui-ci*, et qui n'admet aucune autre inflexion.

283. Les *verbes d'admiration* ne se conjuguent point; ce sont de simples formules admiratives. Il y en a deux; dans la 1ʳᵉ on emploie toujours la 3ᵉ pers. du sing. masc. du prét. de la IVᵉ Forme (أَفْعَلَ) précédée de مَا *que, combien!* et dans la 2ᵉ, l'imp. masc. sing. de cette même Forme (أَفْعِلْ). Nous donnerons dans la syntaxe les règles auxquelles est soumis l'emploi de ces deux formules.

<h3 style="text-align:center">ARTICLE VI.</h3>

<h3 style="text-align:center">Du verbe joint aux affixes.</h3>

284. Les pronoms affixes, lorsqu'ils se joignent aux verbes, leur font éprouver des changements qui peuvent être réduits aux règles suivantes.

1° Dans les inflexions finales, l'ا muet après un و quiescent ou djezmé se retranche : نَصَرُوا *ils ont aidé,* نَصَرُونِي *ils m'ont aidé ;* رَمَوْا *ils ont dardé,* رَمَوْهُمْ *ils les ont dardés.*

2° On ajoute un و à l'adformante du prétérit تُمْ en changeant le *djezma* du م en *dhamma* : قَتَلْتُمْ *vous avez tué,* قَتَلْتُمُوهَا *vous l'avez tuée.*

3° L'adformante du futur وُنَ perd quelquefois son نَ devant les suffixes نِي et نَا, comme تَأْمُرُونِي pour تَأْمُرُونَنِي *vous m'ordonnerez,* تَقْلُونَنَا pour تَقْلُونَا *vous nous haïrez.*

4° Lorsqu'un نْ, 3° radicale du verbe, se trouve immédiatement suivi de l'affixe نِي, il perd son *fatha,* et il s'unit au نْ de l'affixe par un *teschdid* : مَكَّنِّي pour مَكَّنَنِي *il m'a donné le pouvoir.*

5° Le ي quiescent après un *fatha* peut se conserver ou se change en ا : رَمَي *il a dardé,* رَمَاهُ ou رَمَيَهُ *il l'a dardé.*

285. Un même verbe prend quelquefois deux affixes de différentes personnes : أَعْطَانِيهِ *il me l'a donné ;* يَكْفِيكَهُمْ *il te suffira contre eux.* Si le premier de ces deux affixes est كُمْ, on ajoute entre les deux un و précédé d'un *dhamma,* comme يُرِيكُمُوهُمْ *il vous les montrera.*

APPENDICE AU CHAPITRE III.

DE L'AFFINITÉ DES VERBES.

286. Quand on compare les verbes arabes sous le rapport de la forme grammaticale de leurs racines, on en trouve un grand nombre qui ont deux lettres communes et qui ne diffèrent entre eux que par la troisième. On en trouve aussi plusieurs qui n'ont qu'une lettre commune, mais dont les deux autres sont du même organe que celles des verbes correspondants. Or, lorsque ces différents verbes ont une signification semblable, ils se nomment *verbes en affinité,* et on les désigne souvent en latin par les expressions *verba cognata, verba*

vicina, ou bien par le mot *confer*, c'est-à-dire, *comparez*, que l'on met entre eux.

287. Les verbes qui sont en affinité expriment tous une même idée fondamentale ; mais cette idée fondamentale reçoit souvent des nuances, quand la racine bilitère primitive prend une 3e lettre radicale qui forme des verbes différents.

288. L'affinité existe également entre les verbes réguliers et les verbes irréguliers ; nous ne citerons qu'un petit nombre d'exemples, mais ils suffiront pour faire sentir combien il importe à ceux qui étudient l'arabe de porter leur attention sur cette propriété des verbes.

Ainsi, أَحِنَ et وَحِنَ signifiant également *être irrité, avoir de la haine*, sont des verbes en affinité.

بَتَّ, بَتَرَ et بَتَكَ expriment tous trois l'idée générale de *couper, retrancher* ; mais بَتَّ signifie plus particulièrement, *couper, retrancher* quelque chose à un travail, à un ouvrage, pour le *finir*, le *perfectionner*, y *mettre la dernière main* ; بَتَرَ *couper la queue*, et بَتَكَ *couper les oreilles* à certains animaux. — De plus ces deux derniers renferment aussi l'idée particulière de *couper le fil, ôter le fil, aiguiser*, puisqu'ils ont l'un et l'autre des dérivés qui signifient *glaive bien affilé, tranchant*.

بَغَى, بَاغَ et بَغَا ont le sens primitif de *sortir des limites, passer les bornes, être exorbitant* ; mais les deux premiers se disent spécialement du *sang qui est très-agité, qui bouillonne* ; et la signification de *vaincre, être supérieur*, que بَاغَ prend quelquefois, n'exprime simplement que l'idée primitive prise au figuré.

حَرَبَ et خَرَبَ signifient l'un et l'autre *prendre, enlever, ravir, dépouiller* ; cependant حَرَبَ se dit surtout d'un *homme que l'on dépouille de ses biens, de ses richesses*, tandis que خَرَبَ s'applique généralement à une *maison*, ou à un *lieu quelconque*, en ajoutant à l'idée de *spoliation* celle de *dévastation* et de *ravage*. C'est principalement dans les dérivés de ces deux verbes que l'on saisit cette nuance.

حَنَّ et حَتَّ expriment l'*affection*, l'*amour* en général; mais ce dernier s'emploie le plus souvent pour peindre la *tendresse d'une mère pour ses enfants*.

غَمَّسَ, عَمَّسَ et غَمَضَ signifient primitivement *enfoncer*, *cacher*. De là عَمَّسَ, عَمِسَ veut dire *le jour a été obscur*; تَغَمَّسَ à la V° Forme se dit de *quelqu'un qui, se trouvant comme dans une obscurité profonde, ne sait quel parti prendre*. De là aussi les noms dérivés de cette même racine, signifiant *nuit profonde, affaire obscure, difficile à démêler*, etc. — غَمَسَ, dont les dérivés confondent leur signification avec celle des précédents, exprime l'idée de *submerger, plonger, enfoncer entièrement dans l'eau*; tandis que غَمِضَ désigne particulièrement un *discours qui est obscur et difficile à comprendre*.

—◦◦—

CHAPITRE QUATRIÈME.

DU NOM ET DE L'ADJECTIF.

289. La plupart des accidents que subit le nom substantif étant communs à l'adjectif, nous traiterons dans un seul et même chapitre les questions qui se rattachent à l'un et à l'autre.

ARTICLE I.

De l'origine et de la forme des noms.

290. Considérés par rapport à leur origine, les noms sont *primitifs* ou *dérivés*. Or, on appelle *primitif* le nom qui ne tire point son origine de quelque autre mot, en prenant certaines formes déterminées qui ajoutent quelque signification accessoire à celle du mot primitif, comme رَجُل *homme*, أَسَد *lion*; et *dérivé*, celui qui au contraire tire

son origine d'un autre mot de cette manière, comme مِفْتَاح *instrument qui sert à ouvrir, clef;* فُرَيْس *petit cheval,* de فُرَس *cheval.*

291. Les noms primitifs peuvent être composés de trois, de quatre et de cinq lettres radicales ; quelques-uns n'en ont que deux, comme ذُو *possesseur ;* mais d'autres qui n'en présentent que deux sont réellement trilitères, comme أَبٌ *père,* أَخٌ *frère,* يَدٌ *main,* mis pour أَبَوٌ, أَخَوٌ, يَدَيٌ, ainsi qu'on le verra plus bas.

292. Les noms dérivés se forment de leur primitif, soit par un simple changement de voyelles, soit par l'insertion d'une lettre de prolongation entre les lettres du mot primitif, soit par l'addition d'une ou de plusieurs des lettres serviles ا, ت ou ة, م, س, ن, ي.

ARTICLE II.

Des différentes espèces de noms.

293. Considérés sous le point de vue de leur signification, les noms, tant primitifs que dérivés, se divisent en noms *propres* et en noms *appellatifs* ou *communs.* Ils se divisent encore en noms *d'action,* noms *d'unité,* noms *spécificatifs,* noms de *lieu* et de *temps de l'action,* noms *d'abondance* ou de *multitude dans un même lieu.* Enfin ils se divisent aussi en noms *d'instrument,* ou de *vase,* en *adjectifs* et en *diminutifs.* Quant aux différentes espèces de noms qui servent à la numération, nous en traiterons dans un article particulier.

§ I. *Des noms d'action.*

294. Le *nom d'action,* communément, mais improprement appelé *infinitif,* désigne l'action ou la manière d'être exprimée par le verbe, avec abstraction de tout sujet, de tout objet et de toute circonstance de temps passé, présent ou futur.

295. Chaque Forme de verbe primitif ou dérivé, régulier ou irrég., a une ou plusieurs formes déterminées de nom d'action, qu'il est nécessaire de bien connaître. La Forme primitive du verbe trilitère produit un grand nombre de formes de noms d'action dont les unes

appartiennent plus ordinairement aux verbes actifs, les autres aux
verbes neutres, quelques-unes sont communes à toutes sortes de verbes, d'autres enfin sont propres à certaines classes de verbes irréguliers. Les verbes dérivés et les verbes quadrilitères en ont beaucoup
moins.

296. Le verbe primitif trilitère donne naissance à trente-six et même
à quarante formes de noms d'action ; voici les principales :

1. فَعْل	8. فُعَال	15. فَعَالَة	22. فِعْلان	29. فُعُولَة
2. فُعْل	9. فِعَال	16. فِعَالَة	23. فَعَلان	30. مَفْعَل
3. فِعْل	10. فَعْلَة	17. فَعْلَى	24. فُعُول	31. مَفْعَلَة
4. فَعَل	11. فُعْلَة	18. فُعْلَى	25. فَعِيل	32. مَفْعِل
5. فُعُل	12. فِعْلَة	19. فِعْلَى	26. فَعَل	33. مَفْعَلَة
6. فِعَل	13. فَعَلَة	20. فَعْلان	27. فِعْلَة	
7. فَعَال	14. فَعَالَة	21. فُعْلان	28. فُعُول	

297. Chaque verbe n'a ordinairement qu'une ou deux de ces formes
de noms d'action, et elles sont indiquées dans les dictionnaires [1]. Cinq
s'emploient seulement beaucoup plus fréquemment que les autres ; ce
sont les 1re, 4e, 14e, 28e et 29e.

298. Le nom d'action formé d'un verbe actif, étant un nom abstrait,
peut se prendre dans un sens passif. Ainsi, قَتْل formé de قَتَل *il a tué*,
signifie le *meurtre*, l'*action de tuer*, tant par rapport à celui qui est tué,
que par rapport au meurtrier qui tue. La construction même de la
proposition et la nature du rapport du nom d'action avec ses compléments suffisent pour détruire l'amphibologie.

299. Les verbes dérivés du verbe trilitère régulier produisent les

[1] Les noms d'action sont désignés dans les dictionnaires par des mots abrégés, tels que : *nom. act.*, ou simplement *act.* et *n. a.*

noms d'action comme il suit. La IIe Forme فَعَّلَ produit تَفْعِيل, تَفْعِلَةٌ, فِعَّالٌ, فَعَّالٌ, فِعَالٌ. De la IIIe فَاعَلَ dérivent مُفَاعَلَةٌ, فِعَالٌ, فَعَالٌ, تَفْعَالٌ. De la IVe أَفْعَلَ viennent فَعَالَةٌ, فِعَالٌ, إِفْعَالٌ. De la Ve تَفَعَّلَ est formé تَفَعُّلٌ. De la VIe تَفَاعَلَ, تَفَاعُلٌ. De la VIIe اِنْفَعَلَ, اِنْفِعَالٌ. De la VIIIe اِفْتَعَلَ, اِفْتِعَالٌ. De la IXe اِفْعَلَّ, اِفْعِلَالٌ. De la Xe اِسْتَفْعَلَ, اِسْتِفْعَالٌ. De la XIe اِفْعَالَّ, اِفْعِيعَالٌ. De la XIIe اِفْعَوْعَلَ, اِفْعِيعَالٌ. Et de la XIIIe اِفْعَوَّلَ, اِفْعِوَّالٌ.

300. Quant au verbe quadrilitère, la Ire Forme قَمْطَرَ donne naissance à قِمْطَارٌ; la IIe تَقَمْطَرَ à تَقَمْطُرٌ; la IIIe اِقْمَنْطَرَ à اِقْمِنْطَارٌ, et la IVe اِقْمَطَرَّ à اِقْمِطْرَارٌ.

301. Les noms d'action des verbes irréguliers suivent dans leur formation l'analogie de ceux des verbes irréguliers; seulement ils éprouvent le plus souvent les anomalies auxquelles sont soumis dans leur conjugaison les verbes dont ils dérivent. Ainsi :

1° Le verbe sourd مَدَّ *il a étendu* produit مَدّ pour مَدَدَ (n° 226). La IIe Forme مَدَّدَ produit تَمْدِيدٌ; la IIIe et la VIe مُمَادَّةٌ ou مُمَادَدَةٌ, et تَمَادَّ ou تَمَادَدَ (n° 232 *).

2° Le verbe hamzé أَثَرَ *il a raconté* produit régulièrement أَثْرٌ (n° 234); mais sa IIIe Forme, مُؤَاثَرَةٌ (n° 84); sa IVe, إِثَارٌ (n° 80); sa VIe, تَوَاثُرٌ ou تَآثُرٌ (n° 88), et ainsi des autres. — De même سَأَلَ *il a demandé* produit سُؤَالٌ (n° 239, 84); بَؤُسَ *il a été courageux,* بُؤْسٌ. A la Ire Forme, لَأَمَ *il a consolidé* donne مَلْؤُمَةٌ (n° 240, 83); à la IIIe, مُلَاءَمَةٌ, etc. De بَرَأَ *il a été guéri,* دَنُؤَ *il a été vil,* se forment بُرْءٌ, دُنُوءَةٌ; de خَطِيَ *il a péché,* خَطْءٌ ou خِطْءٌ et خَطَاءَةٌ.

3° Parmi les noms d'action des verbes assimilés (n° 243 et suiv.), les uns se forment régulièrement, les autres irrégulièrement, comme عِدَةٌ, de وَعَدَ (fut. يَعِدُ) *il a promis;* ضَعَةٌ, de وَضَعَ (fut. يَضَعُ) *il a placé.* Il faut, dans tous les cas, observer la règle de permutation propre aux quiescentes و et ي. Ainsi, أَوْجَبَ, IVe Forme de وَجَبَ *il a été nécessaire*, produit إِيجَابٌ au lieu de أَوْجَابٌ (n° 80). La VIIIe Forme change sa 1re rad. en ت, comme dans le verbe (n°s 245 , 247) ; ainsi on dit إِتِّعَادٌ ,إِيتِسَارٌ ,أَوْتِعَادٌ pour إِتَّسَرَ ,إِتَّعَدَ, de إِتَّسَرَ, VIIIe Forme de يَسَرَ ,وَعَدَ. Quelques noms éprouvent ce changement même à la Ire Forme ; car on trouve تُقَاةٌ ,تُقَّي, de نَضَعُ ,نُضَعُ, de وَضَعَ, de même que تُقَاةٌ ,تُقَّي, de وَقَّي *il a gardé*, etc.

4° Les noms d'action des verbes concaves (voy. n° 248 et suiv.) s'éloignent quelquefois des règles de permutation. Ainsi, ceux de la Forme فَعَلٌ conservent leur 2e radicale : قَوْلٌ ,سَيْرٌ, de سَارَ ,قَالَ (n° 249). Ces noms ont aussi la Forme فَعْلُولَةٌ qui leur est particulière ; et alors la place de la 2e radicale est toujours occupée par un *ya* : دَيْمُومَةٌ, de دَامَ *il a persévéré*, بَانَ *il a été séparé*, غَابَ *il a été caché*. Les noms dérivés des IVe et Xe Formes du verbe sont également irréguliers ; ainsi, إِقَامَةٌ et إِسْتِقَامَةٌ, de قَامَ *il s'est tenu debout*, sont pour إِقْوَامٌ et إِسْتِقْوَامٌ, Formes régulières. De même, إِفَادَةٌ et إِسْتِطَابَةٌ, de فَادَ *il a tiré avantage*, et de طَابَ *il a été doux, agréable*, sont pour إِفْيَادٌ et إِسْتِطْيَابٌ. On trouve cependant dans le Coran, Sur. XXI, 73, إِقَامٌ pour إِقَامَةٌ *observance*.

5° Les noms d'action des verbes défectueux (n° 256 et suiv.) sont réguliers dans toutes les Formes qui ont la 2e radicale djezmée, comme غَزْوٌ ,رَمْيٌ, etc.; et dans les autres Formes, ils sont plus ou moins irréguliers ; mais leur irrégularité même n'est que l'application pure et simple des règles de permutation des lettres و et ي.

6° Les noms d'action dérivés des verbes doublement irréguliers suivent dans leur formation les mêmes règles que les verbes simplement irréguliers.

§ II. *Des noms d'unité.*

302. Les noms qui indiquent que l'action ne se fait qu'une seule

fois ont une forme particulière qui dérive de l'infinitif ou nom d'action du verbe, et qui consiste à substituer un *fatha* au *tanwin* de la 3ᵉ radicale, en ajoutant ة, comme ضَرْبَة *l'action de frapper une seule fois,* de ضَرْب, infinitif de ضَرَبَ *il a frappé;* دِحْرَاجَة *l'action de rouler une seule fois,* formé de دِحْرَاج, infinitif de دَحْرَجَ *il a roulé;* إِخْرَاجَة *l'action de faire sortir une seule fois,* de إِخْرَاج, infinitif de أَخْرَجَ, IVᵉ Forme de خَرَجَ *il est sorti,* etc.

303. Si l'infinitif est terminé lui-même par ة, le nom d'unité se trouve remplacé par le mot وَاحِدَة, comme إِقَامَة وَاحِدَة *l'action d'établir une seule fois.*

304. Le même ة ajouté à des noms qui indiquent une espèce entière, une réunion ou collection de parties homogènes, en fait des noms qui signifient une portion ou un seul individu de cette réunion ou de cette espèce. Ainsi, de تِبْن *paille* se forme تِبْنَة *brin de paille;* de ذَهَب *or,* ذَهَبَة *une particule d'or;* de حَمَام *pigeon,* حَمَامَة *un pigeon.*

§ III. *Des noms spécificatifs.*

305. Le *nom d'espèce* ou *spécificatif* sert à restreindre une idée générale à une idée particulière ou à déterminer l'objet spécial d'une qualité vague; ainsi, dans : *Cet homme excelle à écrire, à parler,* etc., l'idée générale *exceller* est restreinte par l'idée particulière *écrire, parler,* etc. La forme de ce nom est toujours فِعْلَة quand il dérive d'un verbe trilitère primitif, soit régulier, soit irrégulier; mais lorsqu'il vient d'un verbe quadrilitère ou d'un trilitère dérivé, elle se confond avec celle du nom d'unité فَعْلَة, et il n'y a, dans ce cas, que l'ensemble du discours qui puisse les faire distinguer l'un de l'autre : أَنْتَ حَسَنٌ كِتْبَة *tu excelles à écrire;* هُوَ حَسَنٌ إِسْتِخْرَاجَة *il excelle à faire sortir,* etc.

§ IV. *Des noms de lieu et de temps.*

306. Le *nom de temps et de lieu* de l'action se forme du futur du verbe trilitère primitif en substituant un م aux préformantes ا, ت, ن,

ي. Ainsi, de يَجْلِسُ, fut. de جَلَسَ *il s'est assis*, se forme مَجْلِسٌ *le lieu* ou *le temps où l'on est assis*, c'est-à-dire *le temps* ou *le lieu d'une conférence*; de يَشْغَلُ, fut. de شَغَلَ *il s'est occupé*, se forme مَشْغَلٌ *le lieu* ou *le temps où l'on se livre à une occupation*. Cependant lorsque le futur a pour voyelle de sa 2ᵉ radicale un *dhâmma*, ce *dhamma* se change, dans les noms de temps et de lieu, en un *fatha*, excepté dans douze de ces noms, où il se change en *kesra*. Ces douze noms sont indiqués dans les dictionnaires.

307. Dans les noms qui dérivent d'un verbe assimilé dont la 1ʳᵉ radicale est un و, la 2ᵉ radicale a toujours un *kesra*, et le و se conserve, lors même qu'on le supprime au futur : مَوْعِدٌ *le lieu* ou *le temps de l'exécution d'une promesse*, de يَعِدُ, fut. de وَعَدَ *il a promis*, etc.

308. Les verbes dont la 2ᵉ radicale au futur est mue par un *fatha* ou un *dhamma*, forment leurs noms de temps et de lieu en substituant un ا quiescent à la 2ᵉ radicale et en transportant sur la 1ʳᵉ le *fatha* qui devait appartenir à la 2ᵉ (nᵒ 123) : مَخَافٌ pour مَخْوَفٌ *lieu qui inspire de la crainte*, de خَافَ, fut. يَخَافُ, *il a craint*; مَقَامٌ pour مَقْوَمٌ *lieu où l'on se tient debout*, de قَامَ, fut. يَقُومُ, *il s'est tenu debout*, etc. Mais si la 2ᵉ radicale a un *kesra* au futur, ce *kesra* se conserve : مَصِيرٌ *lieu où l'on arrive*, de صَارَ, fut. يَصِيرُ, *il est arrivé*.

309. Dans les verbes défectueux, le nom de temps et de lieu se forme régulièrement du futur, en observant seulement les règles de permutation, nᵒˢ 96, 97, 107, 108 : مَنْجِي *lieu de refuge*, de نَجَا, fut. يَنْجُو, *il s'est réfugié*, etc.

310. Les noms de lieu prennent souvent la finale ة, comme مَقْبَرَةٌ *lieu où l'on enterre, cimetière*, etc.

311. Les noms de temps et de lieu qui viennent des racines quadrilitères ou des formes dérivées du verbe trilitère se forment du futur passif, en substituant un م aux préformantes de ce temps : مُدْخَلٌ *lieu par lequel* ou *temps auquel on introduit*, de يُدْخَلُ, fut. passif de la IVᵉ Forme de دَخَلَ *il est entré*, etc.

§ V. *Des noms d'abondance ou de multitude.*

312. Cette espèce de nom indique le lieu dans lequel une chose se trouve en abondance, en grande quantité, et il a, tant pour le sens que pour la forme grammaticale, beaucoup de ressemblance avec le nom de temps et de lieu. Quelle que soit la forme du nom primitif dont il dérive, la sienne est toujours مَفْعَلَة ; ainsi, سَبُع *lion,* مَسْبَعَة *lieu dans lequel abondent les lions;* بِطِّيخ *melon,* مَبْطَخَة *melonnière,* etc.

§ VI. *Des noms d'instrument et de vase.*

313. Le nom qui exprime l'instrument dont on se sert pour une action dérive d'un verbe, et celui qui signifie le vase dans lequel on met une chose vient d'un nom. Ils sont ordinairement d'une des trois formes مِفْعَل, مِفْعَال, مِفْعَلَة, comme مِحْلَب *vase à traire,* de حَلَب *lait;* مِفْتَاح *clef,* de فَتَح *il a ouvert,* etc. Quelques-uns de ces noms, ceux surtout qui désignent un vase propre à mettre quelque chose, sont de l'une des formes مُفْعَلَة, مُفْعَل : مُكْحَلَة *vase à mettre le collyre appelé* كُحَل.

§ VII. *Des noms adjectifs.*

314. L'adjectif dérive d'un verbe ou d'un nom ; dans le premier cas on l'appelle *verbal,* et dans le second, *dénominatif.*

1° Des adjectifs verbaux.

315. Les adjectifs verbaux se divisent en deux classes ; les uns s'appellent *participes actifs* ou *passifs,* selon qu'ils dérivent de la voix active ou de la voix passive, et les autres retiennent simplement le nom d'*adjectifs verbaux.*

316. Les participes dérivés du verbe trilitère primitif sont, pour la voix active, de la forme فَاعِل, et pour la voix passive, مَفْعُول, comme ناصِر *aidant,* de نَصَر *il a aidé;* مَنْصُور *aidé,* de نُصِر *il a été aidé.* Les autres adjectifs verbaux ont les formes فَعَل, فَعِل, فَعِيل, فَعُول, فَعَال,

فَعَّالٌ, أَفْعَلُ, فَعْلَانُ, فُعْلَانُ. Ils dérivent également du verbe trilitère primitif; ils appartiennent plus ordinairement à des racines d'une signification neutre, et ils expriment pour la plupart une qualité habituelle et constante.

317. Du participe فَاعِلٌ dérive la forme فَعَّالٌ qui exprime l'intensité, la profession, le métier : كَذَّابٌ *grand menteur,* خَبَّازٌ *boulanger.*

* Il y a quelques autres formes qui ont la signification fréquentative ou énergique, telles que : فَعُولَةٌ, فَعَالَةٌ, فُعَلَةٌ, فَعِلٌ, فَعِيلٌ, فُعَّالٌ; de même que مِفْعِيلٌ, مِفْعَلَةٌ, مِفْعَالٌ, مِفْعَلٌ, quoique ces quatre dernières pourraient bien n'être que des formes de noms d'instrument ou de vase (nº 313) appliqués par métaphore à des hommes. *

318. La forme أَفْعَلُ sert à exprimer le comparatif et le superlatif : أَحْسَنُ *plus beau,* أَشَرُّ *pire,* etc.

* Certains adjectifs qui désignent les couleurs ou les difformités n'expriment aucune idée de comparaison, bien qu'ils aient la forme أَفْعَلُ; tels sont : أَسْوَدُ *noir,* أَعْمَى *aveugle,* etc. *

319. Les verbes dérivés du verbe trilitère et les verbes quadrilitères, tant primitifs que dérivés, forment leur participe actif du futur actif, et leur participe passif du futur passif, en substituant aux préformantes un م mu par un *dhamma :* IIᵉ Forme, fut. act. يُفَعِّلُ, part. act. مُفَعِّلٌ; fut. pass. يُفَعَّلُ, part. pass. مُفَعَّلٌ. — Iʳᵉ Forme du verbe quadril. fut. act. يُقَمْطِرُ, part. act. مُقَمْطِرٌ; fut. pass. يُقَمْطَرُ, part. pass. مُقَمْطَرٌ. Il en est de même pour toutes les autres Formes, excepté pour les Vᵉ et VIᵉ du verbe trilitère actif, et pour la IIᵉ du verbe quadrilitère actif, lesquelles ont un *kesra* à l'avant-dernière radicale, et non un *fatha,* comme le futur. On dit donc à la Vᵉ Forme, fut. act. يَتَفَعَّلُ, part. مُتَفَعِّلٌ; à la VIᵉ, fut. act. يَفَاعَلُ, part. مُتَفَاعِلٌ; et à la IIᵉ du verbe quadrilitère, fut. act. يَتَقَمْطَرُ, part. مُتَقَمْطِرٌ.

* Les participes passifs des verbes dérivés confondent leur Forme avec celle des noms de temps et de lieu (nº 311). *

320. Quant aux participes et aux autres adjectifs dérivés des verbes irréguliers, ils n'offrent généralement dans leur formation que les anomalies auxquelles sont soumis les verbes mêmes d'où ils dérivent, et dont la plupart proviennent de la permutation des quiescentes ا, و, ي. Ainsi :

1° Dans les verbes sourds, les adjectifs des Formes فَاعِلٌ et أَفْعَلُ font : مَادٌّ *étendant*, أَشَدُّ *plus fort*, pour مَادِدٌ, أَشْدَدُ (nᵒ 226). Le part. pass. est régul.: مَمْدُودٌ *étendu*. Il en est de même de tous les participes des Formes dérivées du verbe dont le futur est lui-même régulier. (Comp. le nᵒ 232.)

2° Les adjectifs verbaux dérivés des verbes *hamzés* (nᵒ 234 et suiv.) font آثِرٌ pour أَاثِرٌ *racontant* (nᵒ 87); سَائِلٌ pour سَاأِلٌ *demandant* (nᵒ 83); مَبْرُوٌّ pour مَبْرُوأٌ *guéri* (nᵒ 85). A la IVᵉ Forme on dit مُوثِرٌ pour مُأْثِرٌ (nᵒ 84); au pass. مُوثَرٌ pour مُأْثَرٌ (nᵒ 80); et ainsi de toutes les autres Formes.

3° Dans les verbes assimilés (nᵒ 244 et suiv.) le part. change sa 1ʳᵉ rad. en و, quand elle est quiescente après un *dhamma*. On dit donc, à la IVᵉ Forme active, مُوسِرٌ *s'enrichissant*, et à la VIIIᵉ مُوتَسِرٌ *tirant au sort*, au lieu de مُيْسِرٌ et مُيْتَسِرٌ (nᵒ 80). Quant à la VIIIᵉ Forme en particulier, elle fait très-souvent مُتَّعِدٌ pour مُوتَعِدٌ *recevant une récompense*; مُتَّسِرٌ pour مُيْتَسِرٌ (nᵒˢ 245, 247).

4° Dans les verbes concaves (nᵒ 248 et suiv.) le part. actif (فَاعِلٌ) fait قَائِلٌ *disant*, pour قَاإِلٌ, qui est lui-même pour قَاوِلٌ; et سَائِرٌ *allant*, pour سَاإِرٌ, qui est lui-même pour سَايِرٌ (nᵒ 80); ce qui le confond avec le part. des verbes qui ont un *élif* hamzé pour 2ᵉ rad. Le part. pass. est مَقُولٌ pour مَقْوُولٌ (nᵒ 95), et مَسِيرٌ pour مَسْيُورٌ (nᵒ 123). On trouve cependant le part. pass. formé d'une manière régul., surtout dans les verbes dont la 2ᵉ rad. est un ي. — Quant aux participes tant actifs que passifs des Formes dérivées, ils se forment, comme dans les verbes régul. (nᵒ 319), de leurs fut. respectifs. Ainsi : IVᵉ Forme, fut. act.

يَقِيلُ, يُسِيرُ, part. act. مُقِيلٌ, مُسِيرٌ; fut. pass. يُقَالُ, يُسَارُ, part. pass.
مُقَالٌ, مُسَارٌ, etc.

5° Dans les verbes défectueux (n° 256 et suiv.), le part. actif, qui devrait faire غَازِوٌ *attaquant*, comme étant de la Forme فَاعِلٌ, fait غَازٍ (n°s 103, 111). Suivant cette même règle, on écrit رَامٍ pour رَامِيٌ. Au participe pass. on dit مَغْزُوٌّ, au lieu de مَغْزُووٌ, de la Forme مَفْعُولٌ (n° 100), et مَرْمِيٌّ, au lieu de مَرْمُويٌ (n°s 115, 116). On observe les mêmes règles pour les participes des Formes dérivées du verbe, et pour les adjectifs des Formes أَفْعَلُ, فَعُولٌ, فَعِيلٌ. Ainsi on dit مُرَمٌ pour مُرَمِّيٌ; au pass. مُرْمِي pour مُرَمَّيٌ (n° 108); سَرِيٌّ pour سَرِييٌ *généreux*; عَدُوٌّ pour عَدُووٌ *ennemi*; أَرْضَى pour أَرْضَوُ *qui se complaît beaucoup dans* (n° 96).

6° Les adjectifs dérivés des verbes doublement imparfaits ne sont soumis qu'aux règles ordinaires de permutation. Ceux qui éprouvent quelque anomalie particulière la tiennent du futur duquel ils sont formés. Ainsi : IV° Forme, fut. act. يُرِي *il montrera*, يُنِي *il fera éloigner*, pour يُرَاءِي, يُنَّاي; part. مُرٍ, مُنٍ, pour مُرَءٍ, مُنءٍ (n° 274).

2° Des adjectifs dénominatifs.

321. L'adjectif dénominatif indique des relations d'origine, de qualité, de pays, de famille, de secte, etc. Il se forme en ajoutant يِّ à la fin du nom primitif dont on supprime la dernière voyelle : أَرْضٌ *terre*, أَرْضِيٌّ *terrestre*; مِصْرُ *Égypte*, مِصْرِيٌّ *Égyptien*.

322. Quand le nom primitif se termine par ة ou par ًة, on retranche cette terminaison : مَكَّةٌ *la Mecque*, مَكِّيٌّ *Mecquois*; طَبِيعَةٌ *nature*, طَبِيعِيٌّ *naturel*.

* Le nom primitif éprouve encore d'autres changements ; mais l'adjectif dénominatif se distingue toujours par la terminaison يِّ. *

323. De tous les adjectifs dénominatifs peuvent se former de nouveaux noms abstraits qui indiquent la qualité exprimée par l'adjectif

lui-même. Ainsi, de جَمْع *réunion, collection, nombre pluriel*, on fait l'adj. dénom. جَمْعِيّ *appartenant au pluriel, concernant le pluriel*; et de cet adj. on forme le nom abstrait جَمْعِيَّة *la qualité par laquelle un mot est du nombre pluriel, ce qui le constitue comme pluriel*. On forme de même مَائِيَّة *l'essence d'une chose, la quiddité*, de مَا *ce qui, ce que*; كَيْفِيَّة *le comment*, de كَيْفَ *comment?* كَمِّيَّة *le combien, la quotité*, de كَمْ *combien?*

§ VIII. *Des noms diminutifs.*

324. Le nom diminutif est : 1° de la forme فُعَيْل, s'il dérive d'un nom trilitère : رُجَيْل, de رَجُل *homme*; 2° de la forme فُعَيْطِر, s'il vient d'un nom quadrilitère : عُقَيْرِب, de عَقْرَب *scorpion*, ou d'un nom ou adjectif trilitère qui a quelque lettre servile ajoutée à ses radicales : أُسَيِّد ou أُسَيْوِد (n° 119), de أَبْيَض *blanc*; أُبَيِّض, de أَبْيَض, servile غُلَام *serviteur*; غُلَيِّم. de أَسْوَد *noir*.

325. Les noms qui sont fém. par la terminaison (n° 330) conservent cette terminaison dans leurs diminutifs; mais ceux qui sont fém. par la signification seulement (n° 329), et en même temps trilitères, ajoutent après leur 3° rad. la syllabe ة : أَرْض *terre*, شَمْس *soleil*, diminutifs شُمَيْسَة, أُرَيْضَة.

326. Si, dans la formation d'un nom, une lettre radicale a été retranchée, elle reparaît ordinairement dans le diminutif; il en est de même si la rad. a été simplement permutée : بَاب pour بَوْب *porte*, dimin. بُوَيْب; mais si, au contraire, une lettre servile a été ajoutée pour compenser la rad. retranchée, on la supprime dans le dimin. : عِدَة pour وَعْد *promesse* (n° 301, 3°), diminutif وُعَيْد, etc.

327. Les diminutifs appartenant à des racines sourdes conservent, contre la loi ordinaire, la contraction qui se trouve dans leurs noms primitifs : خَاصّ *particulier*, دَابَّة *animal*, dimin. دُوَيْبَّة, خُوَيْصّ, au lieu de دُوَيْبِبَة, خُوَيْصِص (n° 226); et les dérivés d'une racine trilitère dont

la 3ᵉ radicale est un ى, prennent quelquefois un ة à la fin : رَحِي
meule, شَيْء chose, dimin. شُوَيَّة, رُحَيَّة.

ARTICLE III.

Des genres des noms.

328. Les noms ont, comme les pronoms et les verbes, trois *genres :*
le *masculin*, le *féminin* et le *commun* (nº 151). On connaît le genre des
noms, ou par la signification, ou par la terminaison ; et pour distinguer les noms ou les adjectifs masculins de ceux qui sont féminins, il
suffit de savoir à quels signes on reconnaît ces derniers.

329. Les noms féminins par leur signification sont :

1ᵘ Les noms de femmes et ceux qui signifient des choses qui em-
portent avec elles l'idée d'une femme ou d'une femelle : مَرْيَم *Marie*,
أُمّ *mère*, عَرُوس *fiancée*, etc.;

2º Les noms de provinces ou de villes : مِصْر *l'Égypte*, إِصْبَهَان
Ispahan ;

3º Les noms des parties du corps qui sont doubles : يَد *main*, عَيْن
œil.

330. Les noms ou adjectifs féminins par la terminaison sont :

1º Ceux qui se terminent par un ة : جَنَّة *jardin*, كَبِيرَة *grande ;*

2º Ceux qui ont pour dernière lettre un آ servile : صَحْرَاء *désert ;*

3º Ceux qui ont pour dernière lettre un ى servile ou ا bref, quiescent après un *fatha* : ذِكْرَى *souvenir ;* دُنْيَا pour دُنَيِي *le monde.*

331. Les noms et les adjectifs non compris dans les classes précédentes sont masculins, excepté quelques noms, comme خَمْر *vin*, دَار
maison, رِيح *vent*, شَمْس *soleil*. Quelques noms, en petit nombre,
comme خَلِيفَة *khalife*, et tous les adjectifs verbaux terminés également
en ة (nº 317 *), sont masculins.

* Les lettres de l'alphabet الْوَ, بَاء, etc., sont quelquefois du genre
commun, mais le plus souvent du fém. Les adj. verbaux des Formes

مِفْعِيلٌ et مِفْعَالٌ ,مِفْعَلَةٌ ,فَعَالَةٌ ,فَعَالَةٌ ,فَعُولَةٌ ,فَعَالَةٌ ,فَعِيلٌ ,فَعُولٌ sont du genre commun.

332. Quant à la manière de former le fém. du masc., elle consiste ordinairement à substituer un *fatha* au *tanwin* du masculin, en ajoutant la termin. ة. Ainsi, فَرِحٌ *joyeux*, فَرِحَةٌ *joyeuse*; فَتًى *jeune homme*, فَتَاةٌ pour فَتَيَةٌ (n° 107) *jeune fille*.

* Rem. 1° que les adj. verbaux de la forme أَفْعَلُ prennent au fém. la forme فَعْلَاءُ quand ils n'ont point la signification comparative ou superlative, et la forme فُعْلَى lorsqu'ils ont cette signification : أَصْفَرُ *jaune*, fém. صَفْرَاءُ ; أَكْبَرُ *plus grand, très-grand*, fém. كُبْرَى, etc.; de là, أَوَّلُ pour أَوْوَلُ ou وَوَّلُ *premier*, أَخَرُ pour الْآخَرُ *autre*, font au fém. أُخْرَى, أُولَى ; 2° que ceux de la forme فَعْلَانُ prennent le plus souvent la forme فَعْلَى, comme غَضْبَانُ *irrité*, غَضْبَى *irritée*, etc.; et quelquefois la terminaison ordinaire ة, comme غَضْبَانَةٌ, etc., terminaison que prennent aussi ceux de la forme فُعْلَانُ, comme عُرْيَانُ *nu*, عُرْيَانَةٌ *nue*. *

ARTICLE IV.

Des nombres des noms.

333. Les noms ont trois nombres : le *singulier*, le *duel* et le *pluriel*.

334. Le duel se forme en changeant la voyelle finale du singulier en انِ et en substituant un تـ au ة des noms qui finissent par cette lettre : رَجُلٌ *un homme*, رَجُلَانِ *deux hommes*; أُمَّةٌ *un peuple*, أُمَّتَانِ *deux peuples*.

335. Il y a des noms qui en passant au duel éprouvent d'autres changements. Ces changements sont généralement fondés sur les règles de permutation ; ainsi :

1° Une lettre rad. ayant été retranchée au sing., reparaît au duel : رَامٍ pour رَامِيٌ *archer* (n° 111), duel رَامِيَانِ ; أَبٌ pour أَبُوٌ *père* (n° 292), duel أَبَوَانِ ; بِنْتٌ pour إِبْنَتٌ *fille*, duel إِبْنَتَانِ. De même, un و ou un ي radical ayant été converti en ا, le و reparaît au duel, si le nom est

trilitère, et il se change en ى, si le nom a plus de trois lettres (n° 96) :
عَصًا pour عَصَوٌ *bâton*, duel عَصَوَان ; مُرْضًي *trouvé agréable*, de رَضِيَ,
duel مُرْضَيَان. Mais, au contraire, si la rad. retranchée a été remplacée
par une lettre servile, elle reste supprimée au duel : لُغَةٌ pour لُغَوٌ *dia-
lecte*, duel لُغَتَان ; شَفَةٌ pour شَفَهٌ, duel شَفَتَان.

2° Les noms fém. terminés par un *hamza* (n° 330, 2°) changent ce
hamza en و : صَفْرَآءُ *jaune*, duel صَفْرَاوَان. Si le *hamza* remplace un و
ou un ى rad. (n° 120), il se conserve ou se change en و : رِدَآءٌ pour
رِدَايٌ *manteau*, duel رِدَاآَان ou رِدَاوَان.

336. Il y a deux sortes de *pluriels*; l'un *régulier*, qui n'a qu'une
forme, et l'autre *irrégulier*, qui prend un grand nombre de formes,
et que les grammairiens appellent *pluriel rompu*, parce que la forme
du singulier s'y trouve altérée de plusieurs manières.

337. Le pluriel *régulier* se forme pour le masculin en changeant la
voyelle finale du sing. en ونَ ُ, et pour le fém. en changeant la terminaison ة ُ en اتٌ َ : سَارِقٌ *voleur*, سَارِقُونَ *voleurs* ; سَارِقَةٌ *voleuse*,
سَارِقَاتٌ *voleuses*. Si le fém. sing. ne se termine pas par ة ُ, c'est sa
voyelle finale qu'on change en اتٌ َ au pluriel : مَرْيَمُ *Marie*, plur.
مَرْيَمَاتٌ.

338. En passant au pl. il y a des noms qui éprouvent un simple
changement de voyelle, comme قَصْعَةٌ *écuelle*, pl. قَصْعَاتٌ ; سِدْرَةٌ *lotus*,
pl. سِدْرَاتٌ, etc.; d'autres se conforment aux règles de permutation :
قَاضٍ pour قَاضِيٌ *juge* (n° 111), pl. قَاضُونَ pour قَاضِيُونَ (n°ˢ 117, 118), etc.
— Quant aux noms fém. terminés par un *hamza*, ils forment le pl.
comme le duel (n° 330, 2°) : سَمَآءٌ *ciel*, pl. سَمَاوَاتٌ ; سَقَّآءَةٌ *porteuse
d'eau*, pl. سَقَّاوَاتٌ ou سَقَّاءَاتٌ.

339. On peut compter 31 formes de pl. irrég., savoir : 28 pour les
noms ou les adjectifs dérivés de racines trilitères et qui n'ajoutent aucune lettre devant les radicales, si ce n'est l' ا dans les adjectifs de la
Forme أَفْعَلُ ; et 3 pour les noms ou adj. de quatre ou de plus de

quatre lettres. Chacune de ces formes dérive d'une ou de plusieurs formes de noms ou d'adjectifs singuliers. Voici les rapports que les grammairiens indiquent entre les formes des pl. et celles des sing.; mais ces rapports sont sujets à de nombreuses exceptions.

Pluriel.   Singulier.

1. فُعَلٌ de فُعْلَةٌ, فُعْلَةٌ et فُعْلَى, fém. du comp. أَفْعَلُ.

2. فُعْلٌ de أَفْعَلُ non compar. et de son fém. فَعْلَاءُ.

3. فُعْلٌ de فَعْلٌ, فَعْلَةٌ, فِعَالٌ, فَعُولٌ, فَعِيلٌ.

4. فِعَلٌ de فِعْلَةٌ.

5. فِعَالٌ de فَعْلٌ, فَعْلٌ, فِعْلٌ, فُعْلٌ, فَعَلٌ, فَعْلَةٌ, فِعْلَةٌ, فَعِيلٌ, فَعِيلَةٌ, فَعْلَانُ, فَعْلَانَةٌ, فُعْلَانُ.

6. فُعُولٌ de فَعْلٌ, فِعْلٌ, فُعْلٌ, فَعَلٌ, et de فَاعِلٌ, mais rarement.

7. فُعَّلٌ
8. فُعَّالٌ
} de فَاعِلٌ, فَاعِلَةٌ.

9. فَعَلَةٌ de فَاعِلٌ appliqué à des êtres raisonnables et ne venant pas d'une racine défectueuse.

10. فُعَلَةٌ de فَاعِلٌ désignant des êtres raisonnables, mais dérivé d'une racine défectueuse.

11. فِعَلَةٌ de فُعْلٌ, et quelquefois de فَعَلٌ et de فِعْلٌ.

12. فَعْلَةٌ de فَعِيلٌ, فُعَالٌ, فَعَالٌ, فَعْلٌ.

13. أَفْعُلٌ de فَعْلٌ, فِعْلٌ, فَعَلٌ, de fém. non terminés par ة, et d'autres noms de diverses formes.

14. أَفْعَالٌ de noms trilit. de toutes les formes et des adj. فَاعِلٌ et فَعِيلٌ, et de quelques autres.

15. أَفْعِلَةٌ de noms quadril. dont la pénult. est une des quiesc. ا, و, ي.

16. فَوَاعِلُ de فَاعَلٌ, فَاعِلٌ, فَاعِلَةٌ, فَاعِلَاءُ.

Pluriel.   Singulier.

17. فَعَائِلُ des fém. فَعِيلَةٌ, فَعَالٌ, فَعَالَةٌ, فُعَالٌ, فِعَالَةٌ, فِعَالٌ, فَعُولَةٌ, فَعُولٌ.

18. فَعْلَانٌ de فَعَالٌ, فُعَالٌ, فَعْلٌ, فُعْلٌ, فَاعِلٌ, فَعِيلٌ.

19. فُعْلَانٌ de فَعْلٌ, فُعْلٌ, فَعِيلٌ, فَاعِلٌ.

20. فُعَلَاءُ de فَعِيلٌ, فَاعِلٌ adj. masc.

21. أَفْعِلَاءُ de فَعِيلٌ adj. désignant des êtres raisonnables.

22. فَعْلَى de l'adj. فَعِيلٌ, et quelquefois فَعِلٌ, فَعُلٌ, أَفْعَلُ, فَعْلَانُ.

23. فَعَالَى des noms فَعْلَى, فُعْلَى, فِعْلَى, et des adj. fém. فُعْلَى, فَعْلَى.

24. فَعَالِي

24. فُعَالِي } des mêmes sing. que le 23e, et de l'adj. فَعْلَانُ, et du fém. فَعِيلَةٌ.

24. فَعَالِي

25. فَعِيلٌ de فَعْلٌ, فِعَالٌ; mais cette forme pl. est peu usitée.

26. فُعُولَةٌ de فَعْلٌ. Ce pl. est également peu usité.

27. فِعَالَةٌ de فَعْلٌ, فَاعِلٌ.

28. فَعَلٌ de فَعْلَةٌ, فَعَلَةٌ, فَاعِلٌ. Ce pl. est très-rare.

29. قَمَاطِيرُ de noms quadril. (non compris le ة final) composés, soit de 3, soit de 4 radicales.

30. قَمَاطِيرُ

       } de noms de 5 let.; la 31e dérive aussi de quelques sing. quadr.

31. قَمَاطِيرَةٌ

* On a pu remarquer dans le tableau précédent qu'un même sing. peut prendre plusieurs formes de plur. Nous ajouterons 1° qu'il y a des noms qui ont en même temps un pl. rég. et un ou plusieurs plur. irrég.; 2° que certains pl. sont spécialement ou même exclusivement affectés à certaines nuances de signification, quand leur sing. a lui-même des sens divers; particularités que les dictionnaires font connaître; 3° que les pl. irrég. donnent naissance à des duels ou à d'autres

pl., soit rég., soit irrég., comme رُمْح *lance*, pl. رِمَاح, d'où le duel رُمَاحَان *lances réunies de deux familles* ; رَجُلٌ *homme*, pl. رِجَالٌ, 2ᵉ pl. رِجَالَاتٌ *multitudes d'hommes* ; رِسَالَةٌ *lettre*, pl. رَسَائِلُ, 2ᵉ pl. رَسَائِلَاتٌ *épistolaires*, *recueils de leçons tirées des épîtres des Apôtres* ; 4° que certains noms ont un pl. tout à fait anormal ou même emprunté d'une racine différente de celle du sing. : طَرِيقٌ *chemin*, pl. طُرُقَاتٌ, au lieu de طُرُقٌ ; أُمٌّ *mère*, pl. أُمَّهَاتٌ, comme si le sing. était أُمَّهٌ, de la racine أَمَهَ ; de même, فُمٌ (pour فُومٌ) *bouche*, pl. أَفْوَاهٌ, formé de فُوَهٌ, rac. فَاهَ ; مَاءٌ *eau*, pl. أَمْوَاهٌ ou مِيَاهٌ, de مَاهٌ ; إِمْرَأَةٌ *femme*, pl. نِسَاءٌ، نِسْوَةٌ et نِسْوَانٌ ; إِنْسَانٌ *homme*, pl. أُنَاسٌ, et par contraction نَاسٌ ; 5° que d'autres noms, tout en ayant la termin. des pl. rég., sont cependant réellement irrég., parce qu'ils ne conservent pas toutes les lettres ou toutes les voyelles du sing., comme بَنُونَ, pl. de إِبْنٌ *fils*, etc. *

ARTICLE V.

Des cas des noms.

340. Les noms arabes, soit substantifs, soit adjectifs, sont, comme les pronoms, susceptibles des trois cas, *nominatif, génitif* et *accusatif* (n° 152).

341. Les noms sont ou *triptotes*, ou *diptotes*. On appelle *triptotes* les noms qui ont les trois cas exprimés par trois terminaisons différentes, et *diptotes*, ceux qui n'ont que deux terminaisons pour exprimer les trois cas. Les premiers prennent des *tanwin* ; les derniers n'en admettent point : ce qui forme deux déclinaisons différentes.

342. Les noms *triptotes*, ou de la 1ʳᵉ déclinaison, se terminent, au nominatif, en ـُ, au génitif, en ـِ, et à l'accusatif en ـَ ou اـَ. Or ces noms sont : 1° un grand nombre de substantifs et d'adjectifs sing. ; 2° la plupart des pl. irrég. ou rompus.

PREMIÈRE DÉCLINAISON.

		Nominatif.	Génitif.	Accusatif.
Sing. masc.	substantif,	رَجُلٌ *homme,*	رَجُلٍ	رَجُلًا
	adjectif,	كَاتِبٌ *écrivant,*	كَاتِبٍ	كَاتِبًا
Sing. fém.	substantif,	قَصْعَةٌ *écuelle,*	قَصْعَةٍ	قَصْعَةً
	adjectif,	جَالِسَةٌ *assise,*	جَالِسَةٍ	جَالِسَةً
Pl. masc.	substantif,	رِجَالٌ *hommes,*	رِجَالٍ	رِجَالًا
	adjectif,	كِبَارٌ *grands,*	كِبَارٍ	كِبَارًا
Pl. fém.	substantif,	نِسَآءٌ *femmes,*	نِسَآءٍ	نِسَآءً
	adjectif,	نُوَّحٌ *pleureuses,*	نُوَّحٍ	نُوَّحًا

343. Les noms *diptotes* ou de la 2ᵉ déclin. se divisent en deux classes. La première comprend : 1º les duels, lesquels se terminent tous au nominatif en انِ´, et aux autres cas en يْنِ ; 2º les pluriels réguliers masculins, dont la terminaison au nominatif est ونَ´, et aux autres cas يْنَ ; 3º les pluriels réguliers féminins, qui se terminent au nominatif en اتُ´, et aux autres cas en اتِ. La seconde classe renferme un certain nombre de noms, soit substantifs, soit adjectifs, qui n'admettant pas de *tanwin*, ont le nominatif en´, et les autres cas en´.

DEUXIÈME DÉCLINAISON. — 1ʳᵉ CLASSE.

		Nominatif.	Génitif et accusatif.
Duel masc.	substantif,	رَجُلَانِ *deux hommes,*	رَجُلَيْنِ
	adjectif,	أَسْوَدَانِ *deux noirs,*	أَسْوَدَيْنِ
Duel fém.	substantif,	قَصْعَتَانِ *deux écuelles,*	قَصْعَتَيْنِ
	adjectif,	سَوْدَاوَانِ *deux noires,*	سَوْدَاوَيْنِ
Pl. masc.	substantif,	عُثْمَانُونَ *Othmans,*	عُثْمَانِينَ
	adjectif,	أَفْضَلُونَ *excellents,*	أَفْضَلِينَ
Pl. fém.	substantif,	ظُلُمَاتٌ *ténèbres,*	ظُلُمَاتٍ
	adjectif,	مُحْصَنَاتٌ *femmes chastes,*	مُحْصَنَاتٍ

7

DEUXIÈME DÉCLINAISON. — 2ᵉ CLASSE.

		Nominatif.		Génitif et accusatif.
Sing. masc.	substantif,	عُثْمَان *Othman,*		عُثْمَان
	adjectif,	أَسْوَدُ *noir,*		أَسْوَدَ
Sing. fém.	substantif,	زَيْنَبُ *Zaïnab,*		زَيْنَبَ
	adjectif,	سَوْدَآءُ *noire,*		سَوْدَآءَ
Pluriel	substantif,	دَرَاهِمُ *drachmes,*		دَرَاهِمَ
	adjectif,	ذَوَابِلُ *flexibles,*		ذَوَابِلَ

344. Plusieurs espèces de noms se déclinent irrégulièrement :

1° Les noms terminés par ا ́ ou ى ́ quoique étant réellement de la 1ʳᵉ déclin., ont les trois cas semblables ; ainsi on dit : عَصًا *bâton,* pour (nᵒˢ 96, 97) ; رَحًى *meule,* pour رَحَيٌ, رَحَيٍ, رَحَيًا (nᵒˢ 107, 108). Si le ى final est précédé d'un *kesra,* il n'y a de semblables que le nom. et le gén. ; ainsi, قَاضٍ *juge,* est pour قَاضِيُ et قَاضِيِ (nᵒˢ 110, 111). Les diptotes, tels que بُشْرَى pour بُشْرَيُ *bonne nouvelle,* صَحَارِي pour صَحَارِيَ *déserts,* qui devraient faire au gén. et à l'acc. بُشْرَيَ, صَحَارِيَ, conservent, à tous les cas, l'unique forme صَحَارِي et بُشْرَى (nᵒ 107).

2° Les noms propres composés se déclinent diversement, selon leur signification. Ainsi ceux qui sont composés de deux mots, mais que l'on considère comme n'en formant qu'un seul, tels que بَعْلَبَكُّ *Baalbec,* حَضْرَمَوْتُ *Hadhramaut,* font au nom. بَعْلَبَكُّ, حَضْرَمَوْتُ, au gén. à l'acc. بَعْلَبَكَّ, حَضْرَمَوْتَ ; ou bien, au nom. بَعْلِبَكِّ, حَضْرَ مَوْتٍ, au gén. et à l'acc. بَعْلَبَكَّ, حَضْرَ مَوْتَ. Ceux qui forment une proposition complète, comme تَأَبَّطَ شَرًّا *Taabbata schar-ran,* ou *il porte un mal sous son aisselle,* et فَرَقَ نَحْرُهُ *Farika nahrou-hou,* c'est-à-dire *sa gorge a été fendue,* sont indéclinables.

ARTICLE VI.

Des changements qu'éprouvent les noms dans leurs cas, lorsque d'indéfinis ils deviennent définis.

345. Les noms communs qui de leur nature sont indéfinis, indéterminés, deviennent définis, déterminés, ou par l'addition de l'article أَلْ, ou par l'adjonction d'un complément qui est tantôt un mot séparé, et tantôt un pronom suffixe. Or chacune de ces circonstances introduit plusieurs changements dans les cas des noms :

1° L'article et le complément font disparaître le *tanwin* de tout nom auquel on les ajoute en rendant triptotes les sing. et les pl. irrég. de la 2e déclin. : nom. الرَّجُلُ, gén. الرَّجُلِ, acc. الرَّجُلَ. De même le diptote أَسْوَدُ *noir*, nom. الأَسْوَدُ, gén. الأَسْوَدِ, acc. الأَسْوَدَ ; et avec un complément, أَسْوَدُ الْوَجْهِ أَسْوَادُ *le noir de visage,* أَسْوَدُكَ *ton noir ;* gén. أَسْوَدِ الْوَجْهِ *du noir de visage,* أَسْوَدِهِمْ *de leur noir ;* acc. أَسْوَدَ الْوَجْهِ *le noir de visage,* أَسْوَدَهُ *son noir.* — Mais le complément fait disparaître de plus la termin. ن des duels et la finale نَ des pl. rég. masc., en ajoutant toutefois au nomin. de ces pl. un ا absolument muet (n° 49 *) ; ainsi, nomin. عَبْدَا زَيْنَب *les deux esclaves de Zaïnab,* عَبْدَاكُمْ *vos deux esclaves,* étant mis pour عَبْدَانِ ; gén. et acc. عَبْدَيْ زَيْنَب, عَبْدَيْكُمْ, pour عَبْدَيْنِ. De même, au pl. rég., nomin. نَاصِرُوا مُوسَى *ceux qui aident Moïse,* نَاصِرُوكَ *ceux qui t'aident,* pour نَاصِرُونَ ; gén. et acc. نَاصِرِي مُوسَى.

2° Lorsque le ي du duel, ou le و d'un pl. terminé par contraction en وُنْ (n° 117), se trouve suivi d'un *élif* d'union, le *djezma* du ي se change en *kesra,* et celui du و en *dhamma* (n°s 63, 135) : جَارِيَتِي الْمَلِكِ *les deux jeunes filles du roi,* مُصْطَفَوُا اللهِ *les élus de Dieu,* au lieu de مُصْطَفَوْا et جَارِيَتَيْ.

3° Les noms qui dérivent de racines imparfaites, se trouvant suivis d'un complément, perdent aussi leur *tanwin* (n° 345 1°) ; mais ils le remplaçent par une lettre quiescente : أَبٌ *père*, nom. أَبُو, gén. أَبِي, acc. أَبَا ; — أَخٌ *frère*, أَخُو, أَخِي, أَخَا ; حَمٌ *beau-père*, حَمُو, حَمِي, حَمَا ; — ذُو *possesseur*, gén. ذِي, acc. ذَا. — فَمٌ *bouche*, هَنٌ *chose*, هَنُو, هَنِي, هَنَا ; pour فُوهٌ fait فُو, فِي, فَا, ou bien فَمٌ, فُمٌ, فَمٌ. — بِنْتٌ *fille*, fait اِبْنَةٌ, et avec le *wesla* اِبْنَةٌ.

4° Les noms terminés par un ة le changent en ت, lorsqu'ils ont pour complément un pronom suffixe : نِعْمَةٌ *bienfait*, نِعْمَتُهُ *son bienfait*.

5° Lorsque le complément d'un nom est un suffixe de la 1re pers. sing., ce nom perd entièrement sa dernière voyelle, et alors il n'y a aucune différence entre les trois cas ; ainsi, كِتَابِي *mon livre*, s'emploie indistinctement pour le nominatif, le génitif et l'accusatif.

6° Les noms propres triptotes étant suivis du mot اِبْنٌ *fils*, et d'un autre nom propre, perdent leur *tanwin*, et اِبْنٌ perd lui-même son ا : مُحَمَّدُ بْنُ جَعْفَرٍ *Mohammed fils de Djafar*.

ARTICLE VII.

Des noms de nombre ou numératifs.

346. Les *noms de nombre* sont ou *cardinaux* ou *ordinaux*.

§ I. *Des noms de nombre cardinaux.*

347. Ces noms, depuis 1 jusqu'à 10, ont deux genres, le masc. et le fém. Depuis 3 jusqu'à 10, la terminaison masculine marque le féminin, et la terminaison féminine le masculin.

Masculin.	Féminin.		Masculin.	Féminin.	
وَاحِدٌ	وَاحِدَةٌ	1.	سِتَّةٌ	سِتٌّ	6.
أَحَدٌ	إِحْدَى		سَبْعَةٌ	سَبْعٌ	7.
إِثْنَانِ	إِثْنَتَانِ	2.	ثَمَانِيَةٌ	ثَمَانٍ	8.
ثَلَاثَةٌ	ثَلَاثٌ	3.	تِسْعَةٌ	تِسْعٌ	9.
أَرْبَعَةٌ	أَرْبَعٌ	4.	عَشَرَةٌ	عَشْرٌ	10.
خَمْسَةٌ	خَمْسٌ	5.			

* Tous ces noms prennent les trois cas, excepté اِثْنَان, et son fém.

اِثْنَان, qui font au gén. et à l'acc. اِثْنَتَيْن et اِثْنَتَيْن, comme tous les

duels. Quant à ثُمَان qui est pour ثَمَانِي (n° 112), il fait à l'acc. ثَمَانِيَا. *

348. Depuis 11 jusqu'à 19, les noms se forment en ajoutant aux unités le numératif *dix* et en donnant un *fatha* pour dernière voyelle à chacun de ces noms : 11. اِثْنَا عَشَرَ m., اَحَدَ عَشَرَ m., اَحْدَي عَشْرَةً f. ; 12. ثَلَاثَةَ عَشَرَ m., ثَلَاثَ عَشْرَةً f. ; 13, et ainsi des autres. Tous ces noms sont indéclinables, excepté 12, اِثْنَا عَشَرَ et اِثْنَتَا عَشْرَةً qui font au gén. et à l'acc. اِثْنَتَيْ عَشْرَةً et اِثْنَيْ عَشَرَ.

349. Les numératifs des dizaines depuis 20 jusqu'à 90 sont de commun genre :

80. ثَمَانُونَ   60. سِتُّونَ   40. أَرْبَعُونَ   20. عِشْرُونَ

90. تِسْعُونَ   70. سَبْعُونَ   50. خَمْسُونَ   30. ثَلَاثُونَ

* Ces numératifs ont, comme on le voit, la terminaison propre au nominatif des noms plur. masc. réguliers (n° 343) ; ils se terminent aussi comme ces derniers, au gén. et à l'acc. Ainsi, nom. عِشْرُونَ 20, gén. et acc. عِشْرِينَ, etc.

350. Lorsque les noms d'unités et de dizaines prennent des pluriels, ils désignent des agrégations composées d'un nombre égal d'individus : عَشَرَاتٌ *des dizaines, des compagnies de dix hommes* ; عِشْرِينَاتٌ *des compagnies de vingt hommes*, etc.

351. Les numératifs des centaines sont de commun genre : مِائَةٌ, ou مِئَةٌ 100, *une centaine* ; مِائَتَان 200, *deux centaines* ; ثَلَاثُ مِائَةٍ 300, أَرْبَعُ مِائَةٍ 400, خَمْسُ مِائَةٍ 500, سِتُّ مِائَةٍ 600, سَبْعُ مِائَةٍ 700, ثَمَانِي مِائَةٍ 800, تِسْعُ مِائَةٍ 900. — Les deux premiers مِائَةٌ 100 et مِائَتَان 200 se déclinent comme les noms ordinaires ; mais مِائَةٌ fait au pl. مِئُونَ, مِئَاتٌ et مِئِينَ et مِئٍ.

352. Les numératifs de mille sont : أَلْفٌ 1,000, أَلْفَانِ 2,000, ثَلَاثَةُ آلَافٍ 3,000, أَرْبَعَةُ آلَافٍ 4,000 ; et ainsi des autres jusqu'à 10,000. — أَحَدَ عَشَرَ أَلْفًا 11,000, اِثْنَا عَشَرَ أَلْفًا 12,000, etc. — مِائَةُ أَلْفٍ 100,000, مِائَتَا أَلْفٍ 200,000, ثَلَثُمِائَةِ أَلْفٍ 300,000, أَرْبَعُمِائَةِ أَلْفٍ 400,000, etc.

353. Tous les numératifs de centaines et de mille subissent, en prenant un complément, les mêmes changements que les autres noms. Quant aux numér. de *million* et de *milliard*, on verra dans la syntaxe comment ils s'expriment.

§ II. *Des noms de nombre ordinaux.*

354. Les numératifs ordinaux sont :

Masculin.	Féminin.		Masculin.	Féminin.	
أَوَّلُ	أُولَى	1re. 1er.	سَادِسٌ	سَادِسَةٌ	6e.
ثَانٍ	ثَانِيَةٌ	2e.	سَابِعٌ	سَابِعَةٌ	7e.
ثَالِثٌ	ثَالِثَةٌ	3e.	ثَامِنٌ	ثَامِنَةٌ	8e.
رَابِعٌ	رَابِعَةٌ	4e.	تَاسِعٌ	تَاسِعَةٌ	9e.
خَامِسٌ	خَامِسَةٌ	5e.	عَاشِرٌ	عَاشِرَةٌ	10e.

* Rem. 1° pour exprimer 20e, 30e et les autres dizaines, on emploie les numér. cardin. ثَلَثُونَ, عِشْرُونَ, etc. ; 2° au lieu de ثَانٍ 2e, qui est pour ثَانِيٌ (n° 111), on dit en certains cas ثَانِي ; de même, au lieu de خَامِسٌ 5e, on dit aussi خَامٍ et خَامِي ; au lieu de سَادِسٌ 6e, on dit, سَادٍ, سَادِي, سَاتٍ. *

355. Les numér. ordinaux composés, depuis 11 jusqu'à 19, se forment à peu près comme les cardinaux : f. حَادِيَةَ عَشْرَةَ m., حَادِي عَشَرَ 11e ; f. ثَانِيَةَ عَشْرَةَ m., ثَانِي عَشَرَ 12e ; f. ثَالِثَةَ عَشْرَةَ m., ثَالِثَ عَشَرَ 13e ; et ainsi des autres. Tous ces noms sont indéclinables, excepté lorsqu'ils prennent l'article ; car, dans ce cas, le premier nombre se décline, et le second reste seul indéclinable : nomin. الثَّالِثَ عَشَرَ, gén. الثَّالِثِ

عَشَرُ, accûs. اَلثَّالِثَ عَشَرَ *le* 13ᵉ; et ainsi des autres, tant au masc. qu'au fém. — حَادِي et ثَانِي font avec l'article, au nom. et au gén. اَلثَّانِي اَلْحَادِي, et à l'acc. اَلثَّانِيَ اَلْحَادِيَ, selon les règles de permutation (nᵒˢ 110, 113).

* Les autres particularités des numératifs trouvent plus naturellement leur place, soit dans la syntaxe, soit dans les dictionnaires. *

—◇◇◇—

CHAPITRE CINQUIÈME.

DES PARTICULES.

356. Nous comprenons sous le nom de *particules* les *prépositions*, les *adverbes*, les *conjonctions* et les *interjections* (nᵒ 142). Les adverbes et les conjonctions s'emploient aussi quelquefois comme prépositions ; et les prépositions elles-mêmes jouent en certains cas le rôle d'adverbes ou de conjonctions. Les particules sont *inséparables* ou *séparables*. Les premières ne consistent qu'en une simple lettre qui s'attache au commencement des mots ; on les appelle en conséquence *préfixes*. Les dernières forment des mots distincts et séparés. Enfin les unes et les autres sont susceptibles de prendre des pronoms suffixes, et en les prenant plusieurs d'entre elles éprouvent des changements dans leur forme grammaticale. Quant à la signification des particules, elle n'est souvent déterminée et bien précisée que par celle des noms ou des verbes avec lesquels elles se trouvent en rapport.

ARTICLE 1.

Des prépositions.

357. Les prépositions, soit inséparables, soit séparables, gouvernent généralement le génitif ; cependant quelques-unes régissent

aussi l'accusatif. Les inséparables ou préfixes sont : بِ, تَ, كَ, لِ, et وَ, مَ, عَ.

358. بِ *dans* ou *à, auprès, par, au moyen de, à cause de, à cause que*, sert encore à affirmer avec serment : بِرَأْسِكَ *par ta tête !* Jointe à la négation لَا, elle signifie *sans* : بِلَا عَدْلٍ *sans justice.* Enfin elle exprime plusieurs autres sortes de rapports, comme on le verra dans la syntaxe.

359. تَ *par*, ne s'emploie que pour les formules de serment dans lesquelles on jure par la divinité.

360. كَ *comme, de même que*, se joint souvent par pléonasme à مِثْل *ressemblance* : كَمِثْلِ الْحِمَارِ *comme la ressemblance de l'âne*, c'est-à-dire *comme l'âne.* — Avec le démonstratif ذَا et le relatif مَا, il signifie *ainsi* et *de même que*.

361. لِ particule qui s'écrit aussi لَ, لِ, et qui fait disparaître l'ا de l'article اَلْ lorsqu'elle le précède (n° 145), signifie : 1° *à*, exprimant la propriété ou l'attribution ; 2° *à cause de, pour* ; 3° *par*, dans les serments ; 4° *oh! holà!* pour exprimer l'admiration ou appeler au secours ; 5° *de, au sujet de*, comme dans قَالُوا لِإِخْوَانِهِمْ *ils ont dit au sujet de leurs frères*[1] ; 6° *afin de, pour*, quand elle est jointe au 3e futur (n° 408 1°) ; 7° *que*, dans le sens impératif, quand elle s'attache au 2e futur (n° 407 3°).

362. عَ et مَ sont de simples abréviations des propositions séparées عَنْ et مِنْ, dont nous parlerons plus bas : عَمَّا *de ce que* ; مِمَّنْ *de ceux qui*, pour عَنْ مَا et مِنْ مَنْ (n° 74).

363. وَ employé comme préposition gouverne : 1° le génitif dans les formules de serment ; 2° l'accusatif, lorsqu'il signifie *avec*.

364. Les prépositions *séparables*, dont plusieurs représentent de vé-

***

[1] Cette phrase est tirée du Coran, *Sur.* III, vers. 150 ou 157. Les traducteurs qui l'ont rendue par : *ils ont dit à leurs frères*, ont fait un contre-sens.

ritables verbes et de véritables noms, sont : خَلَا, حَاشَا, حَتَّى, إِلَى,

عَدَا, عَلَى, عَنْ, فِي, لَدُنْ, لَدَى, لَدُ, مُذْ, مُنْذُ et مِنْ. Mais comme ce petit nombre ne suffit pas pour rendre la multitude de rapports qui dans la plupart des langues sont exprimés par des particules de cette nature, on y supplée en arabe par des noms qu'on met à l'accusatif.

1° إِلَى et حَتَّى ont également le sens de *à, vers, jusqu'à*; mais إِلَى signifie plus particulièrement *jusqu'à un certain terme exclusivement*, et حَتَّى *jusqu'à un certain terme inclusivement*. De plus, حَتَّى peut se rendre tantôt par *jusqu'à ce que*, tantôt par *afin de, pour*.

2° حَاشَا, خَلَا, عَدَا, *excepté, outre*, sont proprement des verbes qui signifient *être séparé, être au delà*; aussi gouvernent-ils l'accusatif aussi bien que le génitif.

3° عَلَى *sur, au-dessus de, selon, conformément à, préférablement à, à raison de, à condition de, moyennant, malgré, contre, dans, chez, auprès, devant, en présence de*. Les autres rapports qu'elle exprime seront indiqués dans la syntaxe.

4° عَنْ exprime plus particulièrement l'*éloignement, l'action de passer outre, de se passer* d'une chose, *de la laisser*. Ainsi elle doit se rendre le plus souvent par *de, au lieu de, au delà de, après, au sujet de, en comparaison de, en vertu de*.

5° فِي *dans, parmi, au milieu de, par, au moyen de, en comparaison de, au sujet de, concernant*.

6° لَدُنْ, qui s'écrit aussi لَدَى, et même لَدُنْ, لَدَنْ, لَدِنْ, لَدُ, لَدَا, لَدُ, signifie *auprès de, à, jusqu'à*.

7° مُذْ et مُنْذُ équivalent à *depuis* et à *depuis que*. مُذْ est contracté de مُنْذُ, qui semble venir de مِنْ *de*, et de إِذْ *alors*, ou bien de مِنْ et de ذُو, pris dans le sens de الَّذِي (n° 163).

8° مِنْ *de, à partir de, à cause, en comparaison, en fait de, sans*, exprime aussi la composition, les parties d'un tout, et une portion à prendre dans un tout, enfin un simple rapport d'annexion.

365. Les autres prépositions s'expriment par des noms mis à l'accusatif, comme فَوْقَ *sur* (littéralement *à la partie supérieure de*); تَحْتَ *sous*, قَبْلَ *avant*, etc. Plusieurs d'entre elles nécessitent quelques observations.

1° بَيْنَ *entre*, suivi de يَدَيْ *les deux mains de*, veut dire *devant quelqu'un* ou *avant quelque chose*; بَيْنَا et بَيْنَمَا *tandis que*.

2° دُون *au-dessous de, moins de, à l'exclusion de, préférablement à*, signifie aussi *devant, en avant de, plus près que*; enfin *l'opposé de, le contraire de, sans*.

3° عِنْدَ, qu'on écrit aussi عَنْدَ et عُنْدَ, signifie *chez, auprès de; en comparaison de, selon l'avis de*; mais عِنْدَمَا *tandis que*.

4° مَعَ, proprement *avec, conjointement à*, doit souvent se traduire par *malgré, nonobstant*, et suivi de أَنْ ou أَنَّ, par *quoique, bien que*.

5° Lorsque ces prépositions deviennent compléments d'autres prépositions, elles prennent la terminaison du génitif : مِنْ عِنْدِ أَبِي *de chez mon père*, لِأَجْلِ الرَّبِّ *à cause du maître*.

* Le mot رُبَّ, qui s'écrit aussi رَبَّ, رُبُ, رُبْ, رَبْ, رُبَّتَ, رُبَّتْ, رَبَّتَ et رُبَّتْ, est souvent employé comme préposition signifiant *beaucoup de*, et quelquefois *une petite quantité de, quelques*. Voy. la syntaxe des particules (n° 482). *

ARTICLE II.

Des adverbes.

366. Il y a des adverbes *inséparables* ou *préfixes*, et des adverbes *séparables*. Les premiers sont أَ, سَ et لَ.

1° أَ sert à interroger et quelquefois à appeler. Dans ce dernier sens on écrit aussi آ. Cette particule s'emploie aussi comme conjonction.

2° سَ, abréviation de سَوْفَ *il arrivera, il doit être* (μέλλει, *futurum est*), se place au commencement du futur, pour indiquer que l'action exprimée par le verbe ne doit avoir lieu que dans un temps à venir, ce que n'indique pas la forme du futur par elle-même (n° 191).

3° لِ qui sert d'ailleurs de préposition et qui fait disparaître l'*élif* de l'article (n° 361), donne de la force à ce que l'on affirme, et se traduit souvent par *certes, certainement*. Voy. la syntaxe, n° 489.

367. Les adverbes séparables sont en petit nombre, mais on transforme à volonté les substantifs et les adjectifs en accusatifs absolus, et on donne à ces accusatifs la signification adverbiale : يَوْمٌ *jour*, يَوْمًا *un jour*; لَيْلٌ *nuit*, لَيْلًا *de nuit*; اِتِّفَاقٌ *événement, hasard*, اِتِّفَاقًا *par hasard*; كَثِيرٌ *copieux, abondant*, كَثِيرًا *beaucoup*; دَاخِلٌ *entrant*, دَاخِلًا *en entrant, au dedans*; خَارِجٌ *sortant*, خَارِجًا *au dehors*, etc.

368. Quant aux adverbes proprement dits, que l'on trouve tous d'ailleurs dans le dictionnaire, nous ne présenterons ici que les principaux.

1° أَجَلْ et نَعَمْ signifient également *oui, bien*; mais le premier s'emploie mieux après une affirmation, et le deuxième après une interrogation.

2° إِذْ, إِذَا, et avec ذَاكَ pronom démonstr., إِذّاكَ *alors, voilà, dans ce même temps*. Les deux premiers se rendraient mieux dans beaucoup de phrases par notre conjonct. *alors que, lorsque*; إِذْ perd même quelquefois toute idée de temps, et signifie *attendu que, puisque*.

3° أَلَّا et أَلَا *or sus, ça donc; est-ce que.... ne?*

4° أَمْ, comme le préfixe أَ, signifie *est-ce que?* mais comme lui aussi il a souvent le sens de la conjonction *soit que, ou bien* (n° 366 1°), et celui de بَلْ signifiant *au contraire, pour mieux dire*.

5° أَمَا *est-ce que.... ne?* est composé de أَ *est-ce que?* et de مَا *non, ne pas*.

6° إِنْ *non* est le plus souvent précédé de إِلَّا *si ce n'est*; placé après مَا *non*, il forme un pléonasme.

7° إِنَّ *oui, certes, certainement*.

8° اِنَّمَا *seulement*, équivaut à اِلَّا.... مَا *non.... si ce n'est*.

9° أَيْ *oh!* de plus, *c'est-à-dire, à savoir*.

10° اِيْ *oui, certainement*, ne s'emploie qu'avec serment.

11° اِيَّانَ, أَيَّانَ *quand?* paraît composé de أَيِّ *quel?* et de آنَ *temps*.

12° أَيْنَ *où (ubi)?* مِنْ أَيْنَ *d'où (undè)?* إِلَى أَيْنَ *où, vers où (quò)?* Cette particule, suivie de عَنْ et de مِنْ, signifiant *en comparaison de, auprès de*, doit se traduire par *qu'est-ce?* أَيْنَ أَنْتَ عَنْ الْبَيْتِ النَّدَر *qu'es-tu en comparaison de ce vers extraordinaire?* أَيْنَ دِجْلَةُ مِنْ جَيْحَانْ *qu'est le Tigre auprès du Djeïhân?*

13° بَعْدُ et مِنْ بَعْدُ *ensuite, après cela*. Employé comme préposition, ce mot se met à l'accusatif بَعْدَ, ou au génitif s'il est précédé de مِنْ, comme مِنْ بَعْدِ. — أَمَّا بَعْدُ *quant à ce qui (vient) ensuite*, est usité dans les préfaces des livres pour entrer en matière, après les louanges de Dieu, de Mahomet, ou après les formules de civilité. On peut donc le rendre par : *maintenant, pour en venir à ce qui fait l'objet de ce livre, de cette lettre, etc.* — بَعْدُ signifie aussi *encore*, et précédé d'une néga- tion, *pas encore.* — De بَعْدُ se forme le diminutif بُعَيْدَ *peu après*.

14° تَحْتَ *au-dessous*. Il en est de ce mot et de plusieurs autres qui ont la même forme, comme de بَعْدُ. — تُحَيْتَ *un peu au-dessous*.

15° ثَمَّ signifie *ici*, mais ثُمَّ et ثَمَّتَ *puis, ensuite*.

16° حَاشِ ou حَاشَا, qui est aussi préposition (n° 364), signifie *à Dieu ne plaise que!* Son sens primitif paraît être *que Dieu t'excepte, te ga- rantisse!*

17° حَيْثُ et حَيْثَ *où;* مِنْ حَيْثُ *d'où;* إِلَى حَيْثُ *où (quò).* — حَيْثُمَا *partout où.*

18° رُبَّمَا, رُبَّمَا, etc., formé de رُبَّ et de مَا, signifie *souvent, quelque- fois* (n° 365.*).

19° سَوْفَ, سَ, سَوْ, سَوْفَ, sont synonymes du préfixe سَ (n° 366 2°).

20° سِيَّمَا, composé de سِيّ pour سَوِيّ *égalité, ressemblance*, et de مَا ; précédé de la négation لَا, il signifie *surtout, principalement*.

21° عَلُ, مِن عَلِ, et poét. مِن عَلُو, etc., *au-dessus*.

22° عَلَّ *peut-être, dans la crainte, dans l'espoir*. On dit de même لَعَلَّ, composé de l'adverbe affirmatif لَ et de عَلَّ, qui est probablement un verbe de sa nature.

23° عَوَضُ, عَوَضِ, etc., *jamais*, se joint toujours à une négation et à un verbe mis au futur, tandis que قَطُّ, قَطِّ, قَطُ, قَطْ, قُطُّ, qui toujours est accompagné d'une négation, ne s'emploie qu'avec le prétérit.

24° قَدْ, فَقَدْ, لَقَدْ, *déjà, en effet, certainement*. Il se prend aussi dans le sens de رُبَّمَا *quelquefois*.

25° كَلَّا *non assurément, loin de! (absit!)*.

26° كُلَّمَا *toutes les fois que*, formé de l'accus. de كُلّ *universalité*, et de مَا.

27° لَا *non, ne*, négatif d'une chose future, et prohibitif. — لَمْ *non*, négatif du passé.

28° لَمَّا *pas encore*, composé de لَمْ et مَا, nie le passé; il signifie aussi *lorsque, après que*.

29° لَن *non, ne, nullement*, paraît formé de لَا et de أَن *que*; il signifie proprement *il n'arrivera pas que*.

30° لَوْلَا et لَوْمَا, composés de لَوْ *si* et des négations لَا et مَا, signifient *or sus, çà donc*. Voyez encore ces deux mots parmi les conjonctions, n° 370 14°.

31° لَيْتَ *plût à Dieu que!*

32° مَا *non, ne pas, que! combien!* et sert encore à généraliser tous les noms communs, et répond alors à *quelconque, quel qu'il puisse être, en quelque manière que ce soit*. — Parfois il paraît purement explétif. Enfin il prend d'autres nuances de signification qu'on saisit assez facilement par l'ensemble du discours. Voy. aussi le n° 370 16°.

33° هَا et هَانَذَا *voici*. Ce dernier semble formé du premier avec l'addition du démonstratif اذْ ; car, si on l'emploie en parlant d'une femme, on dit هَانِذِهِ *la voici.*

34° هَلْ *est-ce que ?* Mais هَلَّا, هَلَّا *or sus! çà donc!*

35° هُنَا, هُنَا *ici.* Il sert à former d'autres adverbes démonstratifs : هَنَالِكَ, هُنَاكَ *là ;* هَاهُنَا *ici ;* مِنْ هُنَا *d'ici ;* مِنْ هُنَالِكَ *de là,* etc.

36° هَاهُوذَا, هُوذَا *voici, voilà.*

37° يَا أَيَّهَا, يَا, هَيْتَ, هَيَا *oh !* servent à appeler et à exprimer l'admiration.

38° وَا *holà! hélas!* exprime l'admiration, et وَاهًا *bravo!* l'admiration et l'approbation.

ARTICLE III.

Des conjonctions.

369. Les conjonctions se divisent aussi en *préfixes* et en *séparables.* Les *préfixes* sont فَ et وَ ; nous pourrions y ajouter لِ, qui, dans certains cas, joue le rôle d'une véritable conjonction (n° 364 6°).

1° فَ *et, puis, ensuite,* exprime non-seulement la liaison, mais encore l'ordre, la succession des choses ou des événements, mais sans un long intervalle, comme ثُمَّ. Ainsi la phrase جَاءَنِي زَيْدٌ فَعَمْرُو signifie que Zeïd est venu chez moi, qu'Amrou y est venu ensuite, mais en le suivant de près. Cette conjonction prend encore diverses significations, telles que *mais, donc, en ce cas-là, en conséquence, quant à, car, en sorte que, de peur que,* et plusieurs autres, suivant la nature des propositions dans lesquelles on l'emploie.

2° وَ *et* marque ordinairement une simple liaison entre les choses, sans en exprimer, comme فَ, l'ordre et la succession. Il signifie encore *mais, et cependant, quant à, quoique, lorsque, tandis que,* etc., nuances qu'on saisit facilement dans chaque passage où il se rencontre.

370. Parmi les conjonctions *séparables,* les unes sont *simples* ou

primitives, et les autres *composées*, c'est-à-dire jointes à un adverbe ou à une préposition. Nous rapporterons seulement les plus usitées.

1° اَلَّا *que ne* est composé de اَنْ *que* et de l'adverbe لَا *ne, non*. Avec la prépos. لِ on dit لِئَلَّا *afin que ne*; l'ا de اَنْ se changeant par euphonie en ى (nᵒˢ 83, 89).

2° اِلَّا *sinon, si ce n'est que*; formé de اِنْ *si* et de لَا *non* (nᵒ 74).

3° اَمْ et اَوْ *ou, ou bien*. — اَمْ signifie encore *au contraire, pour mieux dire*.

4° اَمَّا *or, quant à*, est composé de اَمْ *ou bien* et de مَا explétif.

5° اِمَّا *si, ou bien, soit que*, est formé de اِنْ *si* et de مَا explétif. — فَاِمَّا *mais si, que si, cependant*, au lieu de فَمَّا (nᵒ 90).

6° اَنْ et اَنَّ *que, de ce que, parce que*. اَنَّ sert souvent à introduire dans le récit un discours direct, et remplace l'expression *en disant*; d'autres fois, étant suivi d'un verbe défini, il tient lieu d'infinitif ou de nom d'action. — Le suffixe ه ajouté à اَنْ, اِنَّ, est purement explétif.

7° اِنْ *si* indique une condition, comme لَوْ *si*, une supposition.

8° اِنَّمَا *car, en effet*, se compose de اِنَّ *certes* et de مَا explétif. Voy. de plus le nᵒ 368 8°.

9° بَلْ *mais, au contraire, pour mieux dire*. Il signifie aussi *ce n'est pas tout, de plus*, et *même*.

10° كَأَنْ et كَأَنَّ *comme si*, de la prépos. كَ *comme* et de اَنْ, اَنَّ *que*.

11° كَيْ et لِكَيْ *pour que, afin que*, et avec لَا *ne*, لِكَيْلَا, كَيْلَا *pour que.... ne, afin que.... ne*.

12° لِاَنْ et لِاَنَّ *afin que, pour que*, de لِ *pour* et de اَنْ, اَنَّ (nᵒ 90).

13° لَكِنْ et لَكِنَّ *mais, cependant*.

14° لَوْلَا et لَوْمَا *si.... ne*; de لَوْ *si* et des négations لَا et مَا. — لَوْلَا signifie quelquefois, et surtout dans le Coran, *pourquoi ne pas?* Voy. encore le nᵒ 368 29°.

15° لٰكِنْ *certes si*; de لٌ *certes*, et de إِنْ *si* (n°ˢ 84, 90).

16° مَا *que*, comme أَنْ (6°), placé devant un verbe défini, forme avec ce verbe l'équivalent d'un nom d'action. Voy. de plus n° 368 32°.

17° وَإِنْ *quoique*; de وَ *et* et de إِنْ *si* (n° 90).

18° وَلٌ *quoique, quand bien même* de وَ *et* et de لٌ *si*.

ARTICLE IV.

Des interjections.

371. Les interjections les plus usitées sont :

1° أَخِّ et أَخِّ *ah! hélas! fi!* exprime la douleur, le mépris et l'aversion.

2° أَقّ *fi!* s'écrit encore أَقِّ, أَقِّ, أَقِّ, أَقَّ, أَفًّا, etc.

3° آهِ, آهِ, آهِ, آهِ, *ah! hélas!* expressions de plainte et de douleur.

4° وَا *hélas! ah!* Le nom auquel cette interjection donne l'expression de la douleur est souvent suivi d'un ا, et souvent aussi cet ا est suivi lui-même de ﺓ : وَا زَيْدَا ou وَا زَيْدَاةْ *ah! Zeïd*. Lorsque le nom se termine par un ي représentant un ا, comme dans مُوسَى *Moïse* (n° 42*), l'interjection peut faire reparaître l'ا : وَا مُوسَاةْ *hélas! Moïse*.

5° وَيْلٌ et son fém. وَيْلَةٌ *malheur!* sont proprement des noms; on les écrit aussi, surtout devant les suffixes, وَيْلٌ et وَيْلَتَ.

ARTICLE V.

Des particules jointes aux affixes.

372. La plupart des particules sont susceptibles de se joindre aux affixes, et en s'y joignant elles subissent en certains cas des changements dans leur forme grammaticale. Or ces changements sont analogues à ceux qu'éprouvent les noms et les verbes, lorsqu'ils s'unissent à ces sortes de pronoms.

1° Les particules qui se joignent au suffixe ي changent ordinairement la voyelle ou le *djezma* de leur dernière lettre en *kesra* : قَبْلُ *avant*, قَبْلِي *avant moi*; قَدْ, قَطْ *suffisamment*, قَدِي, قَطِي *suffi-samment pour moi, il me suffit*, etc.

2° L'affixe ي , au lieu d'être quiescent après le *kesra*, peut toujours être mu par un *fatha* : لِيَ *à moi*. Cette règle s'applique surtout aux particules dont la dernière lettre est ي , comme on va le voir dans les exemples suivants.

3° Lorsque la dernière lettre d'une particule est semblable à la pre-mière du suffixe, elles se confondent au moyen d'un *teschdid* : إِلَيَّ *vers*, إِلَيَّ *vers moi*; لَدُنْ *près*, لَدُنَّا *près de nous*. لَدُنَّا, إِلَيَّ sont pour إِلَيْيَ, لَدُنْنَا.

4° Les particules terminées en ى *prennent un *djezma* sur le ى devant tous les suffixes : لَدَي *chez*, لَدَيْكَ *chez toi*, لَدَيْهِمْ *chez eux*, etc.

5° كَ *comme* se joint rarement aux suffixes, surtout à ceux de la 1ʳᵉ et de la 2ᵉ pers.; ainsi, كِي *comme moi*, كَكَ *comme toi*, sont très-rares. On trouve quelquefois كَأْنَا *comme moi*, كَأْنَتَ *comme toi*, كَهُ *comme lui*, كَهِي *comme elle*.

6° لِ *à, pour*, s'écrit لَ devant tous les suffixes, excepté celui de la 1ʳᵉ pers. du sing.: لَكَ *à toi*, لَنَا *à nous*, لِي *à moi*.

7° هَا *voici*, se joignant aux suffixes de la 2ᵉ pers., convertit le كَ en *hamza*, et emprunte le sens de *prends, prenez* : هَأَ, fém. هَأِ, *prends*; هَأُمْ, fém. هَأُنَّ, *prenez* ; هَأُوا, *prenez vous deux*, au lieu de هَاكَ, هَاكُمَا, هَاكُنَّ, هَاكِ.

TROISIÈME PARTIE.

LA SYNTAXE.

373. Si nous ne pouvons présenter ici la syntaxe de la langue arabe dans tous les développements dont elle est susceptible, nous donnerons au moins les règles dont la connaissance est nécessaire pour comprendre les textes écrits dans ce riche idiome ; et comme, parmi ces règles, il en est qui, ne s'appliquant pas seulement aux mots en particulier, s'étendent encore à une proposition entière, et quelquefois même à l'ensemble de toute une phrase, la syntaxe se divise naturellement en *particulière* et en *générale*.

SECTION PREMIÈRE.

DE LA SYNTAXE PARTICULIÈRE.

374. La syntaxe particulière étant un recueil de règles de construction auxquelles est soumise chacune des parties du discours, nous observerons, en exposant ces règles, l'ordre que nous avons suivi dans la seconde partie de cette grammaire.

CHAPITRE PREMIER.

DE LA SYNTAXE DE L'ARTICLE.

375. L'article s'emploie généralement quand il s'agit : 1° d'un objet dont on a déjà parlé ; 2° d'un objet qui, sans avoir été nommé, est cependant présent à l'esprit de la personne à laquelle on parle ; 3° d'une espèce ou d'une classe entière d'individus ; 4° d'un objet qui est comme unique dans son espèce ; 5° d'une qualité dominante dans un individu, qualité qui est devenue un sobriquet et qui tient lieu de nom propre ; 6° d'ajouter à la signification d'un mot l'idée du temps présent. Ainsi, 1° اَلرَّجُلُ *l'homme* dont on vient de parler ; 2° اَلْكِتَابُ *le livre,* اَلنَّبِيُّ *le prophète,* expressions qui dans l'esprit des Arabes ne réveillent que les idées du Coran et de Mahomet ; 3° اَلثَّوْرُ أَشَدُّ مِنَ الذِّئْبِ *le taureau est plus fort que le loup ;* 4° اَلْمَوْتُ *la mort,* اَلْفَقْرُ *la pauvreté ;* 5° اَلضَّحَّاكُ *le rieur ;* 6° اَلسُّلْطَانُ *le sultan actuel,* اَلْيَوْمَ *aujourd'hui.*

376. Il remplace le pronom suffixe et le pronom relatif. Ainsi, dans بِالنَّوَى زَلْزَلْتَنِي وَالْعَقْلُ فِي الزِّلْزَالِ زَالَ *par l'éloignement tu m'as bouleversé, et la raison, dans ce bouleversement, m'a abandonné,* les mots اَلنَّوَى *l'éloignement,* اَلْعَقْلُ *la raison* sont pour نَوَيْكَ *ton éloignement,* عَقْلِي *ma raison.* De même, dans لَا يَزَالُ شَاكِرًا عَلَى الْمَعَهُ *il ne cesse de se montrer reconnaissant envers ceux qui sont avec lui,* l'article اَلْ remplace évidemment le relatif اَلَّذِي.

377. L'emploi de l'article donne encore lieu aux observations suivantes :

1° Les noms propres qui n'ont jamais fait d'autre fonction, comme سُعَادُ *Soada,* nom de femme, ne prennent point l'article, parce qu'ils sont suffisamment déterminés par eux-mêmes ; mais ceux qui étaient primitivement des noms d'action ou des adjectifs verbaux peuvent le prendre ou ne pas le recevoir : حَسَنٌ ou اَلْحَسَنُ *(beau, le beau) Hasan ;* حُسَيْنٌ ou اَلْحُسَيْنُ *(diminutif du précédent) Hoseïn.*

2° Les noms qui ont un régime, soit suffixe, soit séparé, ne prennent pas l'article lorsqu'il est purement déterminatif; mais ils le reçoivent quand il remplace le pronom relatif, comme dans : *Ils font partie* مِنَ ٱلْقَوْمِ ٱلرَّسُولُ ٱللّٰهِ مِنْهُمْ *du peuple auquel appartient l'apôtre de Dieu;* phrase dans laquelle ٱلرَّسُولُ est pour ٱلَّذِي رَسُولُ. Quant au régime lui-même, il reçoit l'article, à moins que son sens et celui de son antécédent ne soient vagues et indéterminés; ainsi, صَاحِبُ ٱلْمَالِ *le possesseur des richesses;* mais صَاحِبُ مَالٍ *un possesseur de richesses.*

3° Quand de deux noms joints ensemble le second indique la matière dont est fait l'objet signifié par le premier, ils prennent quelquefois l'un et l'autre l'article : ٱلْقَرَامِي ٱلْخَشَبِ *des billots de bois;* ٱلْخَرَارِيبُ ٱلذَّهَبِ *des kharoubas* (monnaie) *d'or,* etc.

4° L'article se joint aux adjectifs, soit verbaux, soit dénominatifs, quand les substantifs auxquels ils se rapportent sont eux-mêmes déterminés, ou par l'article, ou par l'adjonction d'un complément, ou bien enfin par leur qualité de noms propres : ٱلْكِتَابُ ٱلْعَظِيمُ *le livre excellent,* كِتَابُهُ ٱلْمُكَرَّمُ *son livre vénéré,* كِتَابُ مُوسَى ٱلْعَظِيمُ *le livre excellent de Moïse,* إِبْرَهِيمُ ٱلْأَمِينُ *le fidèle Abraham.* Si au contraire le substantif est indéterminé, l'adjectif l'est pareillement : فِي كِتَابٍ عَتِيقٍ *dans un vieux livre.*

5° L'article se joint encore aux adjectifs qui ont un régime, soit séparé, soit suffixe, quoiqu'ils semblent suffisamment déterminés par ce régime : ٱلشَّدِيدُ ٱلرَّأْسِ وَٱلصَّغِيرَةُ *celui qui a la tête forte, et celui qui l'a petite,* mot à mot, *le fort de la tête et le petit d'elle.*

6° Le sujet d'une proposition prend l'article, mais l'attribut ne le prend pas : ٱلسُّلْطَانُ مَرِيضٌ *le sultan (est) malade.* Il faut excepter le cas où l'on veut restreindre au sujet seul l'idée générale exprimée par l'attribut, comme dans ٱللّٰهُ هُوَ ٱلْحَيُّ ٱلْقَيُّومُ *Dieu est le vivant, l'existant par lui-même,* etc.

CHAPITRE SECOND.

DE LA SYNTAXE DES PRONOMS.

ARTICLE I.

De l'emploi des pronoms personnels.

378. Le pronom isolé de la 3ᵉ personne s'emploie souvent, au lieu du verbe substantif, pour séparer le sujet de l'attribut, lors même que le sujet est un pronom de la 1ʳᵉ ou de la 2ᵉ personne : اللّٰهُ هُوَ الْكَرِيمُ *Dieu, lui* (pour *est*), *le généreux;* أُولَئِكَ هُمُ الظَّالِمُونَ *ceux-là, eux* (pour *sont*), *les injustes;* أَنَا هُوَ نُورُ الْعَالَمِ *moi, lui* (*suis*), *la lumière du monde,* etc. Voy. cependant le nᵒ suivant.

* Ce genre de locution donne au discours une certaine emphase qui répond à ces tournures : *C'est Dieu qui est le généreux; ce sont ceux-là qui,* etc.; *c'est moi qui suis,* etc. *

379. Si le pronom qui est au cas oblique doit par énergie être répété deux fois, il est employé la seconde fois sous la forme isolée : إِنَّكَ أَنْتَ رَبُّهُ *car tu es, toi, son seigneur;* مَا مَنَعَكُمَا أَنْتُمَا مِنْ ذَلِكَ *qu'est-ce qui vous a empêchés, vous deux, de cela?*

380. Les pronoms personnels isolés qui représentent le nominatif s'ajoutent quelquefois aux verbes pour corroborer l'expression. Dans ce cas, ils concordent avec le verbe en personne, en nombre et en genre : إِنْ جِئْتَ جِئْتُ أَنَا *si tu viens, je viendrai, moi.* Les exceptions seront indiquées ailleurs.

381. Le sujet d'une proposition étant un pronom féminin qui exprime plusieurs objets, peut se mettre au sing., lorsque l'attribut est un pl. fém. régulier : هِيَ أَخَوَاتُكَ *ce sont vos sœurs.*

382. Deux affixes servent quelquefois de compléments à un même verbe, à un même nom d'action et à un même adjectif verbal, sans qu'il en résulte quelque amphibologie, parce qu'avec le verbe mis à

un mode fini et avec un adjectif verbal ou participe, le premier suffixe représente le régime indirect, et le second, le régime direct, et
qu'avec un nom d'action ou infinitif, c'est le contraire qui a lieu. Cette
observation s'applique au cas même où l'un des régimes est un pronom isolé composé de إِيَّا (n° 159) : سَلْنِيهَا *demande-moi-la;* أَعْطَيْتُكَهُمْ
je te les ai donnés; أَطْعَمْتُهُوهُنَّ *je les leur ai fait manger,* mot à mot
j'ai fait manger à eux elles; عَطَاؤُكَهُ *le don que tu lui as fait,* mot à mot
l'action de donner de toi à lui; مُطْعِمُنِيهِ *celui qui me l'a fait manger;*
أَعْطَيْتُهُ إِيَّاكَ *j'ai donné à lui toi, je t'ai donné à lui,* etc.

383. Le suffixe هُ signifie souvent *cela* et représente une proposition
entière, ou un adjectif servant d'attribut : *Ne mangez pas leur bien
avec le vôtre,* إِنَّهُ كَانَ حَوْبًا كَبِيرًا *car cela serait un grand péché;* لَمْ أَكُنْ
حَكِيمًا وَحَسِبْتُنِيهِ *je ne suis pas sage, et vous m'avez cru tel (cela).*

ARTICLE II.

De l'emploi des pronoms démonstratifs.

384. Les pronoms démonstratifs s'accordent généralement en genre
et en nombre avec les noms auxquels ils se rapportent. Cependant on
emploie le féminin sing. avec les noms pl. irrégul. تِلْكَ ٱلْعَسَاكِرُ *ces ar-
mées,* هٰذِهِ ٱلْأَيَّامُ *ces jours-ci,* etc.

385. Les démonstratifs composés du suffixe de la 2ᵉ pers., outre leur
concordance avec le nom auquel ils se rapportent, s'accordent encore
quelquefois en genre et en nombre avec la personne à laquelle on
parle. Ainsi on dit ذٰلِكَ ٱلْكِتَابُ *ce livre,* si on parle à un homme seul;
ذٰلِكُمَا ٱلْكِتَابُ si on parle à deux hommes ou à deux femmes; ذٰلِكُمُ
ٱلْكِتَابُ, si on parle à plusieurs hommes, et ذٰلِكُنَّ ٱلْكِتَابُ, si on parle à
plusieurs femmes. Il en est de même de تِلْكَ.

* Ce genre de construction, en introduisant dans le discours les
personnes auxquelles on parle, a pour but de les intéresser davan-
tage à ce qu'on leur dit. *

ARTICLE II.

De l'emploi des pronoms relatifs.

386. Le pronom relatif الَّذِي *lequel,* الَّتِي *laquelle,* étant déterminé de sa nature, ne se joint qu'à des noms déterminés, soit par l'article اَلْ, soit de toute autre manière (nᵒˢ 345, 377 4°). Il s'accorde avec son antécédent en genre et en nombre. Cependant le singulier féminin الَّتِي se construit avec un pluriel irrégulier ou un pluriel féminin régulier : الشَّدَائِدُ الَّتِي تُصِيبُكُمْ *les malheurs qui vous arriveront ;* كَلِمَاتُ اللّٰهِ الَّتِي كُتِبَتْ *les paroles de Dieu qui ont été écrites.* Comparez les nᵒˢ 381, 384.

387. Ce pronom ne se déclinant ni au sing., ni au plur. (nᵒ 163), on exprime les cas obliques par des affixes ajoutés aux mots dont il est complément, et qui s'accordent avec lui en genre et en nombre : الطَّبِيبُ الَّذِي ٱبْنُهُ قُتِلَ *le médecin lequel le fils de lui a été tué,* c.-à-d. *le médecin dont le fils a été tué ;* الرِّسَالَةُ الَّتِي كَتَبَهَا الشَّيْخُ *la lettre laquelle le scheikh a écrit elle,* c.-à-d. *la lettre que le scheikh a écrite ;* التَّاجِرُ الَّذِي عِنْدَهُ أَخِي *le marchand lequel mon frère est chez lui,* c.-à-d. *le marchand chez lequel est mon frère.*

* Cependant on supprime ces pronoms affixes, quand leur suppression n'empêche pas de comprendre le sens de la phrase, comme dans خَيْرُ الَّذِي تَشْتَهِي أَنْفُسُنَا *le bien que nos âmes désirent.*

388. Quelquefois le pronom relatif ajoute à sa signification celle du pronom démonstratif : الَّذِي رَجَوْتُهُ أَهْلَكَنِي *celui en qui je mettais mon espérance m'a perdu ;* الَّتِي شَكَرَتْ لِي سَارَتْ *celle qui m'a remercié est partie.*

* Cela a lieu surtout lorsqu'on veut donner plus d'énergie à l'expression, ou exciter l'attention d'une manière plus particulière, ou bien enfin expliquer et confirmer ce qu'on avait déjà dit. Dans ce cas, le mot sur lequel on veut faire porter l'énergie est placé le dernier :

ٱلَّذَانِ بَلَّغَا ٱلْوُزَرَآءَ رِسَالَةَ ٱلشَّاعِرَانِ *ceux qui ont fait parvenir aux vizirs une lettre, ce sont les deux poëtes;* ٱلَّذِينَ بَلَّغَهُمُ ٱلشَّاعِرَانِ رِسَالَةَ ٱلْوُزَرَآءُ *ceux à qui les deux poëtes ont fait parvenir une lettre, ce sont les vizirs;* ٱلَّتِي بَلَّغَهَا ٱلشَّاعِرَانِ ٱلْوُزَرَآءَ رِسَالَةٌ *ce que les deux poëtes ont fait parvenir aux vizirs, c'est une lettre.* Cette observation suffit pour bien faire comprendre l'analyse de plusieurs autres constructions de ce genre. *

389. Ce pronom est fréquemment sous-entendu; mais l'ensemble du discours en fait aisément deviner l'ellipse. Ainsi, dans تَرَى ٱلْيَوْمَ فَتًى يَقُولُ لَكَ *tu verras aujourd'hui un jeune homme, il te dira;* جَنَّاتٌ تَجْرِي مِنْ تَحْتِهَا ٱلْأَنْهَارُ *vous habiterez dans des jardins, sous eux coulent les fleuves.* ٱلَّتِي, ٱلَّذِي sont évidemment sous-entendus, et on doit traduire : *un jeune homme qui te dira, des jardins dessous lesquels,* etc.

390. مَنْ et مَا, *celui qui, ce qui,* etc., réunissent toujours la valeur du pronom démonstratif à celle du pronom relatif (n° 164). — مَنْ, qui ne se dit régulièrement que des personnes (n° 164), s'applique quelquefois à des êtres sans raison, par une sorte de trope qui les assimile à des êtres raisonnables, ou parce que l'on comprend sous une même expression des personnes et des êtres privés de raison. Par le même motif مَا s'applique parfois à des êtres raisonnables : لِلَّهِ يَسْجُدُ مَنْ فِي ٱلسَّمَوَاتِ وَٱلْأَرْضِ *ceux qui sont dans le ciel et sur la terre adorent Dieu;* et لِلَّهِ يَسْجُدُ مَا فِي ٱلسَّمَوَاتِ وَمَا فِي ٱلْأَرْضِ *ce qui est dans le ciel et ce qui est sur la terre adore Dieu.* — مَا s'emploie aussi pour les êtres raisonnables, lorsqu'on veut indiquer une certaine classe de ces êtres distinguée des autres sous le rapport de la qualité ou de la quantité : فَٱنْكِحُوا مَا طَابَ لَكُمْ مِنَ ٱلنِّسَآءِ مَثْنَى وَثُلَاثَ وَرُبَاعَ, *épousez ce que bon vous semblera de femmes, une couple, ou trois, ou quatre.*

391. أَيّ, proprement interrogatif (n° 166), sert aussi de pronom relatif et signifie *celui qui, quiconque, ceux qui,* etc. Employé de cette manière, il donne lieu aux observations suivantes : 1° il régit le génitif

du nom auquel il se rapporte : لِنَعْلَمَ أَيُّ الْحِزْبَيْنِ أَحْصَى *afin que nous sachions laquelle des deux parties sait mieux compter* ; 2° son complément est ordinairement suivi d'un pronom suffixe : خُذْ لَكَ أَيًّا أَرَدْتَهُ *prends pour toi quiconque tu voudras lui*, c.-à-d. *celui que tu voudras* ; 3° il éprouve la variété des cas, mais non point celle des nombres et des genres, excepté qu'on peut se servir de أَيَّة pour le féminin : أَقْتُلُ جِنِّي بِأَيٍّ عَصَوْا عَلَيَّ *je tuerai celui qui me fera la guerre* ; أَيًّا حَارَبَنِي *amène-moi ceux qui se sont révoltés contre moi* ; أَعْرِفْنِي بِأَيٍّ ou بِأَيَّة قَالَتْ هَذَا *fais-moi connaître celle qui a dit cela* ; 4° il est même tout à fait indéclinable, lorsque ayant pour régime un suffixe, il se trouve suivi d'une proposition nominale[1] dont le sujet est le pronom pers. qui se rapporte à أَيّ, mais qui est sous-entendu : *Si tu rencontres les enfants de Malec,* فَسَلِّمْ عَلَى أَيِّهِمْ أَفْضَلُ *donne le salut à celui d'entre eux qui (est) le plus excellent* ; 5° joint à l'aff. هَا, il sert à exprimer quelque chose de spécial que l'on veut distinguer d'une autre chose de même nature, et le nom qui le suit se met à l'accusatif. Il en est de même de son féminin أَيَّة : أَنَا أَفْعَلُ كَذَا أَيُّهَا الرَّجُلُ *j'agirai ainsi, moi en particulier,* m. à m. *moi qui suis cela, l'homme* ; نَحْنُ نَفْعَلُ كَذَا أَيُّهَا الْقَوْمُ *nous agissons ainsi, nous autres,* m.-à-m. *nous qui sommes cela, le peuple* ; اللَّهُمَّ اغْفِرْ لَنَا أَيَّتُهَا الْعِصَابَةُ *ô Dieu ! pardonne-nous, à nous qui sommes la troupe spéciale !*

ARTICLE IV.

De l'emploi des pronoms interrogatifs.

392. Les mots مَنْ et مَا employés comme pronoms interrogatifs, se disent régulièrement, le premier des personnes et le second des choses (n° 165). — مَنْ, qui est d'ailleurs indéclin. (n° 165), prend quelquefois la forme مَنُو *quel est il ?* et مَنَهْ *quelle est-elle ?* suivant que la personne à laquelle se rapporte la question est un homme ou une femme.

---

[1] C'est-à-dire d'une proposition dans laquelle le verbe *être* est sous-entendu et qui a un nom pour attribut.

393. أَيّ se construit de plusieurs manières : 1° il régit le génitif du nom auquel il se rapporte : أَيّ كِتَاب *quel livre ?* Comp. le n° 391 ; 2° il exprime quelquefois l'admiration ; mais alors le nom qui le précède est ou indéterminé ou déterminé. Dans le premier cas, il suit les règles de concordance des adjectifs avec les substantifs : جِئْتَنِي بِرَجُلٍ أَيِّ رَجُلٍ *tu m'as amené un homme, quel homme !* Dans le second cas, il se met à l'accus. par forme d'adverbe : جَاءَ زَيْدٌ أَيَّ رَجُلٍ *Zéid est venu, quel homme (c'est que Zéid) !* Ce qui a lieu aussi lorsque le nom sur lequel tombe le sentiment d'admiration exprimé par أَيّ est sous-entendu ou renfermé virtuellement dans un verbe : أُنْكُوا أَيَّ نِكَايَةٍ *ils ont été vexés, de quelle vexation !*

* Quant aux interrogatifs كَمْ, كَأَيِّن *combien ?* voyez la syntaxe des adverbes. *

—◇◇—

CHAPITRE TROISIÈME.

DE LA SYNTAXE DES VERBES.

394. Dans ce chapitre nous traiterons d'abord des verbes en général, considérés par rapport à l'emploi de leurs temps, de leurs modes et de leurs voix ; puis des verbes abstraits ; ensuite des verbes de louange, de blâme et d'admiration ; enfin de la concordance du verbe avec le sujet.

ARTICLE I.

De l'emploi des temps, des modes et des voix.

395. Pour indiquer les différentes nuances du temps passé, du temps présent et du temps à venir, les verbes arabes n'offrent que deux formes, le prétérit et le futur ; l'infinitif et le participe n'indiquant jamais par eux-mêmes aucune idée de temps (n° 189). Le prétérit et le futur prennent souvent plusieurs significations, et dans certaines occasions ils s'emploient indifféremment l'un pour l'autre, ce qui en fait de véritables aoristes. Cependant l'idée du passé et celles qui lui sont analogues ou en dépendent, dominent dans le prétérit, tandis que l'idée de l'avenir et celles de subjonctif, d'optatif et de conditionnel qui en dépendent, dominent dans le futur. Au reste, les règles suivantes, jointes à la pratique, peuvent suffire pour enlever l'incertitude à cet égard [1].

§ I. *De l'emploi du prétérit.*

396. Le prétérit indiquant, de sa nature, l'idée du passé, c'est par un des temps du passé qu'il faut le rendre toutes les fois que sa valeur primitive n'est pas changée par quelqu'une des circonstances dont nous parlons un peu plus bas.

397. Or il indique le parfait de l'indicatif : 1° quand il est précédé des partic. مَرَّةً *une fois, un jour ;* قَدْ *déjà ;* 2° lorsqu'il se trouve dans une proposition corrélative subordonnée à une antécédente précédée de certaines particules. Dans ce cas il doit se rendre quelquefois par le plus-que-parfait du subjonctif, comme on va le voir dans la règle suivante.

398. Il répond au plus-que-parfait de l'indicatif lorsqu'il est précédé 1° de la particule قَدْ précédée elle-même d'un autre prétérit ayant la valeur du parfait : أَزْمَعْتُ ٱلشُّخُوصَ وَقَدْ شِمْتُ ٱلْبَرْقَ *je résolus de partir, et déjà j'avais observé les nuages brillants ;* 2° du prétérit de كَانَ *il a été :* كَانَ كَتَبَ *il avait écrit ;* 3° de لَمَّا, حِينَ *lorsque,* لَوْ *si ;* mais alors le prétérit qui se trouve dans la proposition subordonnée, ou *apodose,* doit se rendre par le parfait de l'indicatif ou le passé du

---

[1] Certains passages du Coran écrits dans un style elliptique et figuré exigent de plus la connaissance des faits historiques qui y sont mentionnés et la lecture des commentaires.

conditionnel : فَلَمَّا تَبَيَّنَ لَهُ قَالَ *et lorsqu'il lui eut été manifesté, il dit* ; لَوْ هَدَانَا ٱللّٰهُ لَهَدَيْنَاكُمْ *si Dieu nous avait dirigés, certes nous vous aurions dirigés.*

* Les particules قَدْ et لَمَّا précédées de كَانَ donnent aux prétérits qui les suivent immédiatement la valeur d'un plus-que-parfait antérieur à ceux qui sont sous la dépendance de ce verbe. *

399. Le prétérit doit aussi se rendre : 1° par le présent, quand il est précédé de مَا négatif ; 2° par le présent ou le futur, dans les propositions qui expriment des vérités générales, indépendantes de toute circonstance de temps, et quand on veut donner plus d'énergie au discours. Or, c'est la nature même du récit qui peut seule faire connaître dans quel cas cette règle trouve son application.

400. إِنْ *si,* إِذَا *lorsque,* لَا *non, ne pas,* مَنْ *celui qui,* حَيْثُ *en quelque lieu que,* كُلَّمَا *toutes les fois que,* et autres synonymes, donnent au prétérit la valeur du futur, que l'on peut rendre cependant, tantôt par le présent indéfini, tantôt par le futur ou le futur passé ; ce qui s'étend même aux prétérits qui, dans les phrases corrélatives, appartiennent à l'apodose : إِنْ فَعَلْتُ ذَلِكَ ضَيَّعْتُ مَالِي *si je fais cela, je perdrai mon bien* ; مَنْ كَتَمَ سِرَّهُ بَلَغَ مُرَادَهُ *celui qui cache* ou *cachera son secret, parvient* ou *parviendra à son but, etc.*

* On trouve dans le Coran et dans les poëtes des exemples où لَا conserve au prétérit la valeur du temps passé. *

401. Enfin le prétérit exprime l'optatif dans les formules de vœux, de bénédiction et de malédiction : تَعَالَى *qu'il soit exalté !* دَامَ مُلْكُهُ *que son règne soit long !* لَعَنَهُ ٱللّٰهُ *que Dieu le maudisse !*

§ II. *De l'emploi du futur.*

402. Les différentes formes du futur modifient sa signification même sous le rapport de sa valeur temporelle.

403. Le 1ᵉʳ futur répond à notre futur de l'indicatif : 1° quand il est

précédé de la particule سَوْفَ ou de ses abrégés سَوْ, سَيْ, سَفْ, سَ
(n° 366 2°) ; 2° quand il est précédé de لَا *non, ne pas* ; 3° quand les antécédents ou l'énoncé même de la phrase déterminent l'idée d'un événement futur, comme dans : *Si-tu voyais ceux qui ont été méchants* فَٱللّٰهُ يَحْكُمُ بَيْنَهُمْ إِذْ يَرَوْنَ ٱلْعَذَابَ *lorsqu'ils apercevront le châtiment ;* يَوْمَ ٱلْقِيَٰمَاتِ *or Dieu jugera entre eux au jour de la résurrection.*

404. Il a le sens du présent : 1° si l'ensemble du discours détermine ce sens, comme dans وَٱللّٰهُ بَصِيرٌ بِمَا يَعْمَلُونَ *et Dieu est voyant (voit) ce qu'ils font ;* 2° s'il est précédé de la négation مَا : مَا يُزَكِّي ٱلْأِنْسَانُ بِشَهَادَةِ أَهْلِ بَيْتِهِ *l'homme n'est pas justifié par le témoignage des gens de sa maison.*

405. Lorsqu'il dépend d'un verbe précédent, de manière à lui servir comme de régime, il doit se rendre en français, 1° ou par l'infinitif précédé d'une des prépositions *à, pour,* etc.: جَآءَ إِلَي عَيْنٍ يَشْرَبُ *il vint à une fontaine pour boire ;* جَعَلَا يَتَشَاجَرَان *ils se mirent tous deux à se disputer ;* 2° ou par le gérondif précédé de *en* : إِنْكَفَأَ يَحْمَدُ مَغْدَاهُ *il s'en retourna en se félicitant de sa course du matin ;* 3° ou par le participe présent : ظَعَنَ يَقْتَدُ قَلْبِي *il partit, entraînant mon cœur.*

 * Cette règle a lieu surtout quand le verbe précédent signifie *il s'en est peu fallu que, il a commencé, il s'est mis à, il peut arriver que, il est entré, il s'est dirigé vers.* *

406. Il a la valeur de l'imparfait de l'indicatif : 1° quand il est précédé du prétérit de كَان, ou de celui de tout autre verbe : كَانَتْ نُحِبُّ ٱلشِّعْرَ *elle aimait la poésie ;* وَٱتَّبَعُوا مَا تَتْلُوا ٱلشَّيَاطِينُ *et ils ont suivi ce que les démons leur enseignaient ;* 2° lorsque les antécédents ou l'énoncé même du discours déterminent la valeur de ce temps : قُلْ فَلِمَ تَقْتُلُونَ أَنْبِيَآءَ ٱللّٰهِ مِنْ قَبْلُ *dis : Pourquoi donc tuiez-vous précédemment les prophètes de Dieu ?*

 * Le futur que l'on trouve au commencement des versets du Coran, précédé de إِذْ *alors que,* a également la valeur de l'imparfait, parce

qu'il est sous la dépendance d'un antécédent sous-entendu, tel que أُذْكُرْ, أُذْكُرُوا مَا كَانَ *souviens-toi, souvenez-vous de ce qui est arrivé*; antécédent que l'on rencontre quelquefois exprimé en remontant de quelques versets. Voy. *Sur.* VIII, 30, 31, 45, 46, etc. *

407. Le 2ᵉ futur s'emploie : 1° dans les propositions corrélatives dont la première renferme une condition exprimée, soit par إِن *si*, soit par quelqu'un des mots مَنْ *quiconque*, مَا *ce que*, حَيْثُمَا *en quelque lieu que*, مَتَّى *quand*, etc., soit par l'impératif, qui, comme tous les mots précédents, équivaut à une condition : إِنْ تَخْرُجْ أَخْرُجْ مَعَكَ *si tu sors, je sortirai avec toi*; مَنْ يُحْسِنْ إِلَيْكَ أَحْسِنْ إِلَيْهِ *quiconque te fera du bien, je lui ferai du bien*; أَنْصُرْنِي أَنْصُرْكَ *aide-moi, je t'aiderai*. Si le verbe de la première proposition est au prétérit, on peut mettre celui de la seconde au 1ᵉʳ ou au 2ᵉ futur : مَا صَنَعْتَ أَصْنَعُ ou أَصْنَعْ *ce que tu feras, je le ferai*; 2° après لَمْ *ne pas*, لَمَّا *ne pas encore*, et لَا prohibitif ou déprécatif (n° 368 26°, 27°) : *Lorsqu'il voulut monter,* لَمْ يَقْدِرْ *il ne le put pas*; بَلْ لَمَّا يَذُوقُوا عَذَابِ *mais ils n'ont pas encore éprouvé mes châtiments*; 3° après لِ, lorsqu'il donne au futur le sens impératif : لِيُنْفِقْ ذُو سَعَةٍ *que l'homme qui a de l'aisance fasse l'aumône*.

408. Le 3ᵉ futur s'emploie : 1° après أَنْ, لِ, كَيْ, لِكَيْ *afin de, pour que*, لِكَيْلَا, كَيْلَا, أَلَّا *afin que ne, de peur que ne*, حَتَّى *afin que, jusqu'à ce que*, فَ *en sorte que, de peur que ne*, وَ *en sorte qu'en même temps*, أَوْ *jusqu'à ce que, à moins que, soit que*, quand ces conjonctions indiquent le but d'une action, et que le verbe qui les suit est en rapport de dépendance et de subordination avec le verbe qui les précède : أُحِبُّ أَنْ تَنْصُرَ أَبِي *je désire que tu aides mon père*; هَلْ تَأْكُلُ ٱلسَّمَكَ وَتَشْرَبَ ٱللَّبَنَ *est-ce que tu mangeras le poisson, en sorte que tu boives en même temps le lait? Certes, je tuerai l'infidèle,* أَوْ يُسْلِمَ *à moins qu'il ne se fasse musulman*, etc.; 2° après إِذًا ou إِذَنْ *en ce cas, cela étant :* يَأْتِي غَدًا إِذَنْ أُكْرِمُهُ *il viendra demain; dans ce cas, je le recevrai avec

honneur; 3e après لَنْ *non, ne pas* : لَنْ يَدْخُلَ ٱلْجَنَّةَ *il n'entrera pas dans le paradis.*

* Après les verbes ظَنَّ, حَسِبَ *il a pensé, il s'est imaginé*, et autres qui marquent le doute ou l'incertitude, on peut employer le 1er ou le 3e futur *

409. Les 4e et 5e futurs s'emploient généralement pour corroborer l'expression; ils sont ordinairement précédés de l'adverbe لَ *certes*, ou de إِمَّا *si* : إِمَّا يَأْتِيَنَّكُمْ رُسُلٌ لَتَرَوُنَّ ٱلْجَحِيمَ *certes, vous verrez l'enfer*; *s'il vous vient des envoyés.* Ces futurs s'emploient aussi quelquefois 1° après مَا explétif ou servant à généraliser un mot (n° 368 31°); 2° après لَّا, لَمْ; 3° après les conjonctions conditionnelles autres que إِمَّا, ou après les mots conjonctifs (n° 407) qui ont la valeur de إِنْ *si*; 4e dans les propositions affirmatives hypothétiques qui sont subordonnées à des propositions conditionnelles.

§ III. *De l'emploi de l'impératif.*

410. L'impératif ne s'emploie que dans les propositions affirmatives qui expriment un commandement, une prière ou une exhortation; car dans les propositions négatives dont le sens est de défendre, d'interdire, de détourner ou de dissuader, on lui substitue le futur.

411. Dans les phrases corrélatives, il équivaut à une condition, et alors il exige que le verbe de la proposition qui lui est subordonnée se mette au 2e futur. Voy. le n° 407.

* Quant aux 2e et 3e impératifs, leur emploi n'est assujetti à aucune règle certaine. *

§ IV. *De l'emploi des voix.*

412. Les verbes actifs qui ont un sens transitif gouvernent leur complément direct à l'accusatif, à moins que ce complément ne soit placé par inversion avant le verbe; car, dans ce cas, il est le plus souvent précédé de la préposition لِ, comme dans : إِنْ كُنْتُمْ لِلرُّؤْيَا

تَعْبُرُونَ *si vous interprétez la vision;* et ceux qui ont un sens double-ment transitif demandent leurs deux compléments à l'accusatif : سَقَوْا ٱلْوَزِيرَ خَمْرًا *ils ont donné du vin à boire au vizir.*

413. Les verbes qui ont pour régime direct un sujet et un attribut dont la réunion forme une proposition complémentaire, comme *savoir, croire, penser, s'imaginer, conjecturer, mettre, laisser, former, prendre une chose pour tel ou tel usage,* etc., gouvernent ce sujet et cet attribut à l'accusatif ou au nominatif, selon la place que le verbe occupe dans la phrase; ainsi : *Je crois (que) Zéid (est) intelligent,* s'exprime par : زَيْدٌ عَاقِلٌ, ou par ظَنَنْتُ زَيْدًا عَاقِلًا, ou زَيْدٌ ظَنَنْتُ عَاقِلٌ ظَنَنْتُ. Lors même que le verbe est placé le premier, on met le nominatif, si la proposition complémentaire se trouve précédée d'une particule : عَلِمْتُ لَزَيْدٌ عَاقِلٌ *je (le) sais, certainement Zéid (est) intelligent;* عَلِمْتُ مَا زَيْدٌ عَاقِلٌ *je (le) sais, Zéid n'(est) pas intelligent,* etc.

414. Lorsque les verbes doublement actifs passent à la voix passive, ils conservent seulement leur second complément à l'accusatif, le premier étant devenu le sujet de la nouvelle proposition : سُقِيَ ٱلْوَزِيرُ مَآءً مَسْمُومًا *le vizir a été abreuvé d'une eau empoisonnée,* c'est-à-dire, *il a été mis dans le cas de boire une eau empoisonnée.* De même, ceux dont nous venons de parler (nº 413) conservent à l'accusatif le mot qui formait l'attribut de la proposition complémentaire, comme : يُظَنُّ زَيْدٌ عَاقِلًا *Zéid est réputé intelligent;* et s'ils passent à la Forme أَفْعَلَ, ils peuvent avoir trois compléments à l'accusatif : أَعْلَمْتُ زَيْدًا عَمْرًا مَارِضًا *j'ai fait savoir à Zéid qu'Amrou était malade.*

* C'est ainsi que s'explique naturellement la phrase si usitée dans le Coran : ٱلَّذِينَ أُوتُوا ٱلْكِتَابَ *ceux qui ont été gratifiés du livre (du Coran),* c'est-à-dire, *ceux qui ont été mis dans le cas qu'on leur donnât le livre,* ou bien, *dans le cas de recevoir le livre,* et simplement, *ceux qui ont reçu le livre.* Le verbe أَتَى *il est venu* prend, en effet, à la

IV⁰ Forme, le sens doublement transitif de *faire venir, amener; ap-porter, donner quelque chose à quelqu'un.* *

415. Les verbes mis à la voix passive deviennent souvent imper-sonnels : غُضِبَ عَلَي زَيْدٍ *on s'est mis en colère contre Zéid;* قِيلَ لَهُ *il lui fut dit, on lui dit.*

416. Le même verbe peut être actif dans une acception et neutre dans une autre, comme le même verbe neutre peut varier sa signification suivant les prépositions par lesquelles il se joint à son complément. Ainsi, نَظَرَ pris comme verbe actif signifie *voir;* employé comme neutre avec إِلَى, il signifie *regarder;* avec فِي, *examiner, lire;* avec لِ, *pourvoir aux besoins de, s'occuper des intérêts de.* De même, خَرَجَ avec مِنْ signifie *sortir de;* avec عَلَي, *se révolter contre;* avec عَنْ, *être hors de, n'être pas susceptible de;* avec إِلَي, *partir pour aller à.* Au reste, les dictionnaires et l'usage font connaître les différentes constructions qui sont propres à chaque verbe.

ARTICLE II.

De l'emploi des verbes abstraits.

417. Les verbes abstraits qui expriment l'idée de l'existence du sujet et de sa relation à l'attribut, comme *être, devenir, être au matin, au soir,* etc., *durer, persévérer sans discontinuation, continuer à être, n'être pas (doué de telle ou telle qualité),* etc., veulent l'attribut à l'accusatif : كَانَ ٱللّٰهُ رَحِيمًا *Dieu est miséricordieux;* زَيْدٌ صَارَ غَنِيًّا *Zéid est devenu riche;* مَا دَامَ ٱلْغَضَبُ غَالِبًا *tant que la colère a continué d'être dominante,* etc.

418. Le verbe كَانَ n'exprime quelquefois que l'existence du sujet, sans relation à un attribut : قَدْ كَانَ ذِئْبٌ فِي ٱلْجَنَّةِ *il a été, il y a eu déjà un loup dans le jardin.*

419. L'attribut de لَيْسَ *il n'est pas* se trouve souvent au génitif précédé de بِ *dans;* mais il se met toujours au nominatif quand il

est suivi de اِلَّا *si ce n'est que* : لَيْسَ آللّٰهُ بِظَالِمٍ *Dieu n'est pas injuste;* لَيْسَ آلْحَيٰوةُ اِلَّا خَيَالٌ زَائِلٌ *la vie n'est qu'une ombre qui passe.*

ARTICLE III.

De l'emploi des verbes de louange, de blâme et d'admiration.

420. Les verbes de louange et de blâme, qui sont des verbes neutres (n° 282), se trouvent toujours suivis d'un sujet. Or ce sujet se met 1° au nominatif, quand il est déterminé : نِعْمَ زَيْدٌ *excellent est Zéid;* بِئْسَ آلْمِهَادُ *mauvaise est la demeure,* etc.; 2° à l'accusatif, d'une manière adverbiale, lorsqu'il est indéterminé : نِعْمَ رَجُولًا زَيْدٌ *Zéid est excellent en fait d'homme, comme homme;* بِئْسَ عَبْدًا عَبْدُكَ *ton serviteur est mauvais serviteur.*

* Le verbe سَاءَ *il a été mauvais,* et généralement tous les trilitères, sont susceptibles de ce genre de construction, pourvu qu'on les assimile à نِعْمَ et بِئْسَ, qui sont pour نَعِمَ et بَئِسَ, ou qu'on leur donne la Forme فَعُلَ, comme dans : حَسُنَ ذَا أَدَبًا *c'est une belle conduite,* où حَسُنَ est pour حَسَنَ, etc. *

421. Les verbes d'admiration sont de la Forme مَا أَفْعَلَ et أَفْعِلْ (n° 283). Avec la 1re de ces deux Formes, le nom ou le pronom qui désigne l'objet de l'admiration se place immédiatement après le verbe et se met à l'accusatif : مَا أَحْسَنَ زَيْدًا *que Zéid est beau !* مَا أَصْبَرَهُمْ *combien ils ont à souffrir !* Avec la 2e Forme, l'objet de l'admiration se met au génitif précédé de بِ : أَكْرِمْ بِخَلْقِ نَبِيٍّ *qu'elle est noble la figure d'un prophète !*

ARTICLE IV.

De la concordance du verbe avec le sujet.

422. Le verbe doit naturellement concorder avec le sujet en genre, en nombre et en personne; mais cette règle est sujette à des excep-

tions plus ou moins nombreuses, selon que le sujet précède ou suit le verbe. Comme ces exceptions ne nuisent jamais à la clarté du sens, nous nous bornerons à les indiquer, sans citer les exemples. Ainsi :

1° Lorsque le sujet précède le verbe et qu'il est un pluriel irrégulier ou un pluriel régulier féminin, le verbe se met le plus ordinairement au singulier féminin. Comparez les nᵒˢ 381, 384, 386. Cependant, si le pluriel irrégulier exprime des êtres raisonnables du genre masculin, on met le verbe au pluriel masculin.

2° Si le sujet est un nom féminin qui emporte avec lui l'idée d'une femme ou d'une femelle (nᵒ 329), et qu'il ne suive pas immédiatement le verbe, celui-ci peut se mettre au masculin ; mais si c'est un féminin de pure convention, on peut mettre le verbe au masculin, lors même qu'il ne précède pas immédiatement son sujet.

3° Lorsque le verbe est séparé du sujet par اِلَّا *si ce n'est, ne... que*, il se met le plus ordinairement au masculin, comme concordant avec أَحَد *quelqu'un* sous-entendu, qui est son vrai sujet.

4° Les verbes نِعْمَ *il est bon,* بِئْسَ *il est mauvais,* ayant pour sujet un nom féminin, se mettent mieux au masculin.

5° Le verbe peut se mettre au singulier masc. ou fém., lorsque le sujet qui le suit est un duel ou un pluriel irrégulier, ou même un pluriel régulier féminin. Il peut se mettre au sing. fém., si le sujet est un nom collectif ou qui exprime une espèce entière, et au pl. masc., quand il est joint à des noms de tribus arabes, qui sont ordinairement du féminin.

6° Dans les temps composés du verbe كَانَ et du prétérit ou du futur d'un autre verbe (nᵒˢ 398 2°, 406 1°), si le sujet se trouve entre les deux verbes, on se conforme pour le verbe كَانَ aux règles de concordance du verbe précédant le sujet (2°-5°), et pour le second, à celles de la concordance du verbe placé après le sujet (1°).

7° Si le sujet est composé de plusieurs noms sing. et qu'il suive le verbe, on peut mettre le verbe au pl. ou au sing., en le faisant concorder en genre avec le nom sing. qui le suit immédiatement. Si, au contraire, le verbe suit le sujet, il se met au duel, lorsque le sujet n'exprime que deux individus, ou lorsqu'il est formé de deux noms communs qui signifient des espèces entières, ou bien dont l'un est au sing. et l'autre au pluriel irrégulier.

8° Si les noms qui composent le sujet sont de différents genres, le verbe se met ordinairement au masculin, et si l'un de ces deux noms sert de complément à l'autre, le verbe s'accorde assez souvent en genre avec ce complément, et non avec l'antécédent qui est le vrai sujet grammatical.

9° Si le verbe a plusieurs sujets de différentes personnes, il concorde avec la plus *noble,* c'est-à-dire celle dont la relation est plus proche avec l'individu qui parle; ainsi la 1re est plus noble que les deux autres, et la 2e plus noble que la 3e.

423. Le sujet indéterminé *on* se rend ordinairement par la 3e pers. du pl. masc. actif, ou par la 3e du sing. masc. passif.

CHAPITRE QUATRIÈME.

DE LA SYNTAXE DES NOMS.

ARTICLE 1.

De l'emploi des cas.

424. Outre que les trois cas arabes répondent au nominatif, au génitif et à l'accusatif, ils servent encore à exprimer les rapports qui caractérisent le datif, le vocatif et l'ablatif.

§ I. *De l'emploi du nominatif.*

425. L'usage propre du nominatif est de caractériser le sujet des propositions. Cependant il arrive très-souvent que le complément d'un verbe qui devrait être à l'accusatif, et celui d'une préposition ou d'un nom qui devraient être au génitif, sont transportés du lieu qui leur appartient dans la proposition, au commencement de la phrase; on les met alors généralement au nominatif, et ils sont remplacés dans le lieu qu'ils devraient occuper naturellement par un pronom suffixe qui représente le cas exigé par son antécédent. Or ce nom qui est mis ainsi au nominatif d'une manière absolue, et qui semble ne pas appartenir à la proposition, se nomme *nominatif absolu*, et doit se rendre le plus souvent par *quant à :* اللّٰهُ لَهُ السَّمٰوٰتُ وَالْأَرْضُ *quant à Dieu, le ciel et la terre lui appartiennent;* الرِّسَالَةُ كَتَبْنَاهَا *quant à la lettre, nous l'avons écrite,* etc.

* Ce genre de construction a pour but d'attirer l'attention principalement sur l'idée exprimée par le *nominatif absolu.* Ainsi, dans les exemples précédents, l'objet dominant de la pensée et sur lequel surtout on veut fixer l'esprit, c'est *Dieu,* c'est *la lettre.* *

426: L'attribut se met aussi au nominatif, quand le verbe *être* est sous-entendu : أَكْبَرُ اللّٰهُ *Dieu (est) très-grand,* etc.

§ II. *De l'emploi du génitif.*

427. Lorsqu'un substantif détermine, restreint, modifie la signification d'un autre substantif ou de certains adjectifs, et qu'il sert de complément à des prépositions, il se met au génitif : حِكْمَةُ اللّٰهِ *la sagesse de Dieu,* بَيْضَةُ فِضَّةٍ *un œuf d'argent,* سَرِيعُ الْحِسَابِ *prompt de calcul,* شَدِيدُ الْعِقَابِ *violent de châtiment,* فِي الْأَرْضِ *sur la terre.*

§ III. *De l'emploi de l'accusatif.*

428. L'accusatif sert : 1° à indiquer le complément direct du verbe actif (n° 412); 2° à former des expressions adverbiales qui indiquent

diverses circonstances, telles que le temps, le lieu et l'étendue, l'état ou la situation, la cause, la manière, le motif, l'intention, et même la comparaison, comme dans : قَتَلْتُمُوهُ قُتِلَ آبْنِهِ عَمْرًا *vous l'avez tué comme son fils a tué Amrou;* 3° à remplacer quelquefois le nominatif absolu (n° 425) : مَا زَيْدًا مَرَرْتُ بِهِ *quant à Zéid, je n'ai point passé auprès de lui.*

429. On met à l'accusatif 1° le régime de plusieurs particules ; 2° le sujet même d'une proposition, lorsqu'il se trouve lui aussi sous l'influence de certaines particules, comme on le verra pour les deux cas au chapitre suivant ; 3° l'attribut d'une proposition qui se rattache à la précédente, lorsqu'il est suivi d'un sujet, ou lorsque le sujet est sous-entendu : أَنْشَأَ آلنَّخْلَ وَآلزَّرْعَ مُخْتَلِفًا أَكْلُهُ *il a créé le palmier et le grain dont le goût est varié;* يَلْعَبُونَ لَاهِيَةً قُلُوبُهُم *ils se moquent, leurs cœurs étant frivoles, parce que leurs cœurs sont frivoles ;* وَهُمْ شُرَكَآءُ فِي آلثَّلُثِ وَصِيَّةً مِنَ آللَّهِ *ils seront participants du tiers; c'est une loi qui vient de Dieu.*

430. L'accusatif est souvent le régime d'un verbe sous-entendu ; or, le sens général du discours peut seul indiquer quel est ce verbe. Ainsi, dans : *Ils ont dit : Soyez juifs ou chrétiens, vous serez bien dirigés ;* قُلْ بَلْ مِلَّةَ إِبْرَهِيمَ *dis : Plutôt la religion d'Abraham;* c'est évidemment آتَّبِعُوا *suivez* qui est sous-entendu devant l'accusatif مِلَّةَ *religion;* car l'expression : *Soyez juifs ou chrétiens,* équivaut à : *Suivez la religion des juifs,* etc. De même, dans la IVe Surate du Coran, le sens du verset 161 indique assez clairement que l'accusatif رُسُلًا *apôtres,* qui se lit aux vers. 162, 163, est régi par أَرْسَلْنَا *nous avons envoyé* sous-entendu.

§ IV. *De la manière d'exprimer le vocatif.*

431. Pour exprimer le vocatif, les Arabes se servent du nominatif ou de l'accusatif, en les faisant précéder le plus ordinairement de quelque particule.

432. Le vocatif s'exprime par le nominatif dépouillé du *tanwin* et précédé de يَا *ô !* lorsque c'est un nom propre, ou bien un nom commun déterminé, soit à des personnes, soit à des choses présentes ou censées présentes : يَا سَمَآءُ *ô ciel (que je contemple) !* يَا رَجُلَانِ *ô deux hommes (que je vois) !*

433. Il s'exprime par l'accusatif : 1° lorsque la personne ou la chose appelée n'est pas censée présente, et que le nom qui l'exprime n'est pas déterminé par l'article : يَا نَبِيًّا *ô prophète !* 2° lorsque ce nom est suivi d'un régime ou d'un autre nom dont il forme l'attribut : يَا عَبْدَ ٱللَّٰهِ *ô Abd-Allah (ô serviteur de Dieu) !* يَا حَسَنًا وَجْهُهُ *ô toi beau de visage !*

434. L'adjectif ou le substantif qui est joint, comme purement qualificatif, au nom de l'objet appelé, se met indifféremment au nominatif ou à l'accusatif : يَا زَيْدُ ٱلْعَاقِلُ ou ٱلْعَاقِلَ *ô Zéid l'intelligent !*

* Les mots ٱبْنٌ *fils,* ٱبْنَةٌ *fille,* se trouvant entre deux noms propres, perdent leur ٱ, et le nom propre qui les précède se met au nominatif ou à l'accusatif : يَا زَيْدُ ou زَيْدَ بْنَ عَمْرٍو *ô Zéid, fils d'Amrou !* *

435. Le nom de la chose appelée étant suivi du suffixe de la 1ʳᵉ pers. sing. prend la forme régulière : يَا غُلَامِي *ô mon serviteur !* ou les suivantes : يَا غُلَامَاهُ , يَا غُلَامَ , يَا غُلَامَا , يَا غُلَامِيَهْ , يَا غُلَامِيَ

* Au lieu de يَا بُنَيَّ (pour بُنَيِّي) *ô mon petit enfant !* on dit يَا بُنَيِّ ; et au lieu de يَا أَبِي *ô mon père !* يَا أُمِّي *ô ma mère !* on dit يَا أَبَتِ , et أُمَّتَ , أُمَّتِ , et يَا أَبَتَ. (Comp. nᵒˢ 155, 156.) *

436. Quand le nom qui représente le vocatif se trouve déterminé par l'art. ٱلْ, il doit être précédé d'un des mots هَذَا, أَيُّهَذَا, أَيُّهَا, أَيَّتُهَا ; comme : يَا أَيُّهَا ٱلنَّاسُ يَا هَذَا ٱلرَّجُلُ *ô l'homme (que je vois) ! ô un tel ! ô hommes !* Cependant on supprime quelquefois toute particule : رَبَّنَا *ô notre Seigneur !* فَاطِرُ ٱلسَّمَوَاتِ *ô Créateur des cieux !* يُسُوفُ *ô Joseph !* يَا مَنْ لَا يَمُوتُ *ô celui qui ne meurt pas ! ô toi qui ne meurs pas !*

437. Outre que le suffixe ي se retranche au vocatif (n° 156), certains noms, soit propres, soit communs, qui sont d'un fréquent usage, perdent à la fin une ou plusieurs de leurs lettres ; ainsi, on trouve يَا يَا مَنْصُورُ , يَا صَاحِ , يَا بَعْلَ , يَا مَنْصُ , هُبْ , au lieu de يَا هُبَةُ ô *Hoba!* يَا صَاحِبِي ô *mon ami!* etc. يَا بَعْلَبَكَّ ô *Baalbec!* ô *Mansour!*

438. Pour exprimer l'admiration ou pour appeler quelqu'un au secours, on emploie le génitif précédé de لِ pour لِ (n° 361 4°) : يَا لَلْعَجَبِ *oh! la chose merveilleuse!* يَا لَزَيْدٍ *holà! Zéid.* Le nom de l'objet contre lequel on implore le secours se met aussi au génitif, mais précédé de لِ : يَا لَزَيْدٍ لِظَالِمٍ ô *Zéid!* (*viens me secourir*) *contre un oppresseur.*

439. Lorsqu'on appelle quelqu'un en le plaignant, on se sert de وَا *hélas!* au lieu de يَا *oh!* وَا زَيْدُ *hélas! Zéid;* وَا عَبْدَ اللَّهِ *hélas! Abd-Allah,* etc.

ARTICLE II.

De la concordance et de la construction des noms.

§ I. *De la concordance des substantifs et des adjectifs.*

440. Les substantifs *appositifs*[1] s'accordent généralement en *genre,* en *nombre* et en *cas,* avec le nom auquel ils se rapportent, et ils sont déterminés et indéterminés, suivant que ce nom l'est lui-même : أَكَلْتُ الرَّغِيفَ نِصْفَهُ *j'ai mangé le gâteau* (c'est-à-dire) *la moitié de lui.* قِيلَ لِرَجُلٍ نَبِيٍّ *on a dit à un homme prophète;*

* Remarq. 1° que نَفْسٌ *âme,* عَيْنٌ *œil,* pris dans le sens corroboratif de *même,* suivent cette concordance : رَأَيْتُ عَمْرًا عَيْنَهُ *j'ai vu Amrou, son œil,* c.-à-d. *Amrou lui-même;* جَاءَتْ زَيْنَبُ نَفْسُهَا *est venue Zéinab,*

---

[1] On appelle *appositif* ou *en apposition* un substantif que l'on ajoute à un nom pour mieux en préciser l'idée ; c'est une sorte d'adjectif sous le rapport de la signification.

son âme, pour *Zéinab elle-même*; 2° que كُلّ *totalité, universalité*, est quelquefois suivi de plusieurs autres appositifs qui ont la même signification : جَآءَ كُلَّهُ أَجْمَعُ أَكْتَعُ أَبْصَعُ أَبْتَعُ *l'armée toute entière est venue.* *

441. Les adjectifs, soit verbaux, soit dénominatifs (n° 314), étant employés comme simplement qualificatifs, suivent en général les mêmes règles de concordance que les *appositifs* (n° 440); cependant ils s'en écartent, quand le nom qu'ils qualifient est au vocatif (n° 434), et dans les circonstances suivantes; ainsi : 1° quand le nom qualifié est suffisamment déterminé par lui-même, l'adjectif peut se mettre au nominatif (en sous-entendant هُوَ *c'est*), ou à l'accusatif (en sous-entendant أَعْنِي *je veux dire*), à quelque cas que se trouve le nom ; au lieu donc de مَرَرْتُ بِزَيْدٍ آلْعَاقِلِ آلْكَرِيمِ *j'ai passé près de Zéid l'intelligent, le généreux*, on peut dire آلْعَاقِلُ آلْكَرِيمُ ou آلْعَاقِلَ آلْكَرِيمَ; 2° l'adjectif qui qualifie un substantif pluriel irrégulier se met le plus ordinairement au singulier féminin, de même qu'il peut se mettre au pl. fém. lorsque le substantif est un pluriel masculin exprimant des êtres privés de raison; 3° l'adjectif se met très-souvent au pluriel, quand le substantif est un nom collectif.

442. Si l'adjectif qualifie deux ou plusieurs substantifs qui sont du même genre et au même cas, il se met au duel ou au pluriel, et il concorde en cas avec eux; mais si ces substantifs ne sont pas au même cas, l'adjectif se met au nominatif ou à l'accusatif : رَأَيْتُ عَمْرًا وَكَتَبْتُ إِلَى زَيْدٍ آلشَّاعِرَانِ ou آلشَّاعِرَيْنِ *j'ai vu Amrou et j'ai écrit à Zéid, les deux poëtes.* Avec le nominatif آلشَّاعِرَانِ, on sous-entend هُمَا *ce sont les deux poëtes*, et avec l'accus. آلشَّاعِرَيْنِ, on sous-entend أَعْنِي *je veux dire les deux poëtes* (n° 441 1°).

443. La concordance des adjectifs verbaux des formes فَعِيلٌ, فَعُولٌ, مُفْعِلٌ et مِفْعِيلٌ, مِفْعَالٌ (n° 331 *) offre des particularités dignes de remarques; ainsi : 1° ces adjectifs, étant du genre commun, lors même qu'ils prennent la terminaison énergique et intensive ة (n° 331 *),

concordent également avec des noms masculins et féminins ; 2° quelques-uns de ces adjectifs, comme ظَرِيفٌ *joli,* مِيقَانٌ *crédule,* etc., ont cependant la terminaison féminine مِيقَانَةٌ, ظَرِيفَةٌ, et suivent les règles ordinaires de concordance ; 3° ceux de la forme فَعُولٌ ont aussi la terminaison féminine, et ils suivent la concordance ordinaire, quand ils ont la signification passive ; car, hors de ce cas, ils concordent sous la forme masculine, même avec des noms féminins : تَوْبَةٌ نَصُوحٌ *une pénitence sincère ;* 4° ceux de la forme فَعِيلٌ, ayant le sens passif ou neutre, concordent indifféremment avec des substantifs masculins ou féminins ; 5° si le nom est féminin, mais sous-entendu, l'adjectif prend ordinairement la terminaison féminine : أَكِيلَةُ ٱلسَّبُع *la mangée par les animaux féroces,* c.-à-d. *la bête,* en arabe دَابَّةٌ ou بَهِيمَةٌ ; 6° ces mêmes adjectifs, ayant le sens actif, admettent la terminaison féminine, et suivent la concordance régulière.

444. Lorsqu'on emploie les adjectifs seuls, parce qu'on fait ellipse du substantif, on les met ordinairement au masculin, si le nom sous-entendu exprime un être animé, et au féminin, s'il indique une chose inanimée. Ainsi, كَبِيرَةٌ *grande, grave,* سَيِّئَاتٌ *mauvaises,* صَالِحَاتٌ *bonnes,* s'emploient pour *chose, péché grave, mauvaises actions, bonnes œuvres,* et doivent se traduire de cette manière.

* On trouve cependant dans le Coran (Sur. II, 59 ou 61), le masc. صَالِحٌ *bonne œuvre.* *

445. Le substantif qu'on emploie souvent au lieu d'un adjectif, comme عَدْلٌ *justice,* au lieu de عَادِلٌ *juste,* se met au même cas que celui qu'il qualifie, et, comme lui, il est déterminé ou indéterminé ; mais il conserve toujours son genre propre, et il demeure au singulier, à quel nombre que soit le nom qualifié : رَجُلٌ عَدْلٌ *un homme juste,* رَجُلَانِ عَدْلٌ *deux hommes justes ;* لِآمَرَأَتِهِ ٱلْعَدْلِ *à sa femme juste,* كَرَّمْنَا ٱلْأُمَّهَاتِ ٱلْعَدْلَ *nous avons honoré les mères justes.*

446. Quand c'est un verbe qui remplace l'adjectif qualificatif, ce

verbe suit les règles de la concordance ordinaire : مَرَرْتُ بِرَجُلٍ يَنُومُ *j'ai passé près d'un homme*, *il dormait*, ou *qui dormait*; يَنُومُ est l'équivalent de نَائِمٌ. De même, dans مَرَرْتُ بِامْرَأَةٍ نَنُومُ *j'ai passé près d'une femme, elle dormait*, نَنُومُ équivaut à نَائِمَةٍ.

447. L'adjectif soit verbal, soit dénominatif (n° 314), formant l'attribut de la proposition, suit à peu près, pour la concordance avec le sujet, les mêmes règles que le verbe et que l'adjectif qualificatif; ainsi :

1° Il concorde seulement en genre et en nombre avec le sujet; mais il ne prend point l'article, lors même que le sujet est déterminé (n° 377 6°).

* Cette concordance n'a pas lieu pour certains mots qui sont en arabe de véritables substantifs, quoique dans bien des langues on les rende par des adjectifs, tels que خَيْرٌ *bien*, شَرٌّ *mal*, et tous ceux qui expriment une idée comparative ou superlative, et qui sont de la forme أَفْعَلُ. Ces mots, en effet, répondent au neutre des adjectifs suivis de *quid*, comme *bonum quid, malum quid, melius quid*, etc. : أُمُّهُ خَيْرٌ مِنْ أَبِيهِ *sa mère est meilleure (est melius quid) que son père*, الصَّالِحَاتُ خَيْرٌ عِنْدَكَ *les bonnes œuvres sont excellentes (sunt optimum quid) auprès de toi*. *

2° L'adjectif attribut étant placé après le sujet concorde avec lui en genre et en nombre, à moins que le sujet ne soit un pluriel irrégulier; car, dans ce cas, l'attribut peut se mettre au sing. fém. (n° 422 1°).

3° S'il précède le sujet, et que le sujet soit un pluriel ou un duel, il se met au singulier (422 5°).

4° Lorsque le sujet est un nom collectif, l'adj. attribut peut se mettre au pl.; et s'il se compose de deux noms dont l'un serve de régime à l'autre, l'adj. s'accorde assez souvent avec le régime.

§ II. *De la construction des substantifs et des adjectifs.*

448. Le substantif ordinaire gouverne au génitif le nom qui lui sert

de complément (n° 427); mais l'infinitif étant tout à la fois et partie du verbe, c'est-à-dire nom d'action, et simple substantif, peut avoir un double complément; l'un, comme nom d'action et représentant le cas régi par le verbe; l'autre, comme substantif et représentant le génitif. Quelquefois il n'a que le 1er de ces compléments; d'autres fois, il n'a que le 2e; quelquefois enfin, il les réunit tous les deux. Or le complément de l'infinitif, en tant que nom d'action, est l'objet même qui reçoit l'action exprimée par le verbe; et le complément de l'infinitif, pris comme simple substantif, en est le sujet. Ainsi, dans la phrase هُوَ ذِكْرُ رَحْمَةِ عَبْدَهُ *c'est un mémorial de miséricorde envers son serviteur*, le mot رَحْمَةِ, mis au génitif comme complément de l'infinitif ذِكْرُ, est réellement le sujet, et عَبْدَ à l'accusatif, comme régime du même infinitif, représente l'objet. Cependant le sujet est très-souvent mis au nominatif et l'objet au génitif, surtout si le sujet est exprimé par un nom, et l'objet par un pronom, comme dans *il a* مَنَعَ مِنْ مُخَاطَبَتِهِ زَيْدٌ وَمُكَاتَبَتِهِ *défendu que Zéid lui adressât la parole et lui écrivît.*

448 *bis.* L'infinitif d'un verbe ajouté d'une manière adverbiale (n° 367) à un mode fini de ce même verbe, donne de l'intensité à l'idée qu'il exprime : ضَرَبْتُهُ ضَرْبًا *je l'ai frappé en frappant*, c.-à-d. *je l'ai beaucoup frappé.*

449. Lorsqu'un nom se rattache à un nom précédent par le pronom relatif الَّذِي sous-entendu, et qu'il sert de sujet à un participe dans la proposition relative, il se met au nominatif ou au génitif, ou même à l'accusatif d'une manière adverbiale, avec ou sans l'article. On dit donc زَيْدٌ قَاتِلٌ أَبُوهُ عَمْرًا غَدًا *Zéid, dont le père tuera demain Amrou*, ou bien قَاتِلُ الْأَبِ, ou bien encore قَاتِلُ الْأَبَ, ou bien enfin قَاتِلٌ أَبًا. De même, au passif, on dit زَيْدٌ مَقْتُولٌ حَالًا أَبُوهُ *Zéid, dont le père est tué en ce moment*, ou مَقْتُولٌ أَبًا, ou مَقْتُولُ الْأَبُ, ou مَقْتُولُ الْأَبِ.

450. Lorsque la signification d'un adjectif est restreinte par un substantif qui lui sert de complément, ce substantif se met au génitif

(n° 427), ou au nominatif, ou même à l'accusatif d'une manière adverbiale, et tantôt il est déterminé par l'article ou de toute autre manière, et tantôt il est indéterminé ; ce qui donne lieu à un grand nombre de constructions différentes. Nous ne citerons ici que celles dont l'analyse offre le plus de difficulté.

رَجُلٌ حَسَنٌ وَجْهَ	*un homme beau de visage.*
زَيْدٌ ٱلْحَسَنُ وَجْهَ	*Zéid le beau de visage.*
رَجُلٌ حَسَنٌ وَجْهَ أَبٍ	*un homme dont le père est beau de visage.*
زَيْدٌ ٱلْحَسَنُ وَجْهَ أَبٍ	*Zéid dont le père est beau de visage.*
رَجُلٌ حَسَنٌ ٱلْوَجْهَ رَجُلٌ حَسَنٌ وَجْهَهُ رَجُلٌ حَسَنٌ وَجْهِهِ	*un homme beau de visage.*
رَجُلٌ حَسَنٌ وَجْهَ ٱلْأَبِ رَجُلٌ حَسَنٌ وَجْهَ أَبِيهِ رَجُلٌ حَسَنٌ وَجْهَ أَبِيهِ	*un homme dont le père est beau de visage.*
رَجُلٌ حَسَنٌ وَجْهَا رَجُلٌ حَسَنٌ ٱلْوَجْهِ	*un homme beau de visage.*
رَجُلٌ حَسَنٌ وَجْهَ أَبٍ رَجُلٌ حَسَنٌ وَجْهِ ٱلْأَبِ	*un homme dont le père est beau de visage.*
زَيْدٌ ٱلْحَسَنُ ٱلْوَجْهَ زَيْدٌ ٱلْحَسَنُ ٱلْوَجْهَ زَيْدٌ ٱلْحَسَنُ ٱلْوَجْهِ	*Zéid le beau de visage.*
زَيْدٌ ٱلْحَسَنُ وَجْهَ أَبِيهِ زَيْدٌ ٱلْحَسَنُ وَجْهَ أَبٍ	*Zéid dont le père est beau.*

* Remarq. 1° que la connaissance de ces dix-neuf constructions

suffit pour en comprendre un certain nombre d'autres qui leur sont analogues ; 2° que cette règle est sous un rapport la même que la précédente (n° 449). *

451. Les participes actif et passif, quand ils servent de simples noms qualificatifs, gouvernent le génitif ; mais lorsqu'ils sont employés comme adjectifs verbaux, ils prennent le complément que prendrait le verbe lui-même.

452. Si le participe actif d'un verbe doublement transitif a deux compléments, on met les deux à l'accusatif, ou le premier au génitif et le second à l'accusatif : *je revêtirai Zéid d'un habit*. Si le participe est passif, il régit aussi à l'accusatif le second complément.

453. Le participe actif étant au singulier et suivi d'un complément au génitif, prend l'article, lorsque ce complément est lui-même déterminé soit par l'article, soit par un complément ayant l'article : *celui qui frappe le serviteur*, *celui qui frappe la tête du serviteur*.

454. Lorsque ce participe gouverne son complément à l'accusatif, et que ce complément est un nom ou un pronom personnel isolé, il conserve son *tanwin,* ce qui n'a pas lieu avec un simple suffixe ; il conserve aussi ou il perd au duel et au pluriel les terminaisons ن et نَ ; ainsi on dit *qui frappe Zéid ; c'est toi que Amrou frappe ; les deux qui frappent Zéid, ceux qui frappent Zéid ;* et *les deux qui le frappent ; ceux qui le frappent.*

* Pour bien comprendre l'emploi des participes passifs dans certaines phrases, il faut 1° substituer à ces participes le verbe lui-même au prétérit ou au futur passif ; 2° restituer le sujet, s'il y en a un sous-entendu ; 3° remplacer l'article اَلْ par le pronom relatif اَلَّذِي, ou bien, s'il n'y a pas d'article, introduire le relatif مَنْ ou مَا ; ainsi, dans : *La*

mère nourrira ses enfants, وَعَلَى ٱلْمَوْلُودِ لَهُ رِزْقُهَا *et sa subsistance sera à la charge du père;* les mots ٱلْمَوْلُودِ لَهُ sont l'équivalent de ٱلرَّجُلِ ٱلَّذِي وُلِدَ لَهُ وَلَدٌ *de l'homme à qui il est né un enfant.* De même, dans : *Une mère ne doit pas être grevée par son enfant,* وَلَا مَوْلُودٌ لَهُ بِوَلَدِهِ *ni un père par son fils,* l'expression مَوْلُودٌ لَهُ وَلَدٌ équivaut à مَنْ وُلِدَ لَهُ *à quiconque un fils est né;* et dans : *Dirige-nous vers le chemin,* غَيْرِ ٱلْمَغْضُوبِ عَلَيْهِمْ *de ceux contre lesquels on ne s'est pas mis en colère,* les trois mots arabes tiennent lieu de ٱلَّذِينَ لَمْ يُغْضَبْ عَلَيْهِمْ * .

ARTICLE III.

De l'emploi des comparatifs et des superlatifs.

455. Les adjectifs verbaux qui servent à exprimer le comparatif ou le superlatif, et qui sont toujours de la forme أَفْعَلُ (n° 318), s'emploient 1° en construction avec un substantif ou un adjectif qui leur sert de complément; 2° d'une manière absolue avec l'article; 3° sans être en construction et sans avoir l'article.

1° Étant en construction, ces adjectifs restent invariablement au masc. sing. si leur complément est indéterminé; mais si leur complément est déterminé, ils peuvent concorder en genre et en nombre avec le nom auquel ils se rapportent : هِيَ أَفْضَلُ ٱمْرَأَةٍ *c'est une femme excellente;* هُوَ أَفْضَلُ رِجَالٍ *c'est un homme excellent,* هُمْ أَفْضَلُ رِجَالٍ *ce sont des hommes excellents;* هِيَ أَفْضَلُ ٱلنِّسَاءِ et هِيَ فُضْلَى ٱلنِّسَاءِ *c'est la plus excellente des femmes;* أَنْتُمَا أَفْضَلُ ٱلْقَوْمِ et أَنْتُمَا أَفْضَلَا ٱلْقَوْمِ *vous deux êtes les plus excellents du peuple.*

2° Employés d'une manière absolue avec l'article, ils concordent en genre et en nombre avec le nom ou pronom auquel ils se rapportent : هُمَا ٱلْأَعْدَلَانِ *ce sont les deux (hommes) les plus justes;* هُمَا ٱلصُّغْرَيَانِ *ce sont les deux (femmes) les plus petites.*

3° N'étant point mis en construction et n'ayant point l'article, ils restent invariablement au sing. masc., et ils se joignent au mot qui exprime l'objet de comparaison par l'intermédiaire de la préposition مِنْ. Cependant il y a quelquefois ellipse de مِنْ et de son complément, comme dans ٱللّٰهُ أَعْلَمُ *Dieu est plus savant*, où il faut suppléer مِنّا *que nous*, ou bien مِنْ غَيْرِهِ *que tout autre que lui*.

456. Lorsque l'adjectif comparatif est suivi d'un régime indéterminé et mis au génitif, comme dans هُوَ أَفْضَلُ رَجُلٍ (n° 455 1°), ce génitif équivaut à un accusatif adverbial; ainsi le sens est : *il est excellent en fait d'homme, en tant qu'homme*, comme s'il y avait en arabe هُوَ أَفْضَلُ رَجُلًا. De là vient que le régime est du même genre et du même nombre que le sujet de la proposition, et se met à l'accusatif, si l'adjectif est déterminé par un autre régime : هُمَا أَفْضَلُ رَجُلَيْنِ *eux deux sont excellents, en tant que deux hommes*, c.-à-d. *ce sont deux hommes excellents*; هُوَ أَفْضَلُ ٱلنَّاسِ رَجُلًا *c'est le meilleur des hommes, en tant qu'un homme*. Comp. le n° 455 2°.

457. Les adjectifs de la forme أَفْعَلُ, s'ils sont suivis de مِنْ avec son complément, n'expriment qu'un simple comparatif et répondent au mot *plus* : أَنَا أَكْبَرُ مِنْكَ *je suis plus grand que toi*; mais s'ils sont en rapport d'annexion, ou s'ils ont l'article, ils expriment le superlatif et répondent à *le plus* : ٱللّٰهُ أَرْحَمُ ٱلرَّاحِمِينَ *Dieu est le plus miséricordieux des miséricordieux*; ٱللّٰهُ هُوَ ٱلْأَكْبَرُ *Dieu est le plus grand*.

458. La construction de l'adjectif comparatif avec son complément offre les particularités suivantes :

1° Si cet adjectif dérive d'un verbe transitif, ou ce verbe signifie l'amour, la *haine*, ou il exprime l'idée de *savoir, connaître*, ou il signifie toute autre chose que cela. Dans le premier cas, il a le sens actif, s'il est joint à son complément par لِ, et le sens passif, si c'est par إِلَى, comme : ٱلْمُؤْمِنُ أَحَبُّ لِلّٰهِ مِنْ نَفْسِهِ *le vrai croyant aime Dieu plus que lui-même*; ٱلْمُؤْمِنُ أَحَبُّ إِلَى ٱللّٰهِ مِنْ غَيْرِهِ *le vrai croyant est plus aimé de Dieu que tout autre*. Dans le deuxième cas le complément de l'adjectif est précédé de ب, et dans le troisième de لِ, mais dans tous les deux l'adj. conserve la signification active : أَنَا أَعْرَفُ بِالْحَقِّ *je connais mieux la vérité que toi*; هُوَ أَطْلَبُ لِلْمَالِ مِنِّي مِنْكَ *il cherche plus que moi les richesses*.

2° S'il dérive d'un verbe intransitif, il se joint à son complément par l'intermédiaire de la préposition qu'exigerait le verbe lui-même.

3° La construction de l'adjectif comparatif se fait souvent d'une manière plus ou moins elliptique : هُوَ بِالْجَمُوسِ أَشْبَهُ مِنْهُ بِالْفَرَسِ *il est plus ressemblant au buffle que lui au cheval*, pour *il est plus*, etc., *qu'il ne l'est au cheval*; هُمْ لِلْكُفْرِ يَوْمَئِذٍ أَقْرَبُ مِنْهُمْ لِلْإِيمَانِ *en ce jour-là ils étaient plus voisins de l'incrédulité qu'eux de la vraie foi*, pour *ils étaient*, etc., *qu'ils ne l'étaient de la vraie foi*; مَا رَأَيْتُ رَجُلًا أَحْسَنُ فِي عَيْنِهِ لِلْكَحْلِ مِنْ عَيْنِ زَيْدٍ *je n'ai point vu d'homme dans l'œil duquel le collyre soit plus agréable que l'œil de Zéid* ou مِنْ زَيْدٍ *ou que Zéid*, pour *je n'ai point vu*, etc., *que dans l'œil de Zéid*.

ARTICLE IV.

De l'emploi des noms de nombre.

§ I. *De l'emploi des noms de nombre cardinaux.*

459. Parmi les noms de nombre cardinaux, les uns sont employés tantôt comme adjectifs, tantôt comme substantifs; les autres ne le sont que comme substantifs. Si le nom de la chose nombrée est sous-entendu, le numératif s'accorde en genre avec ce nom.

460. أَحَدٌ *un* et إِحْدَى *une* gouvernent au génitif le nom de la chose nombrée, et s'accordent en genre avec ce nom : أَحَدُ النَّاسِ *l'un des hommes*; إِحْدَى النِّسَاءِ *l'une des femmes*. On dit aussi أَحَدٌ مِنَ النَّاسِ *l'un d'entre les hommes*, etc.

461. إِثْنَانِ et fém. إِثْنَتَانِ *deux* se mettent quelquefois par pléonasme après le nom de la chose nombrée, mis au duel et en concor-

dance de genre et de cas avec ce nom : بِرَجُلَيْنِ ٱثْنَيْنِ *auprès de deux hommes.* Quelquefois aussi il est suivi de ce nom mis au singulier et au génitif : ٱثْنَتَا حَنْظَلٍ *deux grains de senevé.*

462. Depuis 3 jusqu'à 10, les numératifs s'emploient, ou comme adjectifs en concordant en genre et en cas avec le nom de l'objet compté, ou comme substantifs en gouvernant au génitif pluriel le nom de l'objet compté, et en concordant en genre avec ce nom : ثَلَاثَةُ بَنُونَ *trois fils;* ثَلَاثَةُ رِجَالٍ *trois hommes.* Quelquefois le nom de l'objet compté se place après le numératif et se met à l'accusatif d'une manière adverbiale : خَمْسَةُ أَثْوَابًا *cinq habits.*

463. Dans les composés de dizaines et d'unités, on met la particule وَ *et* entre les deux nombres, en plaçant le plus petit le premier et en déclinant les deux : أَحَدُ وَعِشْرُونَ *vingt et un*, gén. أَحَدِ وَعِشْرِينَ, accus. أَحَدًا وَعِشْرِينَ.

464. Les numératifs composés, depuis 11 jusqu'à 99 inclusivement, gouvernent le nom de la chose nombrée à l'accus. sing.: أَحَدَ عَشَرَ كَوْكَبًا *onze étoiles,* تِسْعٌ وَتِسْعُونَ نَعْجَةً *quatre-vingt-dix-neuf brebis.* Cependant on trouve l'accus. plur.: وَقَطَّعْنَاهُمُ ٱثْنَتَيْ عَشْرَةَ أَسْبَاطًا *et nous les avons divisés en douze tribus* (Coran, VII, 160).

465. Lorsque les numératifs de dizaines, depuis 20 jusqu'à 90, ont pour complément le nom du possesseur de la chose nombrée, ou un pronom qui le représente, le nom de la chose nombrée étant alors sous-entendu, ils perdent leur terminaison نَ (n° 345 1°), et leur complément se met au génitif : عِشْرُو زَيْدٍ *les vingt (chevaux) de Zéid;* ثَلَاثُوكَ *les trente (esclaves).*

* Quant aux numératifs composés, depuis 11 jusqu'à 19, lorsqu'ils entrent dans cette sorte de construction, ils conservent leur indéclinabilité (n° 348), ou bien le premier des deux mots du composé prend la terminaison du nominatif, du génitif ou de l'accusatif, selon le rôle qu'il joue dans la phrase, et le second se met au génitif, comme complé-

ment du premier : هَذِهِ خَمْسَةَ عَشَرَ زَيْدٍ *ce sont les quinze (chevaux) de Zéid*; خُذْ خَمْسَةَ عَشَرِكَ *prends tes quinze (chevaux)*; مِنْ خَمْسَةِ عَشَرِهِ *d'entre ses quinze (chevaux)*. *

466. Après les numératifs de centaines, le nom de l'objet compté se met au génitif singulier, et quelquefois à l'accusatif singulier (n° 462): حَتَّى مِائَتَيْنِ عَامًا *jusqu'à deux cents ans.*

467. أَلْفٌ *mille,* أَلْفَانِ *deux mille,* et les autres numératifs de *mille* qui se forment en ajoutant أَلْفٌ à des noms d'unités, de dizaines et de centaines (n° 352), gouvernent le nom de la chose nombrée au génitif singulier. Quant au mot أَلْفٌ lui-même, il se met au génitif pluriel, lorsqu'il est ajouté aux numératifs depuis 3 jusqu'à 10 ; à l'accus. sing., quand il se joint à des numératifs depuis 11 jusqu'à 99 ; enfin au génitif singulier, lorsqu'il est ajouté à tous les autres depuis 100 et au-dessus (n° 352) : أَلْفُ مَدِينَةٍ *mille villes*; أَلْفَا قَرْيَةٍ *deux mille villa-ges*; ثَلَاثَةُ آلَافِ رَجُلٍ *trois mille hommes*; عِشْرُونَ أَلْفَ كِتَابٍ *vingt mille volumes*; ثَلَاثُ مِائَةِ أَلْفِ دِينَارٍ *trois cent mille pièces d'or.* Il en est de même des *mille de mille,* c.-à-d. des *millions,* qui s'expriment en ré-pétant deux fois le mot أَلْفٌ, et des *mille de millions,* c.-à-d. des *mil-liards,* qui s'expriment par le même mot trois fois répété : تِسْعَةُ آلَافِ أَلْفِ أَلْفِ رَجُلٍ *neuf millions d'hommes*; أَلْفُ أَلْفِ أَلْفِ وَتِسْعُونَ دِرْهَمًا *un milliard et quatre-vingt-dix pièces d'argent.*

468. Quant à la concordance en genre des numératifs, elle est sou-mise aux règles ordinaires de celle des noms avec les verbes, les ad-jectifs, etc.

469. Les numératifs prennent généralement l'article dans les mêmes cas que les autres noms.

470. Dans les dates d'années, les numératifs se mettent au génitif, comme compléments du nom féminin سَنَةٌ *année ;* ils concordent le plus souvent en genre avec ce nom, en se plaçant de manière que les unités

précèdent les dizaines, les dizaines les centaines, les centaines les mille : في سَنَةِ سِتٍّ وَتِسْعِينَ وَثَمَانِمَائَةٍ وَأَلْفٍ *en l'année* 1896. Lorsqu'il s'agit des années d'un règne ou de la vie d'un individu, on emploie les nombres ordinaux.

§ II. *De l'emploi des noms de nombre ordinaux.*

471. Les numératifs ordinaux étant de véritables adjectifs, concordent avec les noms qu'ils qualifient en genre, en nombre, en cas, et par rapport à l'article (n° 377 4°); et comme ceux de dizaines, de centaines et de mille sont les mêmes que les numératifs cardinaux (n° 349), ils s'emploient pour les deux genres.

472. Les numératifs ordinaux ayant pour complément le numératif cardinal dont ils sont formés, perdent leur signification propre, pour prendre celle d'*un*, d'*une;* ainsi, ثَانِي اثْنَيْنِ ne signifie pas *le second de deux,* mais simplement *l'un de deux ;* de même, on doit traduire عَاشِرُ عَشَرَةٍ par *l'un de dix,* et عَاشِرَةُ عَشَرٍ par *l'une de dix.* Les nombres composés, bien qu'ils conservent la même acception, se construisent de différentes manières : 1° tantôt tous les mots restent indéclinables : ثَانِيَةَ عَشْرَةَ اثْنَتَيْ عَشْرَةَ *l'une de douze ;* 2° tantôt le second mot du numératif ordinal se supprime, tandis que son premier se décline et que les numératifs cardinaux demeurent indéclinables : ثَالِثُ ثَلَاثَةَ عَشَرَ *l'un de treize,* ثَالِثَةُ ثَلَاثَ عَشْرَةَ *l'une de treize;* 3" tantôt enfin le numératif cardinal se supprime tout entier, et l'ordinal se conserve seul en demeurant indéclinable : هُوَ ثَالِثَ عَشَرَ *il est un de treize.*

473. Si les numératifs ordinaux ont pour complément un numératif cardinal inférieur d'une unité à celui dont ils dérivent, ils signifient porter, élever jusqu'au nombre qu'ils expriment le nombre inférieur exprimé par le numér. cardinal, et ils gouvernent leur complément au génitif ou à l'accusatif : هُوَ رَابِعُ ثَلَاثَةٍ ou bien هُوَ رَابِعٌ ثَلَاثَةً *il élève à quatre le nombre de trois.* Depuis 11 jusqu'à 19, le numératif d'unité se décline et celui de dizaine reste indéclinable : هُوَ ثَالِثُ عَشَرَ اثْنَيْ عَشَرَ

il porte à treize le nombre de douze. Il en est de même pour les autres dizaines; seulement le mot qui exprime la dizaine se retranche du numératif ordinal : هُوَ رَابِعٌ ثَلَاثَةٍ وَعِشْرِينَ ou bien هُوَ رَابِعُ ثَلَاثَةٍ وَعِشْرِينَ *il porte à vingt-quatre le nombre de vingt-trois.*

———⋈———

CHAPITRE CINQUIÈME.

DE LA SYNTAXE DES PARTICULES.

474. Parmi les règles de syntaxe, les unes sont communes à plusieurs espèces de particules, les autres sont propres à chacune d'elles en particulier. Il n'y a rien d'important à observer sur les interjections.

ARTICLE I.

Syntaxe commune à plusieurs espèces de particules.

475. Les adverbes إِنَّ *certes,* عَلَّ et لَعَلَّ *peut-être,* لَيْتَ *plût à Dieu que!* et les conjonctions أَنَّ *que,* كَأَنَّ *comme si,* لَكِنَّ *mais,* placés devant un nom qui forme le sujet d'une proposition, le mettent à l'accusatif quand il suit immédiatement la particule, ou qu'il n'en est séparé que par une préposition avec son complément : إِنَّ اللَّهَ رَحِيمٌ *certes, Dieu est indulgent, miséricordieux;* إِنَّ فِي ذَلِكَ آيَةً *certes il y a en cela un miracle.*

* Lorsque le mot مَا est ajouté comme explétif (n° 370 4°, 5°) à ces particules, le sujet de la proposition reste au nominatif; cependant après لَيْتَمَا *plût à Dieu que!* il peut se mettre à l'accusatif. *

476. Les particules d'exception, telles que إِلَّا *sinon,* عَدَا, خَلَا, حَاشَا, غَيْرُ *excepté,* et l'adverbe لَا سِيَّمَا *surtout, principalement,* expriment, par leur nature même, un rapport entre deux idées dont l'une particulière est soustraite ou exceptée de l'autre qui est générale. Mais pour bien

comprendre les constructions auxquelles ce rapport donne lieu, il faut remarquer 1° que la proposition générale que l'on restreint par une exception peut être affirmative ou négative; 2° qu'on peut exprimer la chose exceptée, sans exprimer l'idée générale dont cette chose est soustraite.

477. إِلَّا, dans les propositions affirmatives, demande le nom de la chose exceptée à l'accusatif : جَاءَنِي ٱلنَّاسُ إِلَّا زَيْدًا *les hommes sont venus vers moi, excepté Zéid.* Dans les propositions négatives, si le nom qui représente l'idée générale est exprimé, le nom de la chose exceptée se met ou à l'accusatif, ou au nominatif, ou enfin au même cas que le premier : مَا كَلَّمَنَا أَحَدٌ إِلَّا زَيْدٌ ou زَيْدًا *personne ne nous a parlé, sinon Zéid ;* مَا أَتَيْتُ بِالْكُتُبِ إِلَّا ٱلتَّوْرِيَةِ ou ٱلتَّوْرِيَةَ *je n'ai point apporté les livres, excepté le Pentateuque.* Si au contraire l'idée générale est sous-entendue, le nom qui suit إِلَّا se met au cas où aurait dû être mis le nom sous-entendu : مَا جَاءَ إِلَّا زَيْدٌ *il n'est venu* (c.-à-d. *personne* أَحَدٌ *n'est venu) que Zéid ;* مَا مَرَرْتُ إِلَّا بِزَيْدٍ *je n'ai passé auprès (de personne* بِأَحَدٍ*) que de Zéid.*

478. Quand إِلَّا est précédé d'un sujet et suivi d'un attribut, ce sujet et cet attribut se mettent tous deux au nominatif ; mais s'il est suivi d'une proposition tout entière, il n'exerce aucune influence sur cette proposition : مَا مَرَرْتُ بِأَحَدٍ إِلَّا زَيْدٌ أَحْسَنُ مِنْهُ *je n'ai rencontré aucune personne, que Zéid ne m'ait paru plus beau qu'elle.* Cette dernière règle s'applique également à غَيْرُ, بَيْدَ *excepté.*

479. Si la même conjonction se trouve répétée et que cette répétition n'ait pour but que de donner de l'énergie au discours, sans former une nouvelle exception, le nom qui suit la seconde particule se met au même cas que le précédent : جَاءَ إِلَّا أَبُوكَ إِلَّا زَيْدٌ *il n'est venu que ton frère, que Zéid.* Si cette répétition forme de nouvelles exceptions, ou l'idée générale est sous-entendue, ou elle est exprimée. Dans le premier cas, le nom qui exprime la chose exceptée se met au cas

qui lui convient (n° 477), et tous les autres mots exprimant la chose
exceptée, à l'accus. : مَا قَامَ إِلَّا جَعْفَرُ إِلَّا سَعِيدًا إِلَّا مُحَمَّدًا *il ne s'est levé*
(personne أَحَدٌ) *sinon Djahfar, sinon Sahid, sinon Mohammed.* Dans le
second cas, on met à l'accusatif absolument tous les mots qui expri-
ment les exceptions : قُتِلَ ٱلْقَوْمُ إِلَّا زَيْدًا إِلَّا جَعْفَرًا إِلَّا عَمْرًا *la troupe fut
tuée, excepté Zéid, excepté Djahfar, excepté Amrou.*

480. Quant aux autres particules d'exception, elles donnent lieu à
des constructions à peu près semblables aux précédentes ; ainsi,
1° غَيْرَ, بَيْدَ, سِوَي, سُوَي gouvernent le nom de la chose exceptée au
génitif ; 2° l'adverbe لَا سِيَّمَا, au nominatif ou au génitif ; 3° les prépositions عَدَا, خَلَا, حَاشَا, au génitif, à l'accusatif et même au nominatif ;
mais ces deux dernières, étant précédées de la négation مَا, veulent exclusivement l'accusatif, parce qu'elles conservent alors la nature de
verbes (n° 366 2°).

* غَيْرُ se met aux mêmes cas où l'on devrait mettre le nom de la
chose exceptée, si on employait إِلَّا, parce qu'alors il conserve son
caractère primitif de nom : مَا نَصَرَنِي أَحَدٌ غَيْرُ زَيْدٍ *personne ne m'a
secouru, excepté Zéid* ; مَا مَرَرْتُ بِغَيْرِ جَعْفَرٍ *je n'ai passé qu'auprès de
Djahfar.* Comp. le n° 477. *

ARTICLE II.

Syntaxe des prépositions.

481. بِ donne un sens transitif aux verbes neutres, tels que *venir,
aller, partir, s'en aller* ; et alors il faut traduire *venir,* par *amener,
apporter,* et *aller, partir, s'en aller,* par *emmener, emporter* : أَتَى
بِالْكِتَابِ ذَهَبَ *il est venu avec le livre, c.-à-d. il a apporté le livre* ; بِنُورِهِمْ
il s'en est allé avec leur lumière, il a emporté leur lumière. — Cette
particule est souvent explétive devant l'attribut d'une proposition et
après إِذَا *voici* : مَا ٱللّٰهُ بِغَافِلٍ *Dieu n'est pas négligent* ; إِذَا بِرَجُلٍ *voici
un homme.*

482. رُبَّ *beaucoup de* (365 *) est toujours suivi d'un nom mis au génitif. Mais lorsqu'il prend le suffixe explétif هُ, le nom se met à l'accusatif : رُبَّهُ اَمْرَأَةً *beaucoup de femmes.*

483. لِ exprimant la propriété (n° 361 1°) répond souvent à notre verbe *avoir :* مَا لِاَبِيهِ كِتَابٌ *n'est pas à son père un livre,* c.-à-d. *son père n'a pas un livre.*

484. عَلَى *sur* (n° 364 3°) indique quelquefois le devoir, l'obligation : عَلَيْكَ *il est de ton devoir, c'est à toi de;* et si cette expression est suivie d'un accusatif, elle devient synonyme de خُذْ *prends :* عَلَيْكَ زَيْدًا *prends Zéid.* On dit aussi, dans un sens un peu différent : عَلَيَّ بِهِ *près de moi avec lui,* sous-entendu *viens,* c.-à-d. *amène-le-moi.*

485. دُونَ *devant* (n° 365 2°), joint à un pronom suffixe de la 2ᵉ personne, devient, comme عَلَى, synonyme de خُذْ *prends :* دُونَكَ زَيْدًا *prends Zéid ;* دُونَكَهُ *prends-le.*

486. خَلَا, حَاشَا et عَدَا *excepté,* gouvernent le génitif, l'accusatif (n° 364 2°) et même le nominatif, car on trouve مَاتُوا حَاشَا زَيْدٌ *ils sont morts, excepté Zéid.*

487. Les prépositions sont souvent supprimées ; dans ce cas, leur complément se met à l'accusatif ; ainsi, كِلْتُ زَيْدًا طَعَامَهُ *j'ai mesuré à Zéid son blé,* est pour كِلْتُ لِزَيْدٍ طَعَامَهُ ; de même, عَسَلَ الطَّرِيقَ *il a couru dans le chemin,* au lieu de عَسَلَ فِي الطَّرِيقِ. Quelquefois cependant le complément reste au génitif ; ainsi, dans أَشَارَتْ كُلَيْبٍ *ses doigts se sont étendus vers Coléib, pour le montrer,* أَصَابِعُهُ est pour إِلَى كُلَيْبٍ.

ARTICLE III.

Syntaxe des adverbes.

488. Quand de deux propositions qui se suivent immédiatement, l'une commence par أَ, et l'autre par أَمْ, ces deux adverbes interroga-

tifs (n° 370 4°) prennent souvent la signification dubitative *soit que* : أَأَنْذَرْتَهُمْ أَمْ لَمْ تُنْذِرْهُمْ *soit que tu les avertisses, soit que tu ne les aver-tisses point.*

489. لَ *certes, certainement* (n° 366 3°), lorsqu'on promet fortement une chose sous une certaine condition, s'emploie 1° tant dans la proposition conditionnelle que dans celle qui exprime la promesse : لَئِنْ أَكْرَمْتَنِي لَأَكْرَمَنَّكَ *certes si tu m'honores, assurément je l'honore-rai* ; 2° au commencement d'une proposition dépendant d'une autre proposition qui commence elle-même par لَوْ *si*, لَوْ لا *si... ne* : لَوْ قُلْتُهُ لَعَلِمْتُهُ *si je l'avais dit, certes tu l'aurais su.*

490. إِنَّمَا *seulement* est toujours séparé par un ou plusieurs mots du nom ou de l'expression qu'il sert à restreindre ; ainsi, إِنَّمَا أَنْتَ كَاتِبٌ signifie *tu es seulement écrivant, tu ne fais qu'écrire*, et إِنَّمَا كَاتِبٌ أَنْتَ *seulement toi es écrivant, tu es le seul qui écrive.* De même إِنَّمَا أَجْرِي عَلَى اللَّهِ veut dire *seulement en Dieu est ma récompense, ma récompense n'est qu'en Dieu*, et non point *il n'y a que ma récompense en Dieu.*

* On voit par ces exemples que إِنَّمَا équivaut à مَا...إِلَّا ; car le sens est le même que si l'on disait مَا أَنْتَ إِلَّا كَاتِبٌ *non toi, si ce n'est écrivant, tu n'es qu'écrivant* ; مَا أَجْرِي إِلَّا عَلَى اللَّهِ *n'est point ma ré-compense, si ce n'est en Dieu.* *

491. كَأَيِّنْ, كَمْ *combien ?* (n° 169) demandent le nom qui les suit : 1° à l'accusatif singulier : كَمْ رَجُلًا قَتَلَ *combien d'hommes a-t-il tués ?* 2° au génitif, s'il se trouve une préposition dans la phrase : بِكَمْ دِرْهَمٍ *pour combien de dirhems ?* كَأَيِّنْ مِنْ رَجُلٍ *combien d'hommes ?* — Employés sans interrogation, ils gouvernent le génitif singulier ou pluriel : لَا تَدْرِي كَمْ رَجُلٍ *tu ne sais pas combien d'hommes j'ai* ou رِجَالٍ قَتَلْتُ *tués.*

492. لَا demande à l'accusatif, mais sans *tanwin*, le sujet de la proposition, pourvu 1° que ce sujet soit indéterminé ; 2° qu'il suive

immédiatement la négation : car, hors ces deux cas, il se met au nominatif. Si cette particule porte sur deux noms liés par un و, on met le second ou au nom., ou à l'accus. ; et si dans le même cas elle est répétée, on met indifféremment au nom. ou à l'acc., soit les deux noms à la fois, soit le premier, soit le dernier seulement. On dit donc également : لَا رَجُلَ وَلَا ٱمْرَأَةٌ, ou لَا رَجُلَ وَلَا ٱمْرَأَةٌ, ou لَا رَجُلٌ وَلَا ٱمْرَأَةٌ, ou لَا رَجُلَ وَلَا ٱمْرَأَةٌ *ni homme, ni femme*. Enfin, si le sujet dont لا nie l'existence est qualifié par un adjectif, on construit cet adjectif de trois manières : لَا رَجُلَ نَائِمَ فِي ٱلدَّارِ *il n'y a pas d'homme dormant dans la maison*, ou نَائِمًا, ou نَائِمٌ.

493. لا et ما négatifs, étant joints à un sujet et à un attribut liés par le verbe كَان sous-entendu, gouvernent l'attribut à l'accusatif : مَا زَيْدٌ حَاضِرًا *Zéid n'est pas présent;* ou au nominatif; ce qui a lieu : 1° quand l'attribut est avant le sujet; 2° quand إِلَّا est inséré entre ces deux parties de la proposition; 3° quand ما est suivi de l'adverbe إِنْ *non* (n° 368 6°); 4° quand لا étant employé, le sujet n'est pas un nom indéterminé.

ARTICLE IV.

Syntaxe des conjonctions.

494. فَ, dont nous avons déjà fait remarquer plusieurs propriétés (n° 369 1°), sert souvent : 1° à indiquer que le sujet de la proposition qui va suivre n'est pas le même que celui de la proposition précédente; ce qui est d'autant plus important, que les Arabes ne déterminent pas toujours le sujet des phrases avec précision; 2° à distinguer deux propositions corrélatives, en se mettant au commencement de la seconde. On peut la rendre par *dans ce cas, alors*, ou même ne la point traduire, sans que cette omission nuise au sens ou à la clarté de la phrase française : إِنْ فَعَلْتَ هَذَا فَيَغْفِرُ ٱللَّهُ لَكَ *si tu fais cela, Dieu te pardonnera.*

* L'exemple précédent montre que فَ détruit l'influence du rap-

port conditionnel, qui met le verbe de la seconde proposition corrélative au 2e futur (n° 407). *

. 495. فَ et وَ servent à donner de la force et de l'énergie au discours, surtout après l'adverbe interrogatif ا, et avant les adverbes négatifs ou la conjonction لَوْ *si*. Ainsi on traduirait très-bien أَوَلَمْ, أَفَلَمْ, أَوَلَا, أَفَلَا *n'est-ce donc pas?* et أَوَلَوْ *est-ce donc que si?* On peut dire la même chose de وَ placé entre إِلَّا *sinon* et la proposition qui renferme l'exception : لَا تَمُوتُنَّ إِلَّا وَأَنْتُمْ مُسْلِمُونَ *ne mourez pas sans être sûrement devenus musulmans.*

496. وَ se met souvent après إِيَّاكَ, expression elliptique qui signifie *prends garde* : إِيَّاكَ وَالْأَسَدَ *prends garde au lion!*

497. Après لَوْلَا *si... ne, sinon* (n° 370 14°), le verbe est souvent sous-entendu ; quelquefois même la seconde proposition corrélative est supprimée toute entière, et si elle est exprimée, elle commence ordinairement par لَ *certes* : لَوْلَا زَيْدٌ لَزُرْتُكَ *sinon Zéid (si ce n'était Zéid, si Zéid n'y mettait obstacle), certes je te visiterais;* لَوْلَا فَضْلُ اللَّهِ عَلَيْهِمْ وَأَنَّ اللَّهَ تَوَّابٌ حَكِيمٌ *si ce n'eût été la bonté de Dieu pour eux (ils auraient été exterminés); mais Dieu est indulgent et sage.*

SECTION DEUXIÈME.

DE LA SYNTAXE GÉNÉRALE.

498. D'après ce qui a été dit plus haut (n° 373), il y a trois choses principales à remarquer dans la syntaxe générale : la phrase considérée en elle-même; la liaison des phrases entre elles, enfin l'ordre et l'arrangement des mots dans la phrase.

CHAPITRE PREMIER.

DE LA PHRASE CONSIDÉRÉE EN ELLE-MÊME.

499. La *phrase* est un assemblage de mots construits ensemble et formant un sens. Ainsi, السَّمَآءُ وَٱلْأَرْضُ *les cieux et la terre,* فَضْلُ ٱللَّهِ ٱلْقَدِيرِ *la bonté de Dieu tout-puissant,* n'offrent à l'esprit que des idées isolées, et nullement un sens ; mais il en est tout autrement de خُلِقَ ٱلْإِنْسَانُ *l'homme a été créé,* قَتَلُوا أَوْلَادَهُ *ils ont tué ses enfants.* Or la phrase ainsi considérée en elle-même est *simple* ou *composée.*

ARTICLE I.

De la phrase simple.

500. Par phrase simple nous entendons ici celle qui exprime à elle seule un sens complet. Ainsi les deux derniers exemples que nous venons de citer (n° 499) présentent des phrases simples, puisque les mots dont elles sont composées suffisent pour exprimer un sens parfait, lequel résulte d'un sujet suivi de son attribut.

501. Une phrase ne cesse point d'être simple quand le sujet ou l'attribut, ou même quand l'un et l'autre se trouvent, soit composés, soit qualifiés d'une manière quelconque. Ainsi, إِنَّ مَاتُوا زَيْدٌ وَٱبْنُهُ *certes, Zéid et son fils sont morts ;* وَخَلَقَ ٱللَّهُ ٱلسَّمَوَاتِ وَٱلْأَرْضَ *or Dieu a créé les cieux et la terre ;* رَأَيْتُ رَجُلًا نَائِمًا فِي ٱلدَّارِ *j'ai vu un homme qui dormait dans la maison,* sont autant de phrases simples.

502. La phrase simple se présente très-fréquemment sous une forme laconique ; c'est lorsqu'elle n'a point de verbe exprimé ; dans ce cas, il faut, pour compléter le sens qui se trouve nécessairement imparfait, restituer l'ellipse du verbe *être.* C'est pourquoi on dit : ٱللَّهُ غَفُورٌ *Dieu indulgent,* au lieu de *Dieu est indulgent ;* أُولَئِكَ ظَالِمُونَ *ceux-là injustes,* au lieu de *ceux-là sont injustes ;* يُسُوفُ فِي ٱلْمَسْجِدِ *Joseph dans*

la mosquée, au lieu de *Joseph est dans la mosquée*. Souvent c'est le pronom personnel qui tient lieu du verbe substantif; mais ce genre de locution donne au discours une certaine emphase. Compar. le n° 378*. La phrase dans laquelle le verbe ne se trouve pas exprimé s'appelle *phrase* ou *proposition nominale*.

* Les phrases simples, assez usitées chez les Orientaux en général, sont tout à fait du goût des anciens Arabes : car ils ne recouraient aux composées que lorsqu'ils y étaient en quelque sorte forcés. De là ce style coupé, haché qui domine dans leurs écrivains. *

ARTICLE II.

De la phrase composée.

503. La phrase composée est celle qui ne peut exprimer un sens complet qu'au moyen d'une autre phrase, soit dépendante, soit incidente. Ainsi, dans إِنْ تَخْرُجْ أَخْرُجْ مَعَكَ *si tu sors, je sortirai avec toi;* مَنْ كَتَمَ سِرَّةً بَلَغَ مُرَادَهُ *celui qui cache son secret parvient à son but,* les premières phrases de ces deux exemples إِنْ تَخْرُجْ *si tu sors,* et مَنْ كَتَمَ سِرَّةً *celui qui cache son secret,* n'expriment qu'un sens incomplet, comme on le voit aisément par le simple énoncé; mais en se joignant aux dernières, أَخْرُجْ مَعَكَ *je sortirai avec toi,* et بَلَغَ مُرَادَهُ *parvient à son but,* qui en sont dépendantes, elles complètent leur sens.

De même, dans أَنَا كَتَبْتُ ٱلرِّسَالَةَ ٱلَّتِي بَلَّغْتَهَا ٱلْوَزِيرَ *c'est moi qui ai écrit la lettre que tu as fait parvenir au vizir,* la phrase incidente ٱلَّتِي بَلَّغْتَهَا ٱلْوَزِيرَ *que tu as fait parvenir au vizir,* complète la phrase principale أَنَا كَتَبْتُ ٱلرِّسَالَةَ *c'est moi qui ai écrit la lettre.*

* On peut rattacher aux phrases composées celles dans lesquelles se trouve un *nominatif absolu* ou un accusatif tenant lieu de ce nominatif; car, quoique la proposition qu'elles renferment semble complète en elle-même, elle ne forme un sens parfait qu'au moyen de ce

nominatif, lequel n'est en réalité qu'une portion d'une autre proposition, comme on le voit par les exemples cités au n° 425. *

CHAPITRE SECOND.

DE LA LIAISON DES PHRASES ENTRE ELLES.

504. Les Arabes, comme nous venons d'en faire la remarque (n° 502 *), préférant les phrases simples aux phrases composées, ont dû naturellement choisir pour les lier entre elles un moyen très-simple ; ce moyen, très-simple en effet, est la particule conjonctive و ou فَ. De là on trouve sans cesse des récits assez étendus qui ne présentent aucune autre conjonction. C'est ainsi, par exemple, que nous lisons dans le Coran, *sur.* XX, 41, 42 : *Nous t'avons rendu à ta mère... et tu as donné la mort à un homme, et nous l'avons délivré du châtiment, et nous t'avons soumis à une grande épreuve, et tu as habité des années parmi les Madianites ; ensuite, ô Moïse ! tu es venu d'après (notre) décret (vers Pharaon), et je t'ai choisi pour exécuter mes volontés, etc.* Nous dirions, nous, moins simplement : *Nous t'avons rendu à ta mère. Plus tard, lorsque tu as donné la mort à un homme, nous t'avons délivré du châtiment. Cependant nous t'avons soumis à une grande épreuve, puisque (forcé de prendre la fuite) tu as habité des années parmi les Madianites. Ensuite, ô Moïse ! comme tu es venu d'après (notre) décret (vers Pharaon), je t'ai choisi pour exécuter mes volontés, etc.* Nous lisons encore dans la vie de Timur : *Et il commença par faire alliance avec les Mongols, et il se concilia leur amitié, et il obtint la paix et leur appui, et il épousa la fille de Kamareddin leur roi, et il se mit à l'abri de leurs attaques et de leurs persécutions, et ils étaient ses voisins du côté de l'orient, et il n'y avait entre eux et lui ni séparation, ni éloignement, etc.* Dans un style moins coupé, on dirait :

Dans ce dessein, il commença par faire alliance avec les Mongols ; puis, voulant se concilier leur amitié, obtenir la paix et leur appui, il épousa la fille de Kamareddin leur roi. Par ce moyen, d'ailleurs, il se mettait à l'abri de leurs attaques et de leurs persécutions, attendu qu'ils étaient ses voisins du côté de l'orient et qu'il n'y avait entre eux et lui ni séparation, ni éloignement, etc. (Tom. I, p. 84, édit. de Manger.)

505. Dans les dialogues la conjonction se supprime très-souvent ; quelquefois même on sous-entend le sujet de la phrase. De plus, le discours de chaque interlocuteur est précédé du verbe قَالَ, que l'on doit traduire tantôt par *dire*, tantôt par *répondre, repartir*, tantôt par *ajouter*, etc., suivant qu'il est plus ou moins répété. Voy., entre mille exemples de ces différentes particularités, les surates du Coran II, 28 et suiv., 63 et suiv.; XX, 51 et suiv.

506. Dans deux propositions corrélatives, la 2ᵉ ou *apodose* se joint quelquefois à la 1ʳᵉ sans l'intermédiaire d'aucune conjonction, quoique le plus ordinairement la particule فَ se mette au commencement de l'*apodose*. Voy. pour les exemples, les nᵒˢ 400, 407, 494.

* L'emploi et l'omission du فَ dans les propositions corrélatives sont soumis à des règles compliquées et qui admettent de nombreuses exceptions ; mais l'ensemble du discours permet de distinguer assez facilement l'*apodose*. *

<hr>

CHAPITRE TROISIÈME.

DE L'ORDRE ET DE L'ARRANGEMENT DES MOTS DANS LA PHRASE.

507. On doit d'autant plus porter d'attention à l'ordre dans lequel les mots sont placés dans la phrase arabe, qu'il influe généralement plus ou moins sur le sens du texte. Or le mot qui occupe la première

place dans une proposition est pour l'ordinaire celui auquel l'écrivain attache le plus d'importance, et par conséquent sur lequel il veut arrêter plus particulièrement l'esprit du lecteur ; de là, certaines inversions contraires à la marche naturelle de la phrase. Voyez-en des exemples au n° 425.

508. Le verbe étant dans la syntaxe, aussi bien que dans l'étymologie grammaticale (n° 170), la partie du discours la plus importante, occupe le plus ordinairement la première place. Mais il se place nécessairement après le sujet de la proposition : 1° quand ce sujet se trouve sous l'influence des particules اِنَّ *car,* اَنَّ *que,* كَاَنَّ *comme si,* لٰكِنَّ *mais,* لَعَلَّ *peut-être que,* لَيْتَ *plût à Dieu que !* comme : لٰكِنَّ اَكْثَرَهُمْ لَا يَعْلَمُونَ *mais la plupart d'entre eux ne savent pas ;* 2° si la proposition commence par un des mots مَنْ *qui ?* اَيَّ *lequel ?* مَا *quelle chose ?* كَمْ, *combien ?* كَاَيِّنْ *celui qui,* اَلَّذِي ou même par un de ces premiers mots employés, sans interrogation, dans le sens de *qui, quelque chose qui,* etc., comme dans : لَا اَدْرِي مَنْ جَآءَ *je ne sais pas qui est venu.*

509. Les compléments du verbe, soit directs, soit indirects, se placent naturellement après le verbe et le sujet; cependant on trouve très-fréquemment le complément placé entre le verbe et son sujet, et même avant le verbe. Cette inversion est en effet permise toutes les fois qu'il n'en résulte aucune équivoque dans le sens de la phrase.

510. Lorsqu'un verbe gouverne deux accusatifs (n° 412), le complément indirect se place régulièrement avant le complément direct. Cet ordre est nécessairement observé quand le sens logique des mots ne suffirait pas pour distinguer un complément de l'autre, comme dans اَعْطَيْتُ زَيْدًا عَمْرًا *j'ai donné à Zéid Amrou.*

511. Le complément direct se place toujours avant le complément indirect : 1° quand ce dernier se trouve restreint par اِلَّا *si ce n'est que* ou اِنَّمَا *seulement :* مَا اَعْطَيْتُ كِتَابًا اِلَّا زَيْدًا *je n'ai donné un livre qu'à Zéid ;* اِنَّمَا اَعْطَيْنَا دِينَارًا زَيْدًا *nous n'avons donné une pièce d'or qu'à*

Zéid; 2° quand le complément direct est un pronom suffixe et le régime indirect un nom : الدِّينَارُ أَعْطَيْتُهُ زَيْدًا *quant à la pièce d'or, je l'ai donnée à Zéid;* 3° quand le régime est suivi d'un pronom suffixe qui se rapporte au régime direct : أَسْكَنْتَ ٱلدَّارَ بَانِيَهَا *tu as fait habiter la maison par celui qui l'a bâtie.*

* On doit conclure des principes que nous venons d'établir qu'en dehors des cas compris dans les deux n°ˢ précédents, les deux compléments des verbes sont placés tantôt dans l'ordre naturel, tantôt dans l'ordre inverse, sans pour cela qu'il en résulte aucune ambiguïté dans le sens de la phrase. *

511 *bis.* Dans les propositions nominales, les écrivains arabes placent ordinairement le sujet avant l'attribut; cependant la chose n'a pas toujours lieu, et l'on peut donner pour règle générale, 1° que le sujet est nécessairement placé avant l'attribut toutes les fois que l'inversion rendrait le sens de la phrase équivoque; 2° que l'attribut précède le sujet quand cette inversion contribue à mieux déterminer le sens de la proposition; 3° que, dans tout autre cas, on suit tantôt l'ordre naturel et tantôt l'ordre inverse.

512. Quand l'accusatif est employé adverbialement pour exprimer l'état ou la situation (n° 428 2°), on peut le placer après ou avant le nom dont il détermine l'état; on peut donc, d'après ce principe, dire également : جَاءَ مُسْرِعًا زَيْدٌ ou جَاءَ زَيْدٌ مُسْرِعًا *Zéid est venu en se hâtant;* mais il faut pour cela qu'il n'en résulte aucune équivoque, car les deux phrases : لَقِيَ زَيْدٌ رَاكِبًا عَمْرَو et لَقِيَ زَيْدٌ عَمْرَو رَاكِبًا présentent, par le seul déplacement de l'accusatif adverbial رَاكِبًا, deux sens bien différents, la première signifiant : *Zéid rencontra Omar qui était à cheval,* et la seconde : *Zéid, étant à cheval, rencontra Omar.*

* En lisant les écrivains arabes, on s'apercevra sans doute que les règles que nous venons d'exposer dans ce troisième chapitre, loin d'être absolues et universelles, souffrent au contraire de nombreuses

exceptions ; mais on ne manquera pas de se convaincre en même temps que ces exceptions elles-mêmes sont toutes soumises au grand principe de l'ordre et du placement des mots dans la phrase ; ordre et placement qui influent toujours plus ou moins sur le sens du texte, comme nous en avons déjà fait l'observation un peu plus haut (n° 507), et comme le prouvent clairement les exemples cités au n° 425 *.

SUPPLÉMENT.

DE LA LANGUE ARABE

CONSIDÉRÉE SELON LE SYSTÈME DES GRAMMAIRIENS ARABES.

* Comme ce qui fait le sujet et la matière de ce supplément se trouve exposé dans les Principes de grammaire, et que le lecteur y est constamment renvoyé, nous avons voulu observer, autant qu'il a été possible, le même ordre et les mêmes divisions. *

PREMIÈRE PARTIE.
DES SIGNES ÉLÉMENTAIRES.

—

CHAPITRE PREMIER.
DES LETTRES ET DES VOYELLES.

ARTICLE I.

Des lettres et de leur division.

§ I. *Des lettres.*

513. Les Arabes nomment une lettre حَرْف, qui signifie proprement *pointe*, et qui désigne aussi une *particule*. Les lettres de l'alphabet en général se nomment حُرُوفُ ٱلْهِجَآء. *lettres de combinaison,*

d'épellation, et حُرُوفُ ٱلْمُعْجَمِ *lettres de ponctuation ;* mais ce dernier nom s'applique plus spécialement aux lettres qui ont un point diacritique ; car la lettre qui en porte un ou plusieurs se nomme مُعْجَمَة *ponctuée,* et celle qui n'en porte pas, مُهْمَلَة *privée, dépourvue.* Le *point diacritique* s'appelle d'ailleurs نُقْطَة ; de là, pour distinguer les quatre lettres ب, ت, ث, ي, qui en sont toutes pourvues, on nomme le ب, مُثَنَّاة مِنْ فَوْقِهَا *affecté d'un seul* point; le ت, مُوَحَّدَة *affecté de deux au-dessus ;* le ث, مُثَلَّثَة *affecté de trois,* et le ي, مُثَنَّاة مِنْ تَحْتِهَا *affecté de deux au-dessous de lui.* Quelquefois on désigne le ي par آخِرُ ٱلْحُرُوفِ *la dernière des lettres* de l'alphabet. Cette manière de désigner les lettres vient de ce que les copistes omettant souvent les points diacritiques, ou les plaçant mal à propos, on ne saurait, sans cette précaution, ni fixer la lecture, ni saisir le vrai sens des mots. Dans ce but, on met le signe ٧ sur د, ر, س, pour les distinguer du ذ, ز, ش ; signe nommé مُهْمَلَة *qui ne marque d'aucun point diacritique,* c'est-à-dire qui sert à indiquer que la lettre sur laquelle il est placé ne doit pas avoir de point diacritique. Quelquefois on distingue le س de cette manière, ڛ. Enfin, comme dans certains manuscrits la ressemblance de plusieurs lettres les ferait aisément confondre, on répète, en l'écrivant au-dessus ou au-dessous, la figure de celle sur laquelle on pourrait se méprendre.

Pour retenir plus facilement les lettres et leur ordre dans l'ancien alphabet, les Arabes asiatiques et ceux d'Afrique les ont divisées en huit mots fictifs et insignifiants. Voici l'ordre suivi par les Arabes asiatiques :

أَبْجَدٍ هَوَّزٍ حُطِّي كَلَمُونْ سَعْفَصْ قُرِشَتْ ثَخَذْ ضَظَغْ

L'ordre adopté par les Africains diffère un peu du précédent :

أَبْجَدٍ هَوَّزٍ حُطِّي كَلَمُنْ صَعْفَضْ قُرِسَتْ ثَخَذْ ظَغَشْ

514. Le ن se prononce toujours, devant les voyelles et les con-

sonnes ا, ح, ج, ع, غ, ه, comme notre *n* dans *nation*, *nager*, et c'est sa prononciation naturelle, que les grammairiens appellent إِظْهَار *manifestation* ou *prononciation claire*. Devant ت, ث, د, ذ, ز, س, ش, ص, ض, ط, ظ, ف, ق, ك, il se prononce d'une manière nasale, à peu près comme *n* dans *entrer*, prononciation appelée إِخْفَاء *occultation* ou *prononciation sourde*. Suivi de ب, il se confond avec م, ce qui se nomme قَلْب *conversion*, *changement*. Quand il précède un autre ن, ou م, و, ي, il prend un son nasal, et l'on redouble la lettre suivante ; aussi cette prononciation est-elle appelée إِدْغَام بِغُنَّة *insertion avec nasillement*. Cependant, s'il se trouve au milieu d'un mot devant un و ou un ي, comme dans عُنْوَان *titre d'un livre*, دُنْيَا *monde*, il conserve son articulation naturelle. Enfin, suivi de ر ou de ل, le ن ne se prononce en aucune manière, mais on double la lettre suivante, ce qui s'appelle إِدْغَام بِلَا غُنَّة *insertion sans nasillement*. Les six lettres qui font supprimer l'articulation naturelle du ن et la changent en celle de la lettre qui le suit, soit *avec*, soit *sans nasillement*, sont comprises dans le mot technique يَرْمَلُون, et si l'on fait abstraction du ن, les cinq qui restent sont représentées par cet autre mot factice لُومِيَر.

§ II. De la division des lettres.

545. Lorsque les grammairiens et les scoliastes arabes considèrent les lettres de l'alphabet sous le rapport de la prononciation, ils établissent un grand nombre de divisions et de dénominations qu'il est souvent difficile d'expliquer d'une manière satisfaisante, et sur lesquelles ils ne s'accordent pas toujours entre eux [1]. Voici les princi-

---

[1] Ces divisions et dénominations sont fondées, soit sur la variété des sons produits par l'articulation même des lettres, soit sur les différences que les grammairiens ont observées dans le mouvement ou la disposition des diverses parties de l'organe vocal, quand on les articule. Quelques-unes peuvent faire connaître la vraie prononciation de certaines lettres; mais elles sont toutes utiles à l'intelligence des commentaires et des scolies.

pales : 1° Les حَلْقِيَّة *gutturales*, de حَلْق *gosier*, qu'on nomme aussi حَنْجَرِيَّة *laryngiennes*, de حَنْجَرَة *larynx*, et qui sont ا, ح, خ, ع, غ, ه (n° 38) ; 2° les لَهَوِيَّة *formées près de la luette* (لَهَاة), savoir ق et ك, qu'on appelle encore, ainsi que ج, ش et ي, شَجَرِيَّة *articulées dans la partie de la bouche nommée* شَجَر, c'est-à-dire *la partie de la bouche qui est entre les deux mâchoires*, ou bien *l'endroit où se rencontrent les deux os maxillaires*, ou bien enfin *la partie de la voûte convexe de la bouche qui est susceptible de s'ouvrir* ; car le verbe شَجَر, dit de la bouche, signifie *l'ouvrir* ; 3° les أَسْلِيَّة *formées avec l'extrémité supérieure de la langue* (أَسْلَة), ou حُرُوفُ ٱلصَّفِير *les lettres de sifflement, sifflantes*, c'est-à-dire ز, س, ص ; 4° les نَطْعِيَّة *articulées en appuyant fortement l'extrémité de la langue vers la partie antérieure du palais* (نَطْع), lesquelles sont ت, د, ط ; 5° les لِثَوِيَّة *formées en appuyant l'extrémité de la langue contre les gencives* (لِثِي), c'est-à-dire ث, ذ, ظ ; 6° les ذَلْقِيَّة *articulées par un mouvement rapide de l'extrémité des lèvres* (ذَلْق *pointe, extrémité*), savoir ن, ل, ر, م, ف, ب, et même qui se forment par l'extrémité de la langue ; aussi donne-t-on encore à ces six lettres la dénomination commune de حُرُوفُ ٱلذَّلْق *articulées avec l'extrémité soit de la langue, soit des lèvres*, en les subdivisant en deux classes, dont la première, comprenant ر, ل, ن, se nomme ذَوْلَقِيَّة *formées par l'extrémité de la langue*, et la deuxième, renfermant م, ف, ب, s'appelle شَفْهِيَّة *labiales* ; 7° les حُرُوفُ ٱللَّيِّن ou لَيِّنِيَّة *les lettres douces*, qui sont ا, و, ي, et que l'on nomme aussi حُرُوفُ ٱلمَدّ *les lettres de prolongation*, حُرُوفُ ٱلزَّوَائِد *les lettres d'augmentation* (n° 42), حُرُوفُ ٱلعِلَّة *les lettres d'infirmité, infirmes, faibles*. Enfin, ا et ي, placés à la fin des mots et précédés d'un *fatha*, se nomment encore حُرُفَا ٱلتَّقْصِير *les deux lettres d'abréviation*, حُرُوفُ ٱلقَصْر *les lettres de brièveté*, ٱلحُرُوفُ ٱلمَقْصُورَة *les lettres brèves*, أَلِفٌ مَقْصُورَة *élif bref* (n° 42, 42*), أَلِفٌ مَلْسَاء *élif doux* et أَلِفٌ مُفْرَدَةٌ *élif isolé, unique,* parce qu'il n'est ni affecté d'un *medda,* ni suivi d'un *hamza.* L'ا que l'on trouve quelquefois à la fin d'un mot, après un و radical, comme dans يَتْلُوا *il lira* (n° 104*), et qui est purement orthographique, se nomme أَلِفُ ٱلْوِقَايَة *l'élif de précaution,* parce qu'il empêche de prendre le و final d'un mot pour و *et.*

516. On nomme encore les lettres : 1° حُرُوفُ ٱلْإِنْجِرَافِ *les lettres de déclinaison,* و et ل ; 2° حُرُوفُ ٱلْقَلْقَلَةِ ou ٱلْقَلْقَلَةُ *les lettres qui produisent un claquement,* ب, ج, د, ط, ق ; 3° حَرْفُ ٱلتَّكْرِيرِ *la lettre de répétition,* le ر ; 4° حَرْفُ ٱلتَّفَشِّي *la lettre de dilatation,* le ش ; 5° حَرْفُ ٱلْإِسْتِطَالَةِ *la lettre d'extension,* le ض ; 6° شَدِيدٌ مَحْضٌ *absolument fortes,* أ, ب, ت, ث, ح, ق, ك ; رِخْوٌ مَحْضٌ *absolument faibles,* ا, ط, د, ج, ي, و, ه, غ, ف, ظ, ض, ص, ش, س, ز, ذ, خ *tenant le milieu entre les fortes et les faibles,* بَيْنَ ٱلشَّدِيدِ وَٱلرِّخْوِ, ر, ع, ل, م, ن ; 7° مَهْمُوسَةٌ *cachées, proférées d'une manière peu sensible,* ت, ث, ج, خ, س, ش, ص, ف, ك, ة *proférées ouvertement d'une manière plus prononcée,* مَجْهُورَةٌ *toutes les autres lettres de l'alphabet;* 8° مُسْتَعْلِيَةٌ *élevées,* ط, ض, ص, خ, ظ, غ, et ق *ou* مُنْخَفِضَةٌ مُسْتَفِلَةٌ *abaissées, toutes les autres lettres;* 9° مُذْلِقَةٌ *liquides,* ب, ر, و, ف, ل, م, ن (comp. 515 6°), en opposition à مُصْمَتَةٌ *solides,* comprenant les vingt-deux autres lettres; 10° حُرُوفُ ٱلْبَدَلِ *les lettres de permutation,* c'est-à-dire qui se substituent les unes aux autres; 11° أَمْثَالُ *celles qui sont semblables, identiques,* et مُتَجَانِسٌ *les analogues ou homogènes.* Les grammairiens ne s'accordent pas entre eux sur le nombre de ces dernières; quelques-uns même appellent مُتَجَانِسٌ *les semblables,* et مُتَقَارِبٌ *les homogènes.*

517. Les lettres *radicales* (n° 138) se nomment أُصُولٌ *fondements, racines,* ou أَصْلِيَّةٌ *fondamentales, radicales,* de وَصْلٌ *fondement, racine,* et les *serviles,* que l'on comprend dans les deux mots techniques

يَتَسَمُّوا بِفُلُك, s'appellent زَوَائِدُ *augments, accessoires*. Quoique non compris dans ces mots techniques, le ه s'ajoute quelquefois comme lettre servile à la fin des mots (nᵒˢ 261*, 262*); on l'appelle dans ce cas هَاءُ ٱلْوَقْفِ *le hé de pause*, et هَاءُ ٱلسَّكُوتِ *le hé de repos*. Enfin on nomme les *solaires* شَمْسِيَّة, et les *lunaires* قَمَرِيَّة (nᵒ 40).

ARTICLE II.

Des voyelles.

518. Les voyelles et les signes qui les représentent, فَتْح ou فَتْحَة, ou ضَمَّة ou ضَمّ, كَسْرَة ou كَسْر, se nomment حَرَكَات *motions* et أَشْكَال *figures*; et la correspondance, l'analogie des consonnes ا, و, ي, avec les trois voyelles (nᵒ 46) se désigne par أُخْت *sœur* ou وَفْق *concordance*. Ainsi l'on dit أُخْتُ ٱلْفَتْحَة ou وَفْق *sœur du fatha, concordant avec le fatha*. On dit de même, en parlant des voyelles qui ont la nunnation (nᵒ 44) : تَنْوِينُ ٱلْفَتْحِ, ٱلْخَفْضِ, ٱلضَّمِّ *le tanwin du fatha, du kesra, du dhamma*.

519. Les Arabes détournent quelquefois la prononciation du *fatha* (a) pour la rapprocher de celle du ي (i), c'est-à-dire pour lui donner le son é, ou ê, ou ai (nᵒ 41); or ils nomment cette déviation إِمَالَة *inclinaison*, et ils la divisent en إِمَالَة مَحْض *inclinaison pure*, et إِمَالَة بَيْنَ بَيْن *inclinaison entre deux*, suivant que le son de l'é est plus ou moins *ouvert*.

520. Ils prononcent quelquefois le *kesra* et le *dhamma* d'une manière très-rapide et presque insensible; c'est pourquoi ils appellent ces voyelles ainsi prononcées مُخْتَلَس *escamotées*. Ils distinguent même dans cette prononciation deux degrés différents. Dans l'un, nommé إِشْمَام, la voyelle est si peu sensible, qu'elle ne compte pour rien dans la prosodie; dans l'autre, au contraire, appelée رَوْم, elle a une valeur prosodique, bien qu'elle se prononce avec une extrême brièveté.

ARTICLE III.

Des syllabes et des signes auxiliaires.

521. Une lettre qui est affectée d'une voyelle s'appelle مُحَرَّكَة *mue, mise en mouvement*, et celle qui en est privée, سَاكِن *quiescente*, et le manque de voyelle, سُكُون *repos*. Enfin on nomme une lettre مَفْتُوحَة, مَضْمُومَة, مَكْسُورَة, selon qu'elle est mue par un *fatha*, par un *kesra*, ou par un *dhamma*.

522. Le *djezma* جَزْم *amputation, retranchement*, indique la fin d'une syllabe (n° 53); quant à la lettre qui en est affectée, on l'appelle مَجْزُوم.

523. Donner à chaque lettre le signe de la voyelle qui lui convient, ou le *djezma*, se nomme إِضْبَاط *fixation*, et l'en priver, إِهْمَال *omission*.

524. Le *teschdid* تَشْدِيد *corroboration*, se nomme encore تَثْقِيل *aggravation*. La lettre qui en est affectée prend le nom de مُشَدَّدَة *corroborée, fortifiée*, ou مُثَقَّلَة, ثَقِيلَة *aggravée*. L'emploi du *teschdid* se désigne par إِدْغَام *insertion* d'une lettre dans une autre (n° 56); son absence, par تَخْفِيف *allégement*, et la lettre qu'on en dépouille, مُخَفَّفَة *allégée*. La figure du *teschdid* est considérée comme un petit ش, abréviation de شَدِيد *fort*, ou de شِدَّة *force*, nom que les Africains lui donnent, en le représentant toutefois par ٨ ou par ٧, et en le plaçant au-dessus ou au-dessous de la lettre, comme la voyelle qui l'accompagne. — Les manuscrits du Coran donnent lieu à plusieurs observations sur l'emploi du *teschdid* : 1° lorsqu'un mot commence par une lettre identique ou simplement homogène à celle qui termine le mot précédent, et que cette dernière devrait être djezmée, on supprime le *djezma*, et on insère en quelque sorte la lettre djezmée dans la suivante au moyen du *teschdid*; ainsi l'on écrit قَد جَاءَنِي et لَهُم مَغْفِرَةٌ, et on appelle cette sorte d'insertion إِدْغَام صَغِير فِي ٱلْمَثَلَيْن ou ٱلْمُتَجَانِسَيْن *petite insertion dans les deux lettres identiques, ou les deux lettres ho-*

mogènes; 2° si la lettre qui termine le premier mot est affectée d'une voyelle au lieu du *djezma,* cette voyelle se conserve; on dit donc, par exemple : اَلْقِيَامَةَ تَرَىِ et كَانَ نَاكِرًا, et l'insertion par le *teschdid* prend alors le nom de إِدْغَامٌ كَبِيرٌ فِي الْمُتَجَانِسَيْنِ ou الْمِثْلَيْنِ *grande insertion dans les deux lettres identiques,* ou *les deux lettres homogènes.*

525. Le *hamza* هَمْزٌ ou هَمْزَةٌ *piqûre* (n° 58) se supprime quelquefois entièrement. Cette suppression totale se nomme تَخْفِيفٌ *allégement,* ou تَسْهِيلٌ *adoucissement,* et le *hamza* ainsi supprimé s'appelle مُخَفَّفَةٌ *allégé* ou مُسَهَّلَةٌ *adouci,* mot qui est représenté, dans certains manuscrits du Coran, par un petit س placé sur l'*élif* dont le *hamza* est supprimé. D'autres fois il conserve une partie de son articulation, ce qui se nomme تَسْهِيلٌ, par opposition à la suppression totale, désignée alors exclusivement sous le nom de تَخْفِيفٌ ou تَسْهِيلٌ بَيْنَ بَيْنَ *adoucissement entre deux,* c.-à-d. *incomplet,* par opposition à تَسْهِيلٌ. Enfin, pour dire qu'il conserve entièrement toute sa valeur, on emploie l'expression تَحْقِيقُ الْهَمْزَةِ *rendre vrai, exact le hamza, lui donner sa véritable prononciation.*

526. L'*élif* soumis à l'union indiquée par le *wesla* وَصْلٌ *jonction* (n° 61) se nomme أَلِفُ الْوَصْلِ *l'élif d'union,* ou هَمْزَةُ الْوَصْلِ *le hamza d'union;* et tout autre *élif* initial qui n'y est point sujet s'appelle هَمْزَةُ الْقَطْعِ *le hamza de rupture, de séparation.* Quant à la figure du *wesla* ـ, c'est probablement le ص du mot وَصْلٌ.

527. Le *medda* مَدٌّ, مَدَّةٌ, مَطَّةٌ *extension* (n° 66) est regardé comme un م, abréviation d'un de ces trois mots. On le distingue en مُتَّصِلٌ *conjoint,* qui s'emploie lorsque le *hamza* est précédé, dans le même mot, d'une lettre de prolongation, comme سُوّى, شَآءَ, et en مُنْفَصِلٌ *disjoint,* qui a lieu quand un mot commençant par un ا est précédé d'un autre mot terminé par une lettre de prolongation, soit écrite, soit sous-entendue. Le *medda* se place alors sur la lettre de prolongation :

فِي أُمِّهَا ; أَمْرَةٌ إِلَيْكَ. Les pronoms suffixes ‌ٔ et ‌ٕ sont pour هُو et هِي.

— On distingue encore le *medda* en لَازِمٌ *nécessaire*, qui se place sur une lettre de prolongation suivie immédiatement dans le même mot d'une autre lettre djezmée, comme مَآدّ, et en عَارِضٌ *accidentel*, qui ne s'écrit pas, mais que l'on suppose toutes les fois qu'à la pause (n° 46*) la dernière consonne d'un mot, étant précédée d'une lettre de prolongation ou d'un و ou ي djezmé, perd dans la prononciation sa voyelle, écrite ou non écrite : بَيْت ,خَوْف ,يُؤْمِنُون ,ٱلْحِسَاب. Au reste, les Arabes ne s'accordent même pas sur l'usage de ce *medda* accidentel.

528. La *pause* وَقْف se divise : 1° en لَازِم *nécessaire* pour éviter un contre-sens ; 2° en مُطْلَق *universelle, absolue*, c'est-à-dire universellement reçue par les lecteurs du Coran ; 3° en جَائِز *permise* ou laissée à la volonté du lecteur ; 4° en مُجَوَّز *tolérée*, mais peu convenable ; 5° en مُرَخَّص *licite*, ou léger repos accordé seulement pour que le lecteur puisse prendre haleine ; 6° en كُوفِي *reçue parmi les lecteurs de l'école de Coufa* ; 7° en وَقْفَة يَسِيرَة *pause extrêmement légère*. Ces sept pauses sont représentées dans les manuscrits du Coran par de petites lettres écrites dans l'interligne supérieur et qui ne sont que de simples abréviations des mots qui expriment les diverses pauses. Ainsi م représente la 1ʳᵉ, ط la 2ᵉ, ج la 3ᵉ, ز la 4ᵉ, ص la 5ᵉ, قف la 6ᵉ, et قفه la 7ᵉ. Enfin le ق, abrégé du mot قِيل *on dit*, indique une pause contestée.

Au contraire, l'adverbe لا *non*, écrit au-dessus du dernier mot et mis pour لَا وَقْف *point de pause ici*, avertit que le sens ne se termine pas avec le verset. On exprime encore la continuation du discours sans suspension finale par دَرْج *l'action de marcher, d'avancer*, ou par وَصْل *conjonction, union*. — La pause produit dans la prononciation et la lecture plusieurs altérations ; elle fait disparaître : 1° la voyelle, soit simple, soit ayant une *nunnation*, de la dernière lettre ; à moins que la voyelle ne soit ‌ٕ, car dans ce cas on ne retranche que le *tanwin* ;

ainsi, إِبْنِهِ, إِبْنُكَ, إِبْنِهِ, زَيْدٌ, زَيْدٌ, مُحَمَّدًا, se prononcent فَعَلَ, زَيْدٌ, إِبْنُكَ, إِبْنِهِ, مُحَمَّدًا ; 2° le نْ du 5° futur et du 3° impératif ; c'est pourquoi يَفْعَلَنْ, تَفْعَلَنْ, يَفْعُلُنَّ, تَفْعُلِي, يَفْعَلَا, يَفْعَلُوا, se prononcent comme s'ils s'écrivaient يَفْعَلَا, تَفْعُلِي, يَفْعَلُوا ; 3° la voyelle du ة des noms féminins, en changeant le ة lui-même en ه quiescent. مَدِينَةٌ, ٱلْمَدِينَةُ, se prononcent donc ٱلْمَدِينَه, مَدِينَه.

529. Outre les abréviations qui servent à indiquer la pause, il en est encore plusieurs dont les unes sont d'un usage général, et les autres ne s'emploient que dans certains livres ; les premières sont : صلعم, abrégé de صَلَّى ٱللّٰهُ عَلَيْهِ وَسَلَّمَ *que Dieu lui soit propice et le sauve!* 2° عم, abrégé de عَلَيْهِ ٱلسَّلَامُ *que sur lui repose la paix !* 3° رضه, abrégé de رَضِيَ ٱللّٰهُ عَنْهُ *que Dieu soit satisfait de lui!* La première de ces formules se joint toujours au nom de Mahomet, la seconde au nom des autres prophètes, Abraham, Moïse, etc., et la troisième s'emploie surtout pour Ali et les imans de sa race. Les autres abréviations sont : 1° ج pour جَمْعٌ *pluriel,* et جج pour جَمْعُ جَمْعٍ *pluriel de pluriel;* 2° م pour مَعْرُوفٌ *connu;* 3° ع pour مَوْضِعٌ *nom de lieu;* 4° د pour بَلَدٌ *ville;* 5° ه pour بُلْدَةٌ *bourgade;* 6° نَا, abrégé de أَخْبَرَنَا *il nous a raconté;* 7° ثنا pour حَدَّثَنَا *il nous a transmis par la tradition;* 8° الخ pour إِلَى آخِرِهِ *jusqu'à sa fin, et cœtera.* Les cinq premières abréviations sont très-usitées dans les dictionnaires ; la 6° et la 7° le sont dans les recueils de traditions, et la 8° est d'un usage très-commun. — Quant aux mots tels que ٱلٓمٓ et كٓهٰيٰعٓصٓ qui se trouvent au commencement de plusieurs chapitres du Coran, on ne sait ni ce qu'ils signifient, ni s'ils sont de véritables abréviations.

ARTICLE IV.

Des changements des consonnes et des voyelles.

530. L'assimilation d'une lettre à la suivante par le moyen d'un *teschdid* se nomme إِدْغَامٌ *insertion* (n° 524) ; sa *permutation* ou *substitution* à une autre, بَدَلٌ ou قَلْبٌ ; sa *suppression,* حَذْفٌ ; le retran-

chement de sa voyelle qui la rend quiescente ou djczmée, تَسْكِين *repos*; enfin le *transport* de sa voyelle sur la consonne précédente, نَقْل. Ces divers changements ont lieu surtout dans les verbes et les noms irréguliers, lorsqu'ils comptent parmi leurs radicales un و ou un ي.

SECONDE PARTIE.

DES DIFFÉRENTES PARTIES DU DISCOURS.

531. Une partie du discours se dit en arabe كَلْمَة, ou كَلِمَة, ou كِلْمَة; plusieurs, كَلِمَات, كِلَمْ, ou كَلِمْ, ou كِلَمْ; mais la réunion des diverses parties, ou le discours lui-même, كَلَام. Or toutes les parties du discours se divisent en trois classes : 1° le *nom* إِسْم, qui comprend les substantifs, les adjectifs, les pronoms, et même quelques verbes; 2° le *verbe* فِعْل; 3° la *particule* حَرْف, qui renferme l'article, la préposition, l'adverbe, la conjonction et l'interjection.

CHAPITRE PREMIER.

DU NOM.

532. Le nom, considéré comme une des trois parties du discours, se définit généralement : آلَاسْمُ هُوَ كَلِمَةٌ دَالَّةٌ عَلَي مَعْنًي فِي نَفْسِهِ غَيْرُ مُقْتَرِنٍ بِأَحَدِ آلَازْمِنَةِ آلثَّلَاثَةِ *le nom est un mot qui indique un sens par lui-même, sans se joindre à un des trois temps.* C'est-à-dire que le nom diffère essentiellement et de la particule, qui ne peut avoir de sens que conjointement avec un autre mot, et du verbe, qui ne se conçoit pas sans exprimer ou le passé, ou le présent, ou le futur. Le nom se définit plus brièvement : آلَاسْمُ آلْمُقَابِلُ لِلْفِعْلِ وَآلْحَرْفِ *le nom*

opposé au verbe et à la particule. Enfin on appelle le nom آلْاَصْل *la souche, le tronc,* et le verbe et la particule, اَلْفَرْعَان *les deux branches.*

ARTICLE I.

De l'origine et de la forme des noms.

533. Les Arabes appellent جَامِد *solide,* ou غَيْرُ مُشْتَقّ *non dérivé,* le nom primitif, et ils le définissent : لَا يُشْتَقّ وَلَا يُشْتَقّ مِنْهُ *qui n'est point dérivé et duquel n'est pas dérivé* un autre mot ; ils le nomment ainsi par opposition à مُشْتَقّ *dérivé.* Cependant les *noms solides* donnent souvent naissance à des verbes, comme أَسَد *lion,* qui a formé أَسِدَ *il est devenu semblable à un lion.* Ils produisent même d'autres noms et des adjectifs.

534. Les noms qui n'ont que deux lettres, mais qui sont réellement trilitères, comme أَبٌ *père,* أَخٌ *frère* (n° 291), s'appellent مَحْذُوفُ الْأَعْجَاز *dont on a retranché la partie postérieure ;* et le retranchement lui-même se nomme حَذْفٌ اَعْتِبَاطِيّ *retranchement meurtrier, violent.* Ainsi cette espèce de noms appartient à la classe des ثُلَاثِيّ *trilitères,* et non à celle des ثُنَائِيّ *bilitères.*

535. Les noms qui ne sont formés que de lettres radicales se nomment مُجَرَّد ou مَعَرًّى *nus,* et أَصْلِيّ *radicaux,* et ceux qui ont une ou plusieurs serviles, مُسْتَزَاد *augmentés.* De plus, ils prennent les dénominations des différentes espèces de verbes dont ils dérivent, comme سَالِم *parfait, régulier,* أَصَمّ *sourd,* etc.

ARTICLE II.

De la division des noms en général.

536. Les noms se divisent et se subdivisent en différentes classes, suivant les divers points de vue sous lesquels on les considère. Ainsi on les divise, 1° en ظَاهِر *apparent, manifeste,* مُضْمَر *caché, renfermé dans l'esprit* ou *sous-entendu,* et مُبْهَم *vague* ou *indéterminé.* Les *noms renfermés* dans l'esprit sont les pronoms personnels, les *vagues* sont

les autres pronoms, quelques numératifs et les noms qui indiquent
une idée de nombre, mais sans déterminer précisément aucun nombre, comme كَذَا *tant,* etc.; et les *apparents,* tous les autres mots compris sous la dénomination de إِسْمٌ; 2° en صِفَةٌ *qualité,* ou نَعْتٌ *épithète,*
c.-à-d. qualificatif ou adjectif, et إِسْمٌ *nom,* ou إِسْمٌ مُقَابِلٌ لِلصِّفَةِ *nom opposé à l'adjectif,* ou enfin مَوْصُوفٌ *qualifié,* ou مَنْعُوتٌ *accompagné d'une
épithète,* c.-à-d. substantif; 3° en عَلَمٌ *signe, désignation particulière,
nom propre,* et إِسْمُ الْجِنْسِ *nom de genre* ou *commun, appellatif.* — Le
nom عَلَمٌ se subdivise en مُرْتَجَلٌ *non prémédité, improvisé,* ou qui, dès
son origine, n'a été que le nom propre d'un individu, et en مَنْقُولٌ *trans-
porté,* c.-à-d. qui, usité d'abord soit comme nom commun, soit comme
inflexion d'un verbe, a été appliqué à quelque objet en particulier
pour devenir son nom propre. Le mot auquel ce dernier genre de
nom propre a été emprunté s'appelle الْمَنْقُولُ عَنْهُ *le mot d'où a été fait
le transport.* Quand le عَلَمٌ مَنْقُولٌ est composé de plusieurs mots qui
forment une proposition complète, il se nomme إِضَافِي *exprimant le
rapport d'annexion;* et s'il est composé de deux mots dont l'union est
telle que chacun d'eux ne conserve aucune valeur hors de la composition, comme بَعْلَ بَكَّ *Baalbec,* on le nomme مُرَكَّبٌ مَزْجِي *composé
intimement combiné.* — Le إِسْمُ الْجِنْسِ se subdivise aussi en إِسْمُ عَيْنٍ
nom de substance, qui est le vrai nom commun, et en مَعْنًى *nom de signification,* qui est le nom abstrait.

537. Les noms se divisent encore : 1° en مَعْرِفَةٌ ou مَعْرُوفٌ *défini, déterminé,* qui sont les noms, les divers pronoms et tous les autres noms,
subst. et adj., quand ils sont déterminés par l'article ou par un complément; et en نَكِرَةٌ ou مُنَكَّرٌ *indéfini, indéterminé,* dénomination qui
s'applique à tous les noms qui ne sont pas compris dans les précédents.
La *détermination* par l'article se dit تَعْرِيفٌ ou مَعْرِفَةٌ, et le nom ainsi
déterminé, مُعَرَّفٌ بِالَّلَامِ, ou simplement مُعَرَّفٌ بِالْأَلِفِ وَاللَّامِ; celle qui

se fait par un complément, إِضَاف *annexion*, et le nom lui-même ainsi déterminé, ٱلْمُضَاف *l'annexé* à un complément. L'*indétermination* se nomme تَنْكِير ; 2° en مُرَكَّب *composé*, et غَيْر مُرَكَّب *non composé*. On comprend parmi les noms composés, soit quelques numératifs, soit certains adjectifs dérivés d'une proposition complète, comme كُنْتِيّ *vieillard décrépit* qui peut dire *j'ai été*, formé de كُنْتُ, sorte de composés qu'on appelle مُرَكَّب إِسْنَادِيّ *composé qui a son attribut en connexion avec son sujet*, إِسْنَاد signifiant cette espèce de connexion, soit enfin certaines formules adverbiales, telles que بَيْتَ بَيْتَ pour formules مِنْ بَيْتٍ إِلَى بَيْتٍ pour صَبَاحَ مَسَآءَ وَفِي صَبَاحٍ, فِي que l'on nomme مُرَكَّب مُتَضَمِّن أَوَّلُهُ مَعْنَى ٱلْحَرْف *composé dont le commencement renferme le sens, la valeur d'une particule*, ou simplement مُعْرَب composé *renfermant une ellipse* ; 3° en مُعْرَب ou مُرَكَّب تَضَمُّنِيّ qui peut être expliqué, *déclinable*, et مَبْنِيّ *bâti, construit d'une manière solide et immuable, indéclinable*. Ces derniers, qui se nomment aussi غَيْر مُتَمَكِّن وَلَا أَمْكَنَ *non susceptibles de variations, ni très-susceptibles*, comprennent les divers pronoms, quelques termes circonstantiels ou adverbes de temps et de lieu, les noms composés, les numératifs, les noms des verbes (n° 538 4°), enfin *les métonymies* ٱلْكِنَايَات ou certains mots d'une signification vague qu'on substitue à des expressions plus déterminées. Mais il faut remarquer que, suivant les grammairiens arabes, les noms déclinables de leur nature ne sont indéclinables que dans certaines circonstances et comme par exception, et que le contraire a lieu pour les verbes et les particules. — La faculté d'être décliné s'exprime par عْرَاب *explication, déclinaison*, et la qualité d'indéclinable par بَنَاء *construction solide, immutabilité*. Les noms ne sont considérés comme indéclinables que lorsqu'ils ont une ressemblance avec les particules : or cette ressemblance se trouve ou dans la forme du nom, ou dans sa signification, ou dans l'usage qu'on en fait, ou enfin dans la nécessité de joindre un complément à ces noms. La 1re espèce de ressemblance s'appelle شِبْهٌ وَضْعِيٌّ *ressemblance appartenant à la position,* c.-à-d. ressemblance dans la forme primitive, et s'applique uniquement aux pronoms affixes qui, comme les particules, n'ont qu'une ou deux lettres, ce qui, suivant les grammairiens arabes, est contraire à la nature du nom ; la 2e se nomme شِبْهٌ مَعْنَوِيٌّ *ressemblance dans la signification,* et se dit des noms qui renferment l'équivalent d'une particule, comme, par exemple, مَتَى *quand,* qui étant interrogatif équivaut à أَ ou هَلْ *est-ce que ?* et étant conjonctif a la valeur de لَمَّا *lorsque ;* 3° la 3e, appelée شِبْهٌ إِسْتِعْمَالِيٌّ *ressemblance dans l'emploi,* a lieu dans les noms des verbes tels que صَهْ *paix ! silence !* qui, dans l'emploi qu'on en fait, influent, comme les particules, sur la construction des mots avec lesquels ils sont en rapport, sans éprouver eux-mêmes l'influence d'aucun autre mot ; la 4e, شِبْهٌ إِفْتِقَارِيٌّ *ressemblance dans le manque, le besoin* d'un complément quelconque, a lieu dans les conjonctifs tels que مَا, مَنْ, ٱلَّذِي, qui exigent toujours après eux une proposition, comme les prépositions et les conjonctions veulent elles-mêmes être complétées, soit par un nom, soit par un membre de phrase. On admet une 5e espèce de ressemblance désignée par l'expression شِبْهٌ إِهْمَالِيٌّ *ressemblance d'omission ;* elle a lieu lorsque les noms, employés isolément, n'entrent dans la composition d'aucune proposition, et n'exercent ni n'éprouvent aucune influence ; mais qu'on se borne à les prononcer sans faire sentir aucun cas, comme cela se pratique à une pause.

538. Enfin les Arabes distinguent des autres noms les quatre espèces suivantes : 1° أَسْمَاءُ ٱلْعَدَدِ *les noms de nombre ;* 2° ٱلْمُتَّصِلَةُ بِالْأَفْعَالِ *les joints aux verbes,* c.-à-d. les noms d'action, les adjectifs verbaux de toute nature (n° 315), les noms qui expriment le temps ou le lieu de l'action, l'instrument, etc.; en un mot tous les noms dérivés des verbes et qui en renferment la signification ; 3° ٱلظُّرُوفُ *les vases,* c.-à-d. les noms qui, sans être dérivés des verbes, indiquent des circonstances de temps ou de lieu ; 4° أَسْمَاءُ ٱلْأَفْعَالِ *les noms des verbes,*

c.-à-d. qui, au moyen d'une ellipse, expriment la valeur de certains verbes.

ARTICLE III.

Des noms d'action, d'unité, etc.

539. Le *nom d'action*, en arabe اِسْمُ ٱلْفِعْلِ *le nom du verbe*, s'appelle aussi اِسْمُ حَدَثٍ *nom d'événement*, ou مَصْدَرٌ *principe*. Parmi les grammairiens arabes, les uns le regardent comme la racine (n° 532) d'où dérivent, non-seulement le verbe dans tous ses temps, ses modes, ses voix, ses diverses Formes, mais encore les adjectifs verbaux, les noms d'unité, de temps ou de lieu, etc. Les autres prétendent que c'est la 3ᵉ personne du prétérit singulier masculin qui donne naissance à tous ces différents mots. On concilierait les deux opinions, si l'on considérait le nom d'action comme la racine logique, et la 3ᵉ personne du prétérit comme la racine grammaticale ou étymologique. — Les noms d'action prennent généralement la dénomination des différentes espèces de verbes auxquels ils appartiennent. Ceux qui commencent par un م servile (n° 296) s'appellent مَصْدَرٌ مِيمِيّ *nom d'action ayant un* MIM, et tous les autres, مَصْدَرٌ غَيْرُ مِيمِيّ *nom d'action sans* MIM.

540. Les autres noms que nous devons mentionner dans cet article sont : 1° اِسْمُ ٱلْمَرَّةِ *le nom d'une fois, d'unité*; 2° اِسْمُ ٱلنَّوْعِ *le nom d'espèce ou spécificatif*; 3° اِسْمُ ظَرْفٍ *nom de vase*; c'est le même que اِسْمُ ٱلزَّمَانِ وَٱلْمَكَانِ *le nom de temps et de lieu*; 4° اِسْمُ ٱلْكَثِيرَةِ *le nom d'abondance, de multitude*; 5° اِسْمُ آلَةٍ *nom d'instrument*; 6° اِسْمُ ٱلْوِعَاءِ *le nom de vase*, qui diffère de اِسْمُ ظَرْفٍ non-seulement par les voyelles, mais parce qu'il dérive d'un nom et qu'il signifie le vase dans lequel on met une chose (n° 313), tandis que ce dernier se forme d'un verbe et n'est qu'un synonyme des mots temps et lieu (n° 306); 7° تَصْغِيرٌ *diminution*, ou اِسْمُ مُصَغَّرٍ *nom diminué, diminutif* (n° 324).

ARTICLE IV.

Des noms adjectifs.

541. Les noms adjectifs qui répondent à nos participes actif et passif se nomment اِسْمُ الْفَاعِلِ *le nom de l'agent,* et اِسْمُ الْمَفْعُولِ *le nom du patient.* Ceux des autres adjectifs verbaux qui expriment une qualité habituelle plutôt qu'une manière d'être passagère, sont appelés صِفَةٌ مُشَبَّهَةٌ *qualificatifs assimilés,* c.-à-d. assimilés au participe actif avec lequel ils ont des rapports dans la formation des genres, des nombres et des cas ; et ceux de la forme فَعَّالٌ (n° 317) se nomment اِسْمُ مُبَالَغَةٍ *nom d'intensité.* Quant à la forme أَفْعَلُ qui sert à exprimer le comparatif et le superlatif (n° 318), elle est appelée أَفْعَلُ التَّفْضِيلِ *la forme d'excellence, de supériorité.*

542. L'adjectif dénominatif (n° 321) s'appelle الِاسْمُ الْمَنْسُوبُ *le nom relatif* ou نِسْبَةٌ *relation.* Les adjectifs dénominatifs des formes فَاعِلٌ, فَعَّالٌ, et même quelques mots des formes مِفْعِيلٌ, مِفْعَالٌ et فَعِلٌ s'appellent كَلِمَاتٌ تُشْبِهُ الِاسْمَ الْمَنْسُوبَ *mots assimilés au nom relatif.*

ARTICLE V.

Des noms de nombre.

543. *Les noms de nombre* أَسْمَاءُ الْعَدَادِ se divisent en quatre classes nommées مَرْتَبَةٌ *degrés,* qui sont : آحَادٌ *les unités,* عَشَرَاتٌ *les dizaines,* مِيئَاتٌ *les centaines,* أُلُوفٌ *les mille.* On les divise encore en مُفْرَدٌ *singuliers,* c.-à-d. depuis 1 jusqu'à 10 ; en جَمْعٌ *pluriels,* ou qui peuvent prendre une forme plurielle, comme 100 et 1,000 ; en مُرَكَّبٌ *composés,* depuis 11 jusqu'à 19 ; en عُقُودٌ *nœuds,* qui sont les dizaines depuis 20 jusqu'à 90 ; et en مَعْطُوفٌ *liés par une conjonction,* c.-à-d. tous les numératifs composés de dizaines et d'unités, depuis 21 jusqu'à 99.

544. La chose nombrée, servant de complément au numératif, se nomme مُمَيَّزُ الْعَدَدِ *spécifiant le numératif.*

545. Les numératifs ordinaux sont appelés آلِاسْمُ آلْمُشْتَقُّ مِنَ آلْعَدَدِ le nom dérivé du nombre, de la forme فَاعِلٌ عَلَى وَزْنِ فَاعِلٍ.

ARTICLE VI.

Des pronoms.

546. Outre sa dénomination de مُضْمَرٌ ou ضَمِيرٌ *renfermé* dans l'esprit, *sous-entendu* (n° 536), le pronom personnel a de plus celle de كِنَايَةٌ ou مُكَنَّى nom *qui a la signification d'un autre, substitué à un autre*. Quand il est *isolé*, il se nomme ضَمِيرٌ مُنْفَصِلٌ *pronom séparé*, et quand il est *affixe,* ضَمِيرٌ مُتَّصِلٌ *pronom conjoint*. Cette dernière dénomination se donne aussi à certaines terminaisons qui servent à former diverses personnes des verbes. Ainsi, au prétérit, les terminaisons تَ, تِ, تُ, l'ا et le تُ du duel, le و, le نَ et le نا du pluriel, représentent le pronom de même qu'au futur singulier féminin, le ى, l'ا du duel, le و et le نَ du pluriel. Le pronom ainsi représenté est appelé بَارِزٌ ou ظَاهِرٌ *sensible, apparent*, par opposition à celui qu'on suppose être renfermé dans les autres personnes du verbe et qu'on nomme en conséquence مُسْتَكِنٌّ ou مُسْتَتِرٌ *caché*. Comme ces terminaisons indiquent toujours le sujet du verbe ou le nominatif, on les appelle ضَمِيرٌ مُتَّصِلٌ مَرْفُوعٌ *pronom affixe au nominatif*, pour les distinguer des affixes proprement dits qui servent de compléments aux verbes, et que l'on nomme pour cette raison ضَمِيرٌ مُتَّصِلٌ مَنْصُوبٌ *pronom affixe à l'accusatif*.

547. On trouve dans certains dialectes س et ش, ou كِسْ et كِشْ au lieu de كَ, affixe féminin de la 2e personne; le ش et le س ainsi employés s'appellent سِينُ آلْكَسْكَسَةِ, شِينُ آلْكَشْكَشَةِ.

548. Dans le pronom affixe نِي *moi*, le ن se nomme نُونُ آلْوِقَايَةِ *le noun d'empêchement, de précaution*, parce qu'il est employé pour empêcher que l'affixe ne se confonde avec les inflexions du verbe et ne produise un hiatus ou une contraction. On l'appelle encore نُونُ آلْعِمَادِ *le noun de soutien, servant de point d'appui*.

549. Le mot qui, dans le pronom personnel, désigne la *personne*, est شَخْص ou نَفْس. La 1ʳᵉ personne se nomme ٱلْمُتَكَلِّم *le parlant ;* la 2ᵉ, ٱلْمُخَاطَب *celui à qui la parole est adressée ;* et la 3ᵉ, ٱلْغَائِب *l'absent.*

550. Les *pronoms démonstratifs*, aussi bien que les *interrogatifs*, lors même qu'on les emploie d'une manière énonciative (nº 169), sont rangés parmi les ٱسْم مُبْهَم *nom muet, peu déterminé,* c.-à-d. d'une application vague, et sont appelés أَسْمَاء ٱلْأَشَارَة *les noms d'indication.* Le ل inséré dans ذَلِكَ, تِلْكَ celui-là, celle-là, se nomme حَرْف ٱلتَّبْعِيد *la particule d'éloignement,* et le mot ه et هَا *voici,* qui s'ajoute souvent au commencement de ذَا et ذَالِكَ, s'appelle حَرْف ٱلتَّنْبِيه *la particule de réveil, destinée à réveiller l'attention.* — Quand on fait concorder ذَلِكَ, ذَاكَ, ذَالِكَ, etc., en genre et en nombre avec la personne à laquelle on parle (nº 385), on nomme les affixes كَ, كِ, etc., حَرْف ٱلْخِطَاب *la particule d'allocution,* ou par laquelle on adresse la parole à quelqu'un, on le fait intervenir dans le discours.

551. Les *pronoms relatifs* ne sont, dans la langue arabe, que de simples conjonctifs ; aussi les nomme-t-on مَوْصُول ٱسْمِيّ *conjoint appartenant aux noms.* Ils se divisent : 1º en مَوْصُولَات خَاصَّة *conjoints particuliers,* ou نَصّ *susceptibles d'une seule application,* c.-à-d. ne pouvant être employés avec rapport à des noms de tout genre et de tout nombre ; tel est ٱلَّذِي avec toutes ses différentes terminaisons pour exprimer les divers genres et nombres, et أَيّ lorsqu'il se décline ; 2º en مَوْصُولَات مُشْتَرَكَة *conjoints communs,* comme مَا, مَنْ, qui sont plutôt des noms que des adjectifs ; comme l'article أَلْ souvent employé pour ٱلَّذِي et أَيّ, quand il est indéclinable.

ARTICLE VII.

Des genres, des nombres et des cas des noms.

552. Le *genre* se nomme en arabe ٱلْجِنْس, *le masculin* ٱلْمُذَكَّر, *le féminin* ٱلْمُؤَنَّث, et *le commun* ٱلْمُسْتَوِي. Les noms féminins par la signi-

fication se divisent en حَقِيقِي *vrai, réel*, et غَيْر حَقِيقِي *non réel, de pure convention*; et à raison de leur forme, en لَفْظِي *relatif à la prononciation, caractérisé par la prononciation du mot, c.-à-d. par une des trois terminaisons féminines* (n° 330), et en مَعْنَوِي *relatif au sens, intellectuel ou virtuel, c.-à-d. qui n'a aucune de ces terminaisons*. Enfin les noms féminins qui ne sont déterminés à ce genre par aucune règle se nomment سَمَاعِي *fondé sur l'audition, sur l'usage du discours*, le contraire de قِيَاسِي *analogique, conforme à la règle*.

553. *Le nombre s'appelle* ٱلْعَدَد, *le singulier* ٱلْفَرْد *ou* ٱلْمُفْرَد, *le duel* ٱلْمُثَنَّى *ou* ٱلتَّثْنِيَة, *et le pluriel* ٱلْجَمْع, ٱلْمُكَثَّر, *ou bien* ٱلْجُمُوع. *Le pluriel régulier se nomme* جَمْع صَحِيح *ou* جَمْع مُصَحَّح *pluriel intègre*, جَمْع سَالِم *ou* جَمْع سَلَامَة *pluriel parfait, pluriel de perfection*, جَمْع عَلَى حَرْفَيْن *pluriel moyennant deux lettres, formé par l'addition de deux lettres*; le pluriel irrégulier, جَمْع مُكَسَّر *pluriel rompu*, ou جَمْع ٱلتَّكْسِير *pluriel de fraction*; enfin le pluriel formé d'un autre pluriel, جَمْع ٱلْجَمْع, *le pluriel du pluriel*. Les réguliers et ceux des 12ᵉ, 13ᵉ, 14ᵉ et 15ᵉ formes (n° 339) sont nommés جُمُوع قِلَّة *pluriel de petite quantité*, et les autres irréguliers, quelle que soit leur forme, جُمُوع كَثْرَة *pluriel d'une grande quantité*; les premiers, en effet, ne peuvent s'employer que depuis trois jusqu'à dix, à moins que le nombre ne soit déterminé; tandis que ces derniers servent pour tous les nombres même les plus élevés. Ainsi le sens de عِنْدِي أَفْلُس est *j'ai des pièces de monnaie* au nombre de dix ou au-dessous; mais on pourrait dire عِنْدِي خَمْسَة أَفْلُس عَشَر *j'ai quinze pièces de monnaie*. — Les pluriels des 16ᵉ, 17ᵉ formes et les quadrilitères se désignent par مُنْتَهَى ٱلْجُمُوع et أَقْصَى ٱلْجُمُوع *les extrémités, la fin des pluriels*, soit parce que ces formes sont placées les dernières dans les listes des pluriels irréguliers, soit parce qu'on ne peut pas en former de nouveaux pluriels irréguliers. — Enfin les noms collectifs, comme قَوْم *peuple*, عَسْكَر *armée*, se nomment شِبْه ٱلْجَمْع *ressemblance du pluriel*.

554. Les trois cas qui constituent la déclinaison (اِعْرَاب) se désignent, savoir : le *nominatif* par رَفْع *élévation* ; le *génitif* par خَفْض *dé-
pression* ou جَرّ *attraction* ; et l'*accusatif* par نَصْب *position* [1]. De là le
nom lui-même s'appelle مَرْفُوع quand il est au nominatif, مَخْفُوض ou
مَجْرُور lorsqu'il est au génitif, et مَنْصُوب s'il est à l'accusatif. Lorsqu'un
nom a trois inflexions différentes et qu'il prend le *tanwin*, c.-à-d. qu'il
est de la 1ʳᵉ déclinaison (nᵒ 342), il se nomme مُنْصَرِف *changeant, variable*, ou bien مُتَمَكِّن أَمْكَن *susceptible* de variations, *très-susceptible* ;
mais quand il n'admet point le *tanwin* ou qu'il est de la 2ᵉ déclinaison,
on l'appelle غَيْر مُنْصَرِف *non variable*, ou مُتَمَكِّن غَيْر أَمْكَن *susceptible*
de variations, mais *non très-susceptible*, ou simplement مَمْنُوع *séparé,
privé* de variations. — Pour qu'un nom substantif ou adjectif soit de
la 2ᵉ déclinaison, il doit réunir deux des conditions suivantes, qui sont :
1° العَلَمِيَّة *la qualité de nom propre* ; 2° التَّأْنِيث *le genre féminin* ; 3° وَزَن
الفِعْل *la forme qui approche de celle du verbe* ; 4° الوَصْف *la qualité
d'adjectif* ; 5° العَدْل *la déviation, ou formation par altération d'une
autre forme* ; 6° الجَمْع *le nombre pluriel* ; 7° التَّرْكِيب *la composition* ;
8° العُجْمَة *la qualité de nom étranger* ; 9° الأَلِف وَالنُّون الزَّائِدَتَان *l'élif
et le noun ajoutés*, c.-à-d. l'addition de la terminaison اَن. Le nom
sera encore de la 2ᵉ déclinaison, s'il a même une seule des trois conditions, savoir : 1° أَلِف التَّأْنِيث المَقْصُورَة *l'élif bref*, signe *du féminin* ;
2° أَلِف التَّأْنِيث المَمْدُودَة *l'élif affecté du medda*, signe *du féminin* ;
3° الجَمْع *le pluriel*, c.-à-d. le pluriel de l'une des formes appelées *les
extrémités, la fin des pluriels* (nᵒ 553).

555. La déclinaison d'un nom qui, en vertu des règles de permutation, a plusieurs cas ou même tous les cas semblables (nᵒ 344), s'ap-

---

[1] Les grammairiens ne s'accordent pas entièrement dans les explications
qu'ils donnent des mots خَفْض, etc. Ces explications sont toutes, d'ailleurs,
plus ou moins forcées.

pelle تَقْدِيرِيّ *virtuelle,* par opposition à la déclinaison réelle, sensible et qu'on nomme لَفْظِيّ *énoncée, exprimée,* ou ظَاهِر *manifeste.* Le nom ainsi privé de ses inflexions finales, est appelé مَقْصُور *diminué, privé,* et son manque d'inflexions, نَعَذُّر *impossibilité.* Si le nom terminé par un ي précédé d'un *kesra* n'a que le nominatif et le génitif semblables (n° 344), on le désigne par le mot مَنْقُوص *défectueux;* et comme le ي ne peut dans ce cas recevoir ni le *dhamma,* ni le *kesra* (n°s 107, 110), on nomme cette impuissance إِسْتِثْقَال *aggravation, difficulté de pro-nonciation.*

556. Le *tanwin,* considéré sous le rapport des cas, se divise : 1° en تَنْوِينُ ٱلتَّمْكِين *tanwin de la déclinaison,* c.-à-d. qui forme les cas d'un nom, tant propre que commun, ou d'un adjectif; 2° en ٱلتَّكِرَة ou تَنْوِينُ ٱلتَّنْكِير *tanwin de l'indétermination;* il donne en effet aux mots un sens vague, comme dans إِمْس *un des jours passés,* tandis que إِمْس signifie *hier;* 3° en تَنْوِينُ ٱلْمُقَابَلَة *tanwin de la correspondance;* c'est celui qui se trouve au pluriel régulier féminin, et qui équivaut au ن final du pluriel régulier masculin; ou bien celui que l'on donne par licence à un nom de la 2e déclinaison, parce que le nom précédent en a un; 4° en تَنْوِينُ ٱلْعِوَض *tanwin de remplacement,* c.-à-d. celui qui est placé sur l'avant-dernière radicale, parce que la dernière a disparu, comme dans قَاضٍ *juge,* pour قَاضِي et قَاضِي ; ou bien celui qui indique et supplée une ellipse, comme dans كُلّ *totalité,* mis pour كُلّ *totalité de,* avec un complément, par exemple pour كُلّ إِنْسَان , كُلُّهُم , etc.; 5° en تَنْوِينُ ٱلتَّرَنُّم *tanwin du rhythme,* ainsi nommé, parce qu'on l'applique par licence à des noms de la 2e déclinaison, pour conserver la rime ou la mesure.

CHAPITRE SECOND.

DU VERBE.

556 *bis.* L'auteur de la *Djaroumiyya* décrit ainsi le verbe : ٱلْفِعْلُ
يُعْرَفُ بِقَدْ وَٱلسِّينِ وَسَوْفَ وَتَاءِ ٱلتَّأْنِيثِ ٱلسَّاكِنَةِ *le verbe se connaît par*
قَدْ, *et par le* SIN, *et* سَوْفَ *et le* TA *quiescent du féminin.* On sait en
effet que قَدْ se met souvent devant le prétérit, سَ et سَوْفَ devant le
futur (nº 366 2º), et que تْ indique la 3ᵉ pers. sing. fém. du prétérit.
Mais on définit généralement le verbe : ٱلْفِعْلُ هُوَ كَلِمَةٌ دَالَّةٌ عَلَى مَعْنًى
فِي نَفْسِهِ مُقْتَرِنٍ بِأَحَدِ ٱلْأَزْمِنَةِ ٱلثَّلَاثَةِ *le verbe est un mot qui indique un
sens par lui-même et qui se joint à un des trois temps.* Comp. nº 532.

ARTICLE I.

De l'origine et des formes du verbe.

557. Le verbe primitif est nommé par les Arabes مُجَرَّدٌ *nu* (nº 535),
et le dérivé مَزِيدٌ فِيهِ *auquel on a ajouté;* le primitif *trilitère* ثُلَاثِيٌّ, et le
quadrilitère رُبَاعِيٌّ. Cette propriété d'être composé de trois ou quatre
lettres se désigne par le mot كَمْ *combien, quantité.* Les verbes quadrilitères qui dérivent des trilitères dont la 2ᵉ radicale est semblable à
la 3ᵉ, et qui se forment en redoublant la 1ʳᵉ et la 2ᵉ radicale, comme
زَلْزَلَ *il a fait trembler,* dérivé de زَلَّ *il a chancelé,* sont appelés مُضَاعَفٌ
redoublé, et مُطَابَقٌ *concordant.* Les grammairiens nomment ٱلْمُلْحَقَاتُ
بِٱلرُّبَاعِيِّ *les rattachés au quadrilitère,* certains verbes formés des
trilitères, soit par le redoublement de la dernière radicale, soit par
l'insertion des lettres و, ي, même ن, et dont on indique les Formes
diverses par les mots فَعْلَلَ, فَوْعَلَ, فَيْعَلَ, فَعْلَى, فَعْنَلَ et فَعْتَلَ.

558. Dans les verbes trilitères, فَعَلَ servant de paradigme, la 1ʳᵉ
lettre se désigne par فَاء *fa,* la 2ᵉ par عَيْن *aïn,* la 3ᵉ par لَامْ *lam;* et dans
les quadrilitères, le paradigme étant فَعْلَلَ, la 3ᵉ s'appelle *lam premier*
et la 4ᵉ *lam second.* Ces lettres ne sont souvent représentées que par

leurs initiales ـف, ع et ل. — Quant à la variété de voyelles que présente le prétérit dans sa triple forme فَعَلَ, فَعِلَ, فَعُلَ, elle se nomme صُورَة *figure*.

559. Les Formes ou Conjugaisons se nomment نَوْع *espèce*, ou مِثَالٌ *exemple*. La 1re ou le verbe primitif se divise par rapport à sa signification : 1° en مُتَعَدٍّ ou مُجَاوِزٌ *passant au delà*, et وَاقِعٌ *tombant*, parce que l'action passe en quelque sorte du sujet qui la fait sur l'objet qui en reçoit l'impression ou l'effet; 2° en غَيْرُ مُتَعَدٍّ *qui ne passe point*, غَيْرُ وَاقِعٍ *qui ne tombe point*, et لَازِمٌ *inhérent*, parce que la qualité, la manière d'être ou l'action exprimée par le verbe ne passent pas du sujet sur l'objet. Les verbes de la 1re signification répondent à nos verbes actifs, transitifs, relatifs, et ceux de la 2e aux neutres, intransitifs, absolus. La signification *privative* qu'ont quelques verbes à la 2e Forme se nomme ٱلسَّلْبُ *l'action d'ôter*, *de faire cesser* une qualité, une manière d'être exprimée par la 1re Forme. — Les verbes qui à leur sens primitif ajoutent l'idée d'une circonstance de temps, comme أَصْبَحَ *il a été au matin*, أَمْسَى *il a été au soir*, etc., sont appelés أَخَوَاتُ كَانَ *sœurs du verbe* كَانَ, parce qu'étant souvent employés, abstraction faite de cette idée accessoire, ils deviennent en effet semblables au verbe substantif.

ARTICLE II.

Des voix du verbe.

560. Quoique les Arabes ne manquent pas absolument de forme verbale pour caractériser les verbes neutres (n° 205), ils n'ont cependant que deux sortes d'expressions techniques pour indiquer les voix; ce sont : 1° صِيغَةُ ٱلْفَاعِلِ *la forme de l'agent*, ou simplement ٱلْفَاعِلُ *l'agent*, ou bien encore صِيغَةُ ٱلْمَعْلُومِ et صِيغَةُ ٱلْمَعْرُوفِ *la forme du connu*, ou simplement ٱلْمَعْلُومُ et ٱلْمَعْرُوفُ *le connu*, c.-à-d. dont le sujet est connu; formules qui toutes répondent à la voix active; 2° صِيغَةُ ٱلْمَفْعُولِ

la forme de la chose faite, du patient, c.-à-d. de l'objet sur lequel tombe l'action, ou simplement صِيغَةُ ٱلْمَفْعُول *le patient;* ou bien enfin *la forme de la chose ignorée,* ou simplement ٱلْمَجْهُول *la chose ignorée,* c.-à-d., comme l'expliquent les Arabes, ٱلْمَفْعُولُ ٱلَّذِي لَمْ يُسَمَّ فَاعِلُهُ *le patient dont l'agent n'est pas nommé,* ou *l'objet d'une action dont le sujet n'est pas nommé.* Toutes ces dénominations répondent à la voix passive; mais celles qui représentent le sujet comme *ignoré* lui conviennent plus particulièrement, quand le sujet n'est pas déterminé, comme dans يُقَال *on dit,* يُرْوَى *on rapporte.* La signification neutre et même passive n'empêche pas un verbe d'être à la voix active (nᵒ 186), et par conséquent de nommer son sujet ٱلْفَاعِل *l'agent.*

ARTICLE III.

Des temps, des modes et des personnes du verbe.

561. Pour exprimer les idées de *temps* (زَمَان) on emploie les dénominations suivantes : 1ᵒ ٱلْمَاضِي ou ٱلْغَابِرُ, ٱلْغَبَرُ pour le *passé;* 2ᵒ ٱلْحَال ou ٱلْحَاضِرُ pour le *présent;* 3ᵒ ٱلِٱسْتِقْبَال, ٱلْمُسْتَقْبِل ou ٱلْغَابِرُ, ٱلْغَبَرُ pour le *futur,* qu'on appelle encore ٱلْمُضَارِع *semblable* au nom, parce que, 1ᵒ sa signification indéfinie de présent et de futur se restreint à l'un ou à l'autre de ces deux temps par l'addition de certains mots, comme le sens vague des noms communs se détermine par l'article; 2ᵒ il a une certaine analogie avec le *nom d'agent* (nᵒ 606) tant pour la forme que pour le sens, car on dit souvent indistinctement ضَارِبٌ, يَضْرِبُ *il frappe,* et *il est frappant;* et de plus, il est susceptible des trois cas, comme les noms; 3ᵒ il est souvent précédé, de même que les noms, des particules إِنَّ, لِ, لَ.

562. Les adformantes du prétérit étant considérées comme des pronoms qui indiquent le sujet, se nomment en conséquence ضَمِير مُتَّصِل مَرْفُوع *pronom suffixe au nominatif* (nᵒ 546); les préformantes du futur, qui ont le même emploi et qui sont comprises dans le mot

technique أَنِّين, s'appellent اَلْأَرْبَعُ اَلزَّوَآئِدُ *les quatre augments, cré-*
ments, ou حُرُوفُ اَلْمُضَارَعَةِ *les lettres du futur.*

563. On nomme أَبْوَابٌ *portes* les paradigmes suivants (n°s 205,212) :
1° فَعَلَ, fut. يَفْعُلُ ; 2° فَعَلَ, fut. يَفْعَلُ ; 3° فَعِلَ , fut. يَفْعَلُ ; 4° فَعُلَ, fut.
يَفْعُلُ ; 5° فَعَلَ, fut. يَعِلُ ; 6° فَعُلَ, fut. يَفْعُلُ ; et دَعَائِمُ اَلْأَبْوَابِ *les étais*
des portes, c.-à-d. les *formes principales,* les trois premières, comme
étant les plus usitées.

564. Les cinq futurs prennent des dénominations différentes, suivant les divers rôles qu'ils jouent dans la phrase ; ainsi le 1er يَفْعُلُ se
nomme اَلرَّفْعُ *le nominatif,* ou اَلْمَرْفُوعُ *qui est au nominatif* (n° 554),
ou bien encore اَلْمُضَارِعُ مِنَ اَلْبَابِ اَلْأَوَّلِ *le futur de la première classe;*
le 2e يَفْعَلْ, اَلْجَزْمُ *le djezma,* ou اَلْمَجْزُومُ *qui est affecté du djezma,* et les
noms ou les particules qui exigent ce futur s'appellent en conséquence
اَلْجَوَازِمُ *qui requièrent le djezma* ; le 3e يَفْعَلَ se nomme اَلنَّصْبُ *l'accusatif,*
ou اَلْمَنْصُوبُ *qui est à l'accusatif* ; le 4e يَفْعَلَنَّ نُونُ اَلتَّأْكِيدِ *le noun d'éner-*
gie et اَلثَّقِيلَةُ *la pesante* forme, *la grave,* pour distinguer ce futur du 5^e
يَفْعَلَنْ, qui, quoiqu'ayant *le noun d'énergie,* est surnommé اَلْخَفِيفَةُ *la*
légère. On voit par cet exposé que le 1er et le 3e futurs sont semblables
au nom sous le rapport des cas, comme on a pu déjà remarquer
(n°s 403-408) que, sous celui des modes, le 1er répond à l'indicatif, le
2e au conditionnel, le 3e au subjonctif.

565. L'impératif est appelé أَمْرٌ *commandement,* et son *élif caracté-*
ristique هَمْزَةُ اَلْأَمْرِ *le hamza de l'impératif.* Ses 2e et 3e Formes prennent les mêmes dénominations que les 4e et 5e Formes du futur.

566. Les *personnes* du verbe sont celles du pronom personnel
(n° 549) ; les *genres* et les *nombres* sont le *masc.,* le *fém.,* le *commun,*
et le *sing.,* le *plur.,* le *duel,* comme les genres et les nombres des
noms (n°s 552-553).

ARTICLE IV.

Des verbes irréguliers.

567. Le verbe irrégulier se nomme غَيْرُ سَالِم *non sain*, par opposition au verbe régulier سَالِم *sain*. On l'appelle صَحِيح *entier*, *parfait*, lorsqu'il ne compte parmi ses radicales aucune des lettres و et ي, et مُعْتَلّ *faible*, *infirme*, *imparfait*, quand il en compte une ou plusieurs. — Les verbes *irréguliers parfaits* sont : 1º اَلْاَصَمّ *le sourd*, appelé aussi اَلْمُضَاعَف *le redoublé*; 2º اَلْمَهْمُوز *le hamzé*; et les verbes *irréguliers imparfaits* : 1º اَلْمِثَال *l'assimilé* (nº 243); 2º اَلْاَجْوَف *le creux*, *concave* (nº 248); nommé aussi ذُو الثَّلَاثَة *le possesseur de trois lettres*, parce qu'il n'a que trois lettres à la 1ʳᵉ personne du prétérit singulier, au lieu de quatre ; 3º ذُو النَّاقِص *le défectueux* (nº 256), appelé encore ذُو الْاَرْبَعَة *le possesseur de quatre lettres* au prétérit singulier, là où le *concave* n'en a que trois. — Les verbes *hamzés* qui ont le *hamza* sur la 2ᵉ ou la 3ᵉ radicale, quoique appartenant proprement à la classe des *irréguliers parfaits*, se conjuguent quelquefois comme les concaves ou comme les défectueux (nºˢ 248, 256).

568. Le ه qui devant une pause remplace à l'impératif et au futur djezmé la dernière radicale supprimée se nomme هَاء الْوَقْف *le hé de la pause*, *le hé du repos*, *du silence*.

569. Tout verbe qui a pour 1ʳᵉ et 3ᵉ radicales un و et un ي, c.-à-d. qui est à la fois *assimilé* et *défectueux*, s'appelle لَفِيف مَفْرُوق *compliqué séparé*, *compliqué avec intervalle ;* et celui qui a pour 2ᵉ et 3ᵉ radicales ces mêmes lettres, c.-à-d. qui est en même temps *concave et défectueux*, se nomme لَفِيف مَقْرُون *compliqué conjoint*, *compliqué avec contiguïté*.

ARTICLE V.

Des verbes de louange, de blâme et d'admiration.

570. Les *verbes de louange et de blâme* (nº 282) s'expriment par

أَفْعَالُ الْمَدْحِ وَالذَّمِّ, et *l'objet spécial de la louange ou du blâme* par الْمَخْصُوصُ بِالْمَدْحِ أَوِ الذَّمِّ. Quant aux *verbes d'admiration*, ils se nomment أَفْعَالُ التَّعَجُّبِ. Ces différents verbes, et généralement tous ceux qui n'ont point de مَصْدَر *nom d'action,* et qui, comme لَيْسَ *il n'a pas été, il n'est pas* (n° 281), ne sont usités qu'à un seul temps, sont classés par les grammairiens arabes parmi ceux qu'ils appellent جَامِد *solide, fixe,* ou غَيْرُ مُشْتَقٍّ *non dérivé,* par opposition aux verbes ordinaires nommés, comme on l'a vu plus haut (n° 533), مُشْتَقٌّ *dérivé.*

* Les Arabes ont encore d'autres espèces de verbes, tels que أَفْعَالُ الْمُقَارَبَةِ *les verbes de proximité,* أَفْعَالُ الْقُلُوبِ *les verbes de cœur.* Nous en parlerons dans la syntaxe. *

———◇◇———

CHAPITRE TROISIÈME.

DES PARTICULES.

571. Quand le mot حَرْفٌ *particule* (plur. حُرُوفٌ), qui sert aussi à désigner les lettres de l'alphabet, est employé pour exprimer certaines parties du discours, on le nomme حَرْفٌ جَاءَ لِمَعْنًى *particule qui vient pour le sens, qui influe sur le sens,* ou simplement حَرْفُ مَعْنًى *particule de sens, de signification.* Les grammairiens arabes ont divisé les particules en plusieurs classes qui toutes prennent différentes dénominations, suivant les sens divers qu'elles expriment. Nous ne citerons que les principales.

ARTICLE I.

De l'article.

571 *bis.* L'article أَلْ est nommé par les Arabes : 1° الْأَلِفُ وَاللَّامُ

l'élif et le lam; 2° أَدَاةُ التَّعْرِيفِ *l'instrument de détermination, ou*
simplement التَّعْرِيفُ *la détermination;* 3° لَامُ التَّعْرِيفِ *le lam de dé-*
termination, certains grammairiens pensant que le *lam* seul constitue
essentiellement l'article, et que l'*élif* d'union n'y est ajouté que pour
en faciliter la prononciation; 4° *la détermination* لِلْعَهْدِ *pour la con-*
naissance, ou لِلْمَعْهُودِ *pour le connu,* c.-à-d. quand l'objet exprimé par
le nom que précède l'article est déjà connu; 5° تَعْرِيفُ الْعَهْدِ الْخَارِجِيِّ
la détermination de la connaissance extérieure ou *sensible,* quand le
nom de l'objet a été prononcé; 6° تَعْرِيفُ الْعَهْدِ الذِّهْنِي *la détermina-*
tion de la connaissance intellectuelle, quand, sans avoir été nommé,
l'objet est en quelque sorte présent à l'esprit; 7° *la détermination*
لِلْجِنْس *pour l'espèce,* s'il s'agit de l'espèce toute entière comprise sous
le nom; 8° تَعْرِيفُ الْمَاهِيَّة *la détermination de la nature,* c.-à-d. lorsque l'article indique seulement l'idée de la nature commune à tous
les individus de l'espèce, comme dans : *l'homme est plus robuste que*
la femme; 9° اِسْتِغْرَاقُ أَفْرَادِ الْجِنْس حَقِيقَةً *la réunion des individus de*
l'espèce, dans le sens réel, quand il indique sans métaphore tous les
individus de l'espèce, comme dans : *l'homme est sujet à se tromper;*
10° اِسْتِغْرَاقُ خَصَائِص الْجِنْس مَجَازًا *la réunion des propriétés de l'espèce,*
dans le sens métaphorique, c.-à-d. en considérant les qualités des individus plutôt que leurs personnes, comme dans : *il est à lui seul*
l'homme en fait de talents, ce qui signifie qu'il est *tous les hommes,*
l'article renfermant, en ce cas, la valeur de كُلّ *tous,* mais d'une manière métaphorique; 11° *la détermination* لِلْغَلَبَة *pour l'excellence,*
comme quand *le livre* est mis pour *l'Alcoran;* 12° زَايِدَةٌ لَازِمَةٌ *augment*
adhérent, inséparable, dans الَّذِي; 13° زَايِدَةٌ غَيْرُ لَازِمَةٍ *augment non*
adhérent, inséparable, dans les rapports d'annexion, l'article étant
séparé de l'antécédent, sa place naturelle, pour être mis devant le
conséquent.

ARTICLE II.

Des particules d'annexion.

572. *Les particules d'annexion* حُرُوفُ ٱلْإِضَافَةِ, nommées aussi *particules* ٱلْجَرِّ *d'attraction*, et *particules* ٱلْخَفْضِ *du génitif*[1], répondent à nos prépositions; ce sont بِ, تَ, etc. (n⁰ˢ 358-365).

1° Les rapports exprimés par بِ sont : ٱلْإِلْصَاقُ *l'adhésion, la proximité*; ٱلْقَسَمُ *le serment*; ٱلْإِسْتِعَانَةُ *l'instrument, le moyen*; ٱلْمُصَاحَبَةُ ou ٱلْمُلَابَسَةُ *la réunion, la simultanéité, la concomitance*; ٱلظَّرْفِيَّةُ *la circonstance d'être contenu, de se trouver dans un lieu, ou* مَعْنَى فِي *le sens, la valeur* de la particule فِي; ٱلتَّعْلِيلُ *le motif, la cause*; ٱلتَّعْدِيَةُ *rendre un verbe transitif.* Quand بِ signifie *au prix de*, on l'appelle بَآءُ ٱلثَّمَنِ *le bâ du prix*; 2° تَ et وَ ne servent qu'à indiquer ٱلْقَسَمُ *le serment*; 3° كَ indique ٱلتَّشْبِيهُ *la comparaison*; 4° لِ exprime ٱلْمُلْكُ ou ٱلْإِخْتِصَاصُ *la propriété, l'attribution*; ٱلتَّعْلِيلُ ou ٱلْعِلَّةُ *la cause, le motif*; ٱلتَّقْوِيَةُ ٱلْعَامِلِ *la corroboration de l'agissant, c.-à-d. de l'antécédent*[2]; ٱلتَّعَجُّبُ *l'admiration*; ٱلْإِسْتِغَاثَةُ *l'appel au secours*; 5° إِلَى et حَتَّى indiquent ٱلْإِنْتِهَاءُ ou ٱلْغَايَةُ *le terme, l'extrémité*; 6° عَدَا, خَلَا, حَاشَا et sont des particules لِلْإِسْتِثْنَاءِ *d'exception*; 7° عَلَى exprime ٱلْإِسْتِعْلَاءُ *la situation supérieure, la supériorité*; 8° عَنْ *la comparaison*, comme كَ, et de plus ٱلْمُجَاوَزَةُ *l'éloignement, l'action de passer outre, de se*

---

[1] La raison que l'on donne de ces dénominations, c'est que d'un côté ces particules exercent une influence sur le complément qu'elles attirent après elles, et que de l'autre elles mettent ce complément au génitif. Voyez cependant la note jointe au n° 554.

[2] Quand un verbe est placé après son complément, sa force est considérée comme moindre; or c'est au moyen de لِ joint au complément que l'on fortifie le verbe.

détourner, de se passer de quelque chose ; 9° فِي exprime des rapports soit de *circonstance de temps ou de lieu*, comme بِ, soit de comparaison, comme كَ ; 10° مُنْذُ, مُذْ expriment آلْاِبْتِدَآءُ فِي آلزَّمَانِ *le point de départ, le commencement relativement au temps* ; 11° مِنْ le même rapport, mais pour le lieu aussi bien que pour le temps ; elle marque encore *la cause*, comme لِ, et *la comparaison*, comme عَنْ et كَ ; de plus آلتَّرْكِيبُ *la composition, les parties qui entrent dans un tout*, آلتَّبْعِيضُ *la portion à prendre dans un tout*, آلتَّبْيِينُ ou آلْبَيَانُ *l'explication* du sens précis d'une expression vague ; 12° رُبَّ indique آلتَّقْلِيلُ *le petit nombre*, c.-à-d. une espèce peu nombreuse relativement à un certain genre auquel elle appartient[1].

* Dans les phrases telles que مَا جَآءَ مِنْ رَجُلٍ et لَيْسَ بِغَافِلٍ, les particules بِ et مِنْ sont dites زَائِدَاتٌ *explétives* ; car on pourrait dire plus simplement مَا جَآءَ رَجُلٌ et لَيْسَ غَافِلًا. *

ARTICLE III.

Des particules assimilées aux verbes.

573. *Les particules assimilées aux verbes* آلْحُرُوفُ آلْمُشَبَّهَةُ بِالْاَفْعَالِ *sont* : إِنَّ, أَنَّ, لَكِنَّ, كَأَنَّ, لَيْتَ, عَلَّ et لَعَلَّ. On leur a donné ce nom parce qu'elles sont composées de trois ou quatre lettres dont la dernière est affectée d'un *fatha*, comme le prétérit des verbes ; parce qu'elles régissent comme les verbes le nominatif et l'accusatif, ou bien que chacune d'elles offre le sens d'un verbe, إِنَّ et أَنَّ signifiant *j'ai reconnu pour vrai*, كَأَنَّ *j'ai comparé*, لَكِنَّ *j'ai réservé*, لَيْتَ *j'ai souhaité*, لَعَلَّ *j'ai espéré*. On appelle لَيْتَ *la particule de désir* حَرْفُ

---

[1] Dans cet exposé des particules, nous avons préféré à l'ordre observé par les grammairiens arabes, celui que nous avons déjà suivi nous-même (n°s 358-365), afin de faciliter au lecteur les rapprochements qu'il voudrait faire.

التَّمَنِّي , et عَلَّ , لَعَلَّ , *les deux particules d'espérance et d'appréhension*
.حَرْفَا ٱلتَّرَجِّي وَٱلْإِشْفَاقِ

ARTICLE IV.

Des particules de conjonction et de négation.

574. 1° *Les particules de conjonction* حُرُوفُ ٱلْعَطْفِ ou bien ٱلْحُرُوفُ
ٱلْعَاطِفَةُ *les particules conjonctives,* sont : وَ, فَ, ثُمَّ, حَتَّى, أَوْ, إِمَّا, أَمْ, لَا,
بَلْ, لَكِنْ, لَكِنَّ. Les quatre premières sont employées لِلْجَمْعِ *pour*
l'agrégation, la réunion, c.-à-d. qu'elles sont *copulatives.* Le وَ en particulier s'appelle encore وَاوُ ٱلْمُصَاحَبَةِ *le vav de concomitance,* وَاوُ مَعَةٍ
vav de simultanéité, quand il est employé dans le sens de la préposition *avec* (n° 363); وَاوُ ٱلْحَالِ *le vav exprimant un terme circonstanciel*
d'état; وَاوُ ٱلْإِبْتِدَآءِ *le vav du commencement,* c.-à-d. indiquant le commencement d'une nouvelle proposition. Les 5e, 6e et 7e sont au contraire *disjonctives.* La 5e أَوْ, quoique indiquant *le doute* ٱلشَّكَّ de sa
nature, s'emploie quelquefois de manière à n'exclure aucune des deux
parties de l'alternative, mais à ce qu'on puisse les admettre toutes
deux; dans ce cas on la nomme أَوُ ٱلْإِبَاحَةِ *le vav de permission, de*
licence entière. La 8e أَمْ est appelée مُتَّصِل *conjointe,* quand, précédée
de l'أ interrogatif, elle est suivie d'une portion de discours égale à
celle qui suit l'أ lui-même, comme dans : أَضَرَبْتَ زَيْدًا أَمْ ضَرَبْتَ عَمْرًا
as-tu frappé Zéid, ou as-tu frappé Amrou? et مُنْقَطِع ou مُنْفَصِل *dis-*
jointe, lorsqu'il n'y a point d'interrogation, ou bien lorsqu'avec l'interrogation, elle ne se trouve pas suivie d'une portion de discours
équivalente à celle qui vient après l'أ, comme dans أَضَرَبْتَ زَيْدًا أَمْ عَمْرًا
as-tu frappé Zéid ou Amrou? Les 9e et 10e بَلْ et لَكِنْ se nomment
حَرْفَا ٱلْإِسْتِدْرَاكِ *les deux particules de réparation,* c.-à-d. les deux
particules qui servent à réformer, à démentir une assertion précédente (n° 370 9°, 13°). Lorsqu'elles forment le commencement d'une

proposition indépendante, quant à l'analyse grammaticale, de ce qui précède, on les nomme حَرْفَا اِبْتِدَآءٍ *les deux particules de commence-ment, ou initiatives;* et quand بَلْ unit deux propositions entre lesquelles il n'y a pas d'opposition, mais une simple transition d'un sujet à un autre (n° 370 3°), on l'appelle حَرْفُ الْإِضْرَابِ *la particule de la déviation.*

575. 2° *Les particules de négation* حُرُوفُ النَّفْيِ sont : مَا, إِنْ, لَا, لَمْ, لَمَّا, لَنْ. Or مَا donnant au prétérit ou au futur le sens du présent (n°ˢ 399, 404), s'appelle نَفْيُ حَالٍ *négation de présent;* لَا donnant au prétérit le sens du futur (n° 400), se nomme en conséquence نَفْيُ الْاِسْتِقْبَالِ *la négation du futur;* s'il nie un attribut, une qualité, on l'appelle لَا بِمَعْنَى لَيْسَ *la ayant la signification du verbe laïça* (n° 281); mais s'il nie l'existence, on le nomme لَا لِنَفْيِ الْجِنْسِ *la servant à la négation de l'espèce;* لَمْ niant d'une manière absolue, s'appelle جَحَدٌ مُطْلَقٌ *négation générale;* et لَمَّا, qui a le même usage, se nomme جَحَدٌ مُسْتَغْرَقٌ *négation complète.* Comme لَنْ conserve toujours au futur une signification future, on l'appelle تَأْكِيدُ نَفْيِ الْاِسْتِقْبَالِ *l'énergie de la né-gation du futur,* c.-à-d. la négation du futur avec énergie.

ARTICLE V.

Des particules de réveil, d'appel, de complainte, d'assentiment, d'exception et de restriction.

576. 1° *Les particules de réveil* حُرُوفُ التَّنْبِيهِ, c.-à-d. celles qui servent à réveiller l'attention, sont : هَا, أَمَا, أَلَا; 2° *les particules d'ap-pel* الْمُنَادَاةِ ou حُرُوفُ النِّدَآءِ, destinées à appeler quelqu'un, sont يَا, أَيَا, هَيَا, أَ, أَيْ, أَيُّهَا, أَيَّتُهَا. L'objet qu'on appelle se nomme الْمُنَادِي *l'appelé.* Appeler quelqu'un à son secours se dit اِسْتِغَاثَةٌ; 3° la personne qu'on y appelle s'exprime par le mot الْمُسْتَغَاثُ *l'imploré,* et celle

pour laquelle on appelle au secours, اَلْمُسْتَغَاثُ مِنْ أَجْلِهِ ; *la particule de complainte* حَرْفُ التَّنَدُّبَة est وَا *hélas!* L'objet de la complainte se nomme اَلْمَنْدُوبُ *ce qui est pleuré;* l'*élif* qui suit le nom de cet objet (n° 371 4°) s'appelle أَلِفُ التَّنَدُّبَة *l'élif de la complainte,* et le ة que l'on ajoute souvent après cet *élif (ibid),* هَآءُ الْكَسْتِ *le hé de silence;* 4° *les particules d'assentiment* ou *d'affirmation* حُرُوفُ الْإِيجَابُ, appelées aussi حُرُوفُ التَّصْدِيقِ *les particules de déclaration qu'une chose est juste,* et حُرُوفُ التَّحْقِيقِ *les particules de déclaration qu'une chose est réelle, véritable,* c.-à-d. les particules qui servent à exprimer la conviction, l'assentiment à une proposition énoncée précédemment, soit affirmative, soit négative, sont : نَعَمْ, بَلَى, أَجَلْ, جَيْرِ ou جَيْرَ, et إِي ou أَيْ; 5° *les particules d'exception* حُرُوفُ الْاِسْتِثْنَاءَ sont : إِلَّا, خَلَا, حَاشَا, عَدَا; 6° *la particule de restriction* حَرْفُ الْحَصْرِ est إِنَّمَا (n° 368 8°).

ARTICLE VI.

Des particules d'allocution, de jonction, d'explication, de nom d'action et d'excitation.

577. 1° *Les deux particules d'allocution* حُرُوفُ الْخِطَابِ, sont le ك dans le pronom démonstratif ذَالِكَ, ذَلِكَ, etc., et le ت dans le pronom personnel أَنْتَ, أَنْتُمْ, etc.; 2° *les particules de jonction, d'addition* حُرُوفُ الصِّلَة ne font qu'ajouter une certaine emphase au discours ou compléter la mesure, donner la rime dans les vers, etc.; ce qui les a fait appeler aussi حُرُوفُ الزِّيَادَة *les particules de surabondance, explétives;* ce sont : إِنْ, أَنْ, مَا, لَا, مِنْ, بِ; 3° *les deux particules d'explication, explicatives* حَرْفَا التَّفْسِير sont أَيْ *signifiant c'est-à-dire,* et أَنْ *remplaçant l'expression en disant* (n° 370 6°); 4° *les deux particules de nom d'action* الْحَرْفَانِ الْمَصْدَرِيَّانِ c.-à-d. *faisant fonction de nom d'action, tenant lieu d'infinitif* (n°ˢ 468 31°, 370 16°), sont أَنْ et مَا; 5° *les*

particules d'excitation, d'exhortation حُرُوفُ ٱلتَّحْضِيضِ وَٱلْعَرْضِ, qui

sont إِلَّا, هَلَّا, لَوْلَا, لَوْمَا, servent également à exciter ou à faire des re-

proches, suivant que le verbe qu'elles précèdent est au futur ou au

prétérit.

ARTICLE VII.

**Des particules qui indiquent la proximité, le futur, l'interrogation,
la condition, la cause et la répulsion.**

578. 1° *La particule de proximité* حَرْفُ ٱلتَّقْرِيبِ est قَدْ, ainsi

nommée parce que, placée devant un prétérit, elle indique que l'action

exprimée par le verbe a eu lieu dans un temps rapproché. On la

nomme encore حَرْفُ ٱلتَّوَقُّع *la particule d'attente*, c.-à-d. la particule

indiquant que la personne à laquelle on parle s'attendait à l'événe-

ment qui lui est annoncé; 2° *les particules du futur* حُرُوفُ ٱلْإِسْتِقْبَالِ

sont سَ, سَوْفَ, etc. (n° 366 2°), qu'on appelle aussi حُرُوفُ ٱلتَّنْفِيسِ

particules de répit; 3° *les deux particules d'interrogation* حَرْفَا ٱلْإِسْتِفْهَامِ

sont أَ et هَلْ; 4° *les deux particules de condition* حَرْفَا ٱلشَّرْطِ sont إِنْ

et لَوْ; 5° *la particule de la cause, qui énonce la cause* حَرْفُ ٱلتَّعْلِيلِ

est كَيْ (n° 370 11°); 6° *la particule de répulsion* حَرْفُ ٱلرَّدْعِ, qui est

كَلَّا, se dit aussi حَرْفُ ٱلزَّجْرِ *la particule de réprimande*.

ARTICLE VIII.

**Des divers ل, des lettres ة et ت signes du féminin, du ن d'énergie
et du ه de silence.**

579. 1° Les particules appelées ٱللَّامَاتُ *les lams* ne sont que le ل

employé à divers usages, et qui prend, en conséquence, diverses dé-

nominations; ainsi, il se nomme لَامُ ٱلتَّعْرِيفِ *le lam de détermination*,

s'il entre dans la composition de l'article déterminatif ٱلْ; لَامُ ٱلْقَسَمِ

le lam du serment, quand on assure fortement une chose; ٱللَّامُ ٱلْمُوَطِّئَةُ

للْقَسَم *le lam préparatif du serment*, lorsque dans une promesse faite avec serment et sous une certaine condition, il se trouve dans la proposition conditionnelle ; لَامُ جَوَابِ ٱلْقَسَم *le lam répondant au serment*, lorsqu'il est dans la proposition qui contient la promesse (n° 489 1°) ; on le nomme encore لَامُ جَوَابِ لَوْ وَلَوْلَا *le lam répondant à si et si... ne*, quand il est au commencement d'une proposition dépendante d'une autre proposition qui commence elle-même par لَوْ ou لَوْلَا (n° 489 2°) ; لَامُ ٱلْأَمْرِ *le lam du commandement* (n° 407 3°); لَامُ ٱلْجَرِّ *le lam d'attraction* (n° 572 4°); لَامُ ٱلْإِبْتِدَآء *le lam de l'inchoatif*, c.-à-d. le *lam* qui précède le sujet d'une proposition ; enfin il se nomme ٱلْخَبَرِ *le lam de l'attribut,* quand il est devant l'attribut ; 2° تَآءُ ٱلتَّأْنِيث *le ta du féminin* qu'on écrit ة s'appelle تَآءٌ مَرْبُوطَةٌ *ta lié,* et celui qui s'écrit ت prend le nom de تَآءٌ مُطَوَّلَةٌ *ta allongé ;* 3° ٱلنُّونُ ٱلْمُؤَكِّدَةُ *le noun énergique,* ou نُونُ ٱلتَّاكِيد *le noun de corroboration,* est celui qui caractérise les 4e et 5e futurs (n° 564); 4° هَآءُ ٱلسَّكْت *le hé de silence* que l'on ajoute dans la formule de complainte (n° 576 3°), et qui se trouve devant une pause (n° 517).

TROISIÈME PARTIE.

DE LA SYNTAXE.

CHAPITRE PREMIER.

DU DISCOURS OU DE LA PHRASE ET DE LA PROPOSITION EN GÉNÉRAL.

580. Le *discours* ou la *phrase* كَلَامٌ (n° 531) est définie dans la *Dja-roumiyya :* ٱللَّفْظُ ٱلْمُرَكَّبُ ٱلْمُفِيدُ بِٱلْوَضْعِ *l'expression composée, corres-*

pondant à l'intention de celui qui parle ; mais on la définit assez ordinairement : مُؤَلَّفٌ مِنْ كَلِمَتَيْنِ بِالْإِسْنَادِ *assemblage de deux mots par relation, attribution,* c.-à-d. qu'une phrase se compose de deux mots au moins, mots dont la réunion énonce مُسْنَدٌ *un attribut* appartenant à *un sujet* nommé en arabe مُسْنَدٌ إِلَيْهِ *celui auquel on donne un attribut.* Or le sujet et l'attribut peuvent se composer de deux mots distincts, comme dans خَرَجَ زَيْدٌ, ou de deux mots réunis, comme dans خَرَجْتُ composé de خَرَجَ qui forme l'attribut, et de تُ qui représente le sujet (n° 546).

581. Lorsqu'une proposition énonce par elle-même un sens complet, on la nomme indifféremment كَلَامٌ *phrase* ou جُمْلَةٌ *proposition ;* mais, quand pour énoncer le sens, elle exige une autre proposition, on la nomme seulement جُمْلَةٌ *proposition.* Ainsi زَيْدٌ حَكِيمٌ est en même temps كَلَامٌ *phrase* et جُمْلَةٌ *proposition ;* mais dans زَيْدٌ إِنْ ضَرَبَنِي ضَرَبْتُهُ, il y a deux *propositions* جُمْلَةٌ et une seule *phrase* كَلَامٌ.

———◇◇◇———

CHAPITRE SECOND.

DES DIVERSES PROPOSITIONS, DE LEURS DIFFÉRENTES PARTIES ET DE L'ORDRE DES MOTS.

ARTICLE I.

Des diverses propositions [1].

582. Les propositions jouant dans le discours des rôles différents, prennent en conséquence diverses dénominations. Ainsi on les nomme :

---

[1] Nous omettons à dessein ici des explications et des développements qui trouvent plus naturellement leur place dans les articles et les chapitres suivants.

1° جُمْلَةٌ أَسْمِيَّةٌ *proposition nominale* ou dont *l'attribut* ٱلْمُسْنَدُ est un nom ou un adjectif, soit seul, soit suivi d'un complément : زَيْدٌ عَالِمٌ, زَيْدٌ غُلَامُ أَبِيكَ, زَيْدٌ رَجُلٌ.

2° جُمْلَةٌ فِعْلِيَّةٌ *proposition verbale*, ou dont l'attribut est exprimé par un verbe placé avant le sujet : مَاتَ زَيْدٌ.

3° جُمْلَةٌ ظَرْفِيَّةٌ *proposition circonstancielle de lieu*, parce qu'elle semble avoir pour attribut ظَرْفٌ *vase*, c.-à-d. *nom circonstanciel du temps et du lieu* (n° 540 3°), comme dans زَيْدٌ عِنْدَكَ.

4° جُمْلَةٌ جَارِيَةٌ مَجْرَي ٱلظَّرْفِيَّةِ *proposition courant de la course de la circonstancielle*, ou *formée à la manière de la proposition circonstancielle*, c.-à-d. dont l'attribut, au lieu d'être énoncé simplement, devient le complément d'une préposition qui a son antécédent sous-entendu, comme dans زَيْدٌ مِنَ ٱلصَّادِقِينَ, qui est pour أَحَدٌ مِنَ ٱلصَّادِقِينَ.

* Ces deux dernières sortes de propositions peuvent se rattacher aux deux précédentes ; car elles sont verbales ou nominales, selon qu'il y a ellipse d'un verbe, comme يَكُونُ *il est,* ou d'un nom quelconque, tel que كَائِنٌ *étant,* حَاصِلٌ *se trouvant,* بَعْضٌ *une portion.* Si le verbe sous-entendu est d'une signification très-vague et suffisamment indiquée d'ailleurs par la réunion de la préposition et de son complément, comme dans هُوَ مِنَ ٱلصَّادِقِينَ ou زَيْدٌ فِي ٱلدَّارِ, où il faut sous-entendre le verbe يَكُونُ *est,* le terme circonstanciel ظَرْفٌ se nomme مُسْتَقَرٌّ *bien établi, solide ;* mais si le verbe sous-entendu a une signification plus précise et non renfermée dans le terme circonstanciel, ou bien si le verbe est exprimé, comme dans مَاتَ زَيْدٌ فِي ٱلدَّارِ, le terme circonstanciel se nomme لَغْوٌ *non nécessaire à la constitution du discours.* *

5° جُمْلَةٌ ذَاتُ ٱلْوَجْهَيْنِ *proposition à deux faces,* c.-à-d. *mixte,* parce qu'elle participe de la nature de la proposition nominale, en ce qu'elle a un nom pour sujet, et de celle de la proposition verbale par son attribut composé d'un verbe et de son sujet. Les propositions mixtes se présentent sous une des formes زَيْدٌ أَخُوهُ حَسَنٌ, زَيْدٌ قُتِلَ أَبُوهُ, زَيْدٌ مَاتَ, et elles constituent une phrase composée (n° 503 *). Dans ces trois exemples, زَيْدٌ, sujet de la proposition composée, a pour attribut مَاتَ, أَخُوهُ حَسَنٌ, قُتِلَ أَبُوهُ, qui forment trois propositions complètes ayant pour sujet أَبُوهُ, أَخُوهُ et le pronom هُوَ renfermé dans le verbe مَاتَ, et pour attribut قُتِلَ, حَسَنٌ, مَاتَ.

6° جُمْلَةٌ إِخْبَارِيَّةٌ *proposition énonciative*, c.-à-d. qui énonce un attribut comme appartenant au sujet.

7° جُمْلَةٌ إِنْشَائِيَّةٌ *proposition productive*, c.-à-d. qui produit ou introduit dans le discours une idée de commandement, de défense, de prière, de souhait, etc.

8° جُمْلَةٌ حَالِيَّةٌ *proposition circonstancielle d'état*, ou *faisant fonction de* حَالٌ *terme circonstanciel d'état*.

9° جُمْلَةٌ شَرْطِيَّةٌ *proposition conditionnelle*, parce qu'elle énonce l'attribut comme appartenant au sujet sous une certaine condition.

10° صِفَةٌ ou جُمْلَةٌ وَصْفِيَّةٌ *proposition qualificative* ou *adjective*, c.-à-d. qui tient lieu d'un adjectif indéterminé, comme dans la phrase رَأَيْتُ رَجُلًا يَنُومُ, où يَنُومُ est la même chose que نَائِمًا.

11° صِلَةٌ *conjonctive*, c.-à-d. qui équivaut à un adjectif déterminé par اَلْ, ou bien qui est jointe à un antécédent par اَلَّذِي, mot conjonctif chez les Arabes. Ainsi, dans قُتِلَ ٱلرَّجُلُ ٱلَّذِي يَعْدِلُ, les mots ٱلرَّجُلُ ٱلَّذِي يَعْدِلُ équivalent à ٱلرَّجُلُ ٱلْعَادِلُ.

12° جُمْلَةٌ لَهَا مَحَلٌّ مِنَ ٱلْإِعْرَابِ *proposition qui occupe une place dans l'analyse grammaticale*, c.-à-d. qui représente une partie intégrante de la proposition, et dont l'opposée se nomme لَيْسَ لَهَا مَحَلٌّ مِنَ ٱلْإِعْرَابِ (n°s 643, 644).

13° جُمْلَةٌ مُبْتَدِئَةٌ ou جُمْلَةٌ مُسْتَأْنَفَةٌ *proposition inchoative* ou *initiative*, c.-à-d. qui exprime un sujet avec relation à un attribut.

14° جُمْلَةٌ مُعْتَرِضَةٌ *proposition incidente*, ou qui est insérée dans une proposition principale dont elle fait partie.

15° جُمْلَةٌ مُفَسِّرَةٌ لِضَمِيرِ الشَّأْنِ *proposition qui interprète le pronom de la chose* (n° 637).

ARTICLE II.

Des différentes parties des propositions.

583. Les différentes parties d'une proposition se divisent en *essentielles* et en *accessoires*. Les premières sont le sujet et l'attribut; les dernières sont les adjectifs, les appositifs, les compléments et les termes circonstanciels. Elles prennent les unes et les autres différents noms, tant à raison de la place qu'elles occupent dans la proposition, que des règles de concordance ou de dépendance auxquelles elles sont soumises. Ainsi le sujet se nomme اَلْمُبْتَدَأ *l'inchoatif* ou اَلْفَاعِل *l'agent*; l'attribut s'appelle اَلْخَبَر *l'énonciatif*, quand il correspond à un *inchoatif*, et اَلْفِعْل *le verbe*, lorsqu'il est en relation avec un *agent*. Quant aux parties accessoires de la proposition, elles sont toutes comprises sous la dénomination commune de اَلْمُتَعَلِّقَات *les dépendances*; mais on les distingue en six espèces particulières, savoir : 1° اَلْمَفْعُول *le patient, l'objet de l'action*; 2° اَلْحَال *la situation, le terme circonstanciel d'état*; 3° اَلْمُمَيِّز *le déterminatif*; 4° اَلْمَجْرُور *le complément mis au génitif*; 5° اَلْمُسْتَثْنَى *la chose exceptée*; 6° اَلتَّوَابِع *les suivants, les appositifs*.

§ I. *De l'inchoatif, de l'énonciatif et du verbe.*

584. Il faut considérer, par rapport à *l'inchoatif* اَلْمُبْتَدَأ, 1° que c'est toujours un اِسْمٌ صَرِيحٌ *nom pur*, un *vrai nom*, tel que le substantif et le pronom, ou bien un اِسْمٌ مُؤَوَّلٌ *nom réduit*, ramené à la valeur d'un nom, c.-à-d. *l'équivalent d'un nom*, tel qu'est un verbe joint à

une des particules مَصْدَرِيَّة *faisant fonction de nom d'action* (n° 577 4°),

comme dans أَنْ تَصُومُوا خَيْرٌ لَكُمْ, où أَنْ تَصُومُوا est pour ٱلصَّوْمُ *le jeûne ;*

2° qu'il ne doit jamais être dans la dépendance d'aucun antécédent

ou *régissant grammatical* (n° 601) pour le cas auquel il doit être mis ;

3° qu'il est ordinairement le sujet de la proposition ; 4° qu'il doit tou-

jours être au nominatif ; 5° que c'est en général un nom déterminé ;

6° qu'il occupe régulièrement la première place dans la phrase ; 7° que

le nom qui sert de sujet ne peut plus être inchoatif lorsque l'attribut,

précédé d'une particule interrogative ou négative, ne s'accorde pas

en nombre avec le sujet duel ou pluriel, comme dans أَعَالِمٌ ٱلرَّجُلَانِ,

مَا عَالِمٌ ٱلرِّجَالُ. La raison en est que le sujet est envisagé alors comme

étant sous la dépendance de l'attribut par lequel il est régi au nomi-

natif ; tandis que l'inchoatif, comme on vient de le voir (2°), ne peut

en aucune manière être régi par un antécédent ; l'attribut, en ce cas,

est *verbe*, et le sujet est considéré comme *agent* (n° 588). D'où il suit

que, si le sujet et l'attribut sont au singulier, et par conséquent en

concordance de nombre, comme dans أَعَالِمٌ زَيْدٌ, مَا عَالِمٌ زَيْدٌ, on peut

à volonté regarder زَيْدٌ comme *inchoatif*, et عَالِمٌ comme *énonciatif*,

ou bien dire que عَالِمٌ est *verbe*, et زَيْدٌ *agent*.

585. L'emploi de l'*énonciatif* ٱلْخَبَرُ a donné lieu aux observations

suivantes : 1° l'énonciatif peut être indifféremment nom ou adjectif ;

2° en général, il est indéterminé ; 3° il doit toujours être au nominatif ;

4° il se met régulièrement après l'inchoatif ; 5° il est régi par l'inchoa-

tif, quoique, selon quelques grammairiens, il ne soit, comme l'in-

choatif, gouverné que par l'absence de tout antécédent grammatical

(n° 584 2°).

* En traitant de la construction, nous parlerons plus amplement de

l'inversion de l'inchoatif et de l'énonciatif. *

586. Quant au *verbe* ٱلْفِعْلُ, nous remarquerons 1° qu'il comprend

les participes ou *noms d'agent* فَاعِلٌ et *de patient* مَفْعُولٌ, et les autres adjectifs verbaux (nº 316) nommés شَبَّهَاتُ ٱلْفِعْلِ *les ressemblances du verbe, les assimilés au verbe;* ainsi, dans زَيْدٌ حَسَنٌ غُلَامُهُ, le mot زَيْدٌ est l'inchoatif, et les deux autres forment une proposition verbale qui tient lieu d'énonciatif et qui est composée d'un verbe et d'un agent, حَسَنٌ, adjectif verbal, étant considéré comme un verbe dont l'agent est غُلَامُهُ; 2º qu'il est toujours censé contenir un *pronom* ضَمِير, soit *sensible* بَارِزٌ, soit *caché* مُسْتَتِرٌ, qui est son *agent* فَاعِل (nº 546).

§ II. *De l'agent et du patient.*

587. *L'agent* ٱلْفَاعِلُ est le nom auquel se rapporte le verbe ou l'adjectif verbal qui le précède; il doit donc toujours être placé après le verbe ou l'adjectif verbal qui fait la fonction de verbe. L'agent exprime le sujet qui a pour attribut la qualité signifiée par le verbe ou l'adjectif verbal; ainsi, dans قَائِمٌ زَيْدٌ, قَامَ زَيْدٌ, le mot زَيْدٌ est l'agent du verbe قَامَ et de l'adjectif verbal قَائِمٌ. — Comme l'inchoatif, l'agent peut être ou un إِسْمٌ صَرِيحٌ *vrai nom,* ou un إِسْمٌ مُؤَوَّلٌ *équivalent d'un nom* (nº 584). On dit donc : أَعْجَبَنِي أَنْ خَرَجْتَ, ce qui équivaut à أَعْجَبَنِي خُرُوجُكَ *ta sortie m'a fait plaisir.* — Si le verbe ou l'adjectif verbal est précédé d'un nom, ce nom n'est pas alors *agent,* mais *inchoatif,* et le verbe ou l'adjectif verbal a son agent en lui-même; de sorte que la proposition, en ce cas, est composée, ayant pour attribut une proposition complète; ainsi, زَيْدٌ قَائِمٌ, زَيْدٌ قَامَ sont la même chose que مُضْمَر. Pareillement, dans أَنَا ضَرَبْتُ, le زَيْدٌ قَائِمٌ هُوَ, زَيْدٌ قَامَ هُوَ que مُتَّصِلٌ *pronom séparé* أَنَا est inchoatif; le فَعْلٌ *verbe* est ضَرَب, et le مُضْمَر مُتَّصِل *pronom affixe* تُ, qui est en même temps بَارِزٌ *sensible* (nº 586), représente l'agent du verbe. — Tout ce qui est dit ici de l'agent s'applique au nom ou au pronom qui sert de sujet au verbe passif et que l'on nomme ٱلْمَفْعُولُ ٱلَّذِي لَمْ يُسَمَّ فَاعِلُهُ *le patient, l'objet d'une action dont l'agent n'est pas nommé* (nº 560); ce sujet est consi-

déré comme agent, et on l'appelle نَائِبٌ عَنِ ٱلْفَاعِلِ ou قَائِمٌ مَقَامَ ٱلْفَاعِلِ *remplaçant l'agent*, quand il est après le verbe ; s'il est avant le verbe, il devient inchoatif, et le verbe contient en lui-même son agent.

588. *Le patient* ou *l'objet de l'action*, c.-à-d. *le complément*, *le régime* ٱلْمَفْعُولُ, se divise en مَفْعُولٌ صَرِيحٌ *patient pur* ou *parfait*, et مَفْعُولٌ غَيْرُ صَرِيحٍ *patient non pur* ou *imparfait*. Le premier est celui que le verbe gouverne à l'accusatif immédiatement ; le second est celui que le verbe ne régit que médiatement avec le secours d'une *préposition* حَرْفُ جَرٍّ ou جَارٌّ, et du *nom qu'elle régit* مَجْرُورٌ ; aussi l'appelle-t-on جَارٌّ وَمَجْرُورٌ *préposition et son régime*. Le patient se divise encore : 1° en ٱلْمَفْعُولُ ٱلْمُطْلَقُ *patient absolu* ou مَصْدَرٌ *principe*, nom d'action ou *infinitif*. C'est le nom d'action joint au verbe lui-même ou à un verbe d'une signification équivalente, ce qui se fait ou لِلتَّأْكِيدِ *pour donner de l'énergie* (n° 448 *bis*) : جَلَسَ قُعُودًا, ضَرَبَ ضَرْبًا ou لِلتَّعْدَادِ *pour l'énumération* : ضَرَبَ ضَرْبَةً ضَرْبَتَيْنِ *il a frappé un coup, deux coups ;* ou لِلتَّمْيِيزِ *pour spécifier* : ضَرَبَ ضَرْبَةً *il a frappé d'un certain coup ;* ou enfin لِلتَّنْوُّعِ *avec désignation de l'espèce* : ضَرَبَ ضَرْبًا مُوجِعًا *il a frappé d'un coup douloureux*. On voit par ces exemples que le complément des verbes appelé *patient absolu* comprend le *nom d'unité*, le *nom spécificatif* et le *nom d'action modifié par un adjectif* (n°s 302, 305, 540) ; 2° en ٱلْمَفْعُولُ بِهِ ou simplement ٱلْمَفْعُولُ *ce sur quoi tombe l'action* ; c'est l'objet même de l'action, le complément direct du verbe : ضَرَبْتُ زَيْدًا. Si le verbe a plusieurs compléments, l'un s'appelle *premier*, l'autre *second patient*, مَفْعُولٌ أَوَّلُ, مَفْعُولٌ ثَانٍ, comme dans أَطْعَمْتُ زَيْدًا خُبْزًا ; 3° en ٱلْمَفْعُولُ فِيهِ *ce dans quoi l'action est faite*, c.-à-d. le complément qui exprime le lieu ou le temps dans lequel se fait l'action ; ce qui l'a fait nommer ظَرْفُ ٱلْمَكَانِ وَٱلزَّمَانِ *terme circonstanciel de temps et de lieu* : جَلَسْتُ خَلْفَكَ, مَاتَ ٱلْيَوْمَ ٱلثَّانِي ; 4° en ٱلْمَفْعُولُ لَهُ *ce à cause de*

quoi se fait l'action, ou مِنْ أَجْلِهِ et لِأَجْلِهِ ٱلْمَفْعُولُ *le patient à cause duquel*. Ce complément, qui est un nom d'action, exprime le motif : ضَرَبْتُ زَيْدًا تَأْدِيبًا لَهُ *j'ai frappé Zéid pour le corriger* ; 5° en ٱلْمَفْعُولُ مَعَهُ *celui avec qui a été faite l'action*, c.-à-d. celui qui a coopéré à l'action avec l'agent; on le joint à l'agent par la conjonction وَ, qui régit, en ce cas, l'accusatif (n° 363 2°) : مَا صَنَعْتَ وَزَيْدًا *qu'as-tu fait avec Zéid ?*

589. Ces *divers patients* ou *compléments*, qui doivent toujours être à l'accusatif, sont compris sous la dénomination commune de فَضْلَةٌ, plur. فَضَلَاتٌ *surabondants, superflus*, la constitution de la proposition ne consistant essentiellement que dans la réunion d'un sujet et d'un attribut (n° 583); ce qui fait qu'on n'étend pas cette dénomination aux compléments des verbes dits أَفْعَالُ ٱلْقُلُوبِ *les verbes de cœur,* tels que حَسِبَ, ظَنَّ, عَلِمَ, etc. (n° 413); car ils sont tellement nécessaires, que, sans eux, ces verbes n'offriraient aucun sens.

§ III. *Du terme circonstanciel d'état, du déterminatif et du complément mis au génitif.*

590. *Le terme circonstanciel d'état* ٱلْحَالُ, qu'on a déjà vu figurer parmi les expressions adverbiales, et qui se met toujours à l'accusatif (n° 428 2°), est un nom qui sert à exprimer une circonstance relative à l'état dans lequel se trouve soit l'agent, comme جَاءَ زَيْدٌ رَاكِبًا, soit le patient, comme رَأَيْتُ ٱلرَّجُلَ مَقْتُولًا, soit même quelque autre objet qui entre dans la proposition comme complément de l'une de ses parties essentielles : قَتَلْتُ كَلْبَ زَيْدٍ نَائِمًا *j'ai tué le chien de Zéid, pendant qu'il (Zéid) dormait.* Le terme circonstanciel, étant mis au duel, peut se rapporter en même temps à l'agent et au patient : لَقِيَ عَمْرُو زَيْدًا رَاكِبَيْنِ *Amrou a rencontré Zéid, tous deux étant à cheval.* Il peut aussi quelquefois se rapporter à l'agent ou au patient, comme dans cette phrase : ضَرَبْتُ زَيْدًا قَاعِدًا *j'ai frappé Zéid qui était assis* ou *pendant que j'étais assis*; ce qui rend le sens grammaticale-

ment équivoque. — On voit par tous ces exemples : 1° que par sa nature le terme circonstanciel d'état est indéterminé ; 2° que c'est l'adjectif verbal ou participe qu'on emploie pour le représenter ; cependant on y substitue quelquefois le nom d'action, comme dans : اَلَّذِينَ يَذْكُرُونَ ٱللَّهَ قِيَامًا وَقُعُودًا, au lieu de قُعُودًا وَقِيَامًا.

591. *Le déterminatif* اَلْمُمَيَّزُ, qui, comme إِسْمُ ٱلنَّوْعِ *le nom d'espèce, le spécificatif* (n° 540 2°), sert à restreindre une idée générale à une idée particulière, ou à déterminer l'objet spécial d'une qualité vague (n° 305), s'appelle encore اَلتَّمْيِيزُ *la détermination,* ou اَلْبَيَانُ *l'explication,* ou enfin اَلْمُمَيَّزُ بِهِ *ce par quoi se fait la détermination,* son antécédent se nommant lui-même اَلْمُمَيَّزُ *le déterminé.* Le déterminatif est par sa nature indéterminé ; il se met toujours à l'accusatif : اَلْوَرْدُ طَيِّبٌ رِيحًا وَلَوْنًا *la rose est agréable par l'odeur et la couleur ;* عِشْرُونَ رَجُلًا.

592. Lorsque اَلْمَجْرُورُ *le complément mis au génitif* (n° 554) est régime d'un nom ou d'un adjectif, comme dans كِتَابُ زَيْدٍ , جَمِيلُ ٱلْوَجْهِ, le rapport se nomme إِضَافَةٌ *annexion,* l'antécédent اَلْمُضَافُ *l'annexé,* l'annexe, et le conséquent اَلْمُضَافُ إِلَيْهِ *l'annexé à lui, celui qui reçoit une annexe.* Lorsque ce complément est régi par une préposition, comme dans خَرَجَ مِنَ ٱلدَّارِ, le rapport s'exprime par les mots جَارٌّ وَمَجْرُورٌ (n° 588), et il se nomme lui-même مَفْعُولٌ بِهِ غَيْرُ صَرِيحٍ, par opposition au complément direct appelé مَفْعُولٌ بِهِ صَرِيحٌ (n° 588). Voy. encore sur le rapport d'*annexion,* le n° 612.

§ IV. *De la chose exceptée et des appositifs.*

593. *La chose exceptée* اَلْمُسْتَثْنَى exprime une idée particulière que l'on soustrait ou excepte d'une autre idée qui est générale (n° 476). L'idée générale de laquelle on soustrait l'idée particulière se nomme اَلْمُسْتَثْنَى مِنْهُ *ce dont on soustrait par exception.* L'exception elle-même

se désigne ordinairement par اِسْتِثْنَاء, mais quelquefois par اَلْمُسْتَثْنَى
la chose exceptée. Or l'exception ou la chose exceptée se divise en
مُتَّصِل *conjointe*, et مُنْقَطِع ou مُنْفَصِل *disjointe*. On l'appelle *conjointe*,
quand elle est de la même nature que la *chose dont on la soustrait*
اَلْمُسْتَثْنَى مِنْهُ, ou que les deux termes sont énoncés ; et *disjointe*,
quand la chose de laquelle on soustrait est différente de la chose exceptée, ou que celle-ci est la seule exprimée (n°s 476, 477). Or l'ellipse
de l'idée générale que l'on sous-entend se nomme مُفَرَّغ *vide*. Quant à
l'exception conjointe, si elle précède celle de laquelle on la soustrait,
on la nomme اَلْمُسْتَثْنَى الْمُتَّصِل الْمُقَدَّم *l'exception conjointe antérieure* ; si elle suit, et qu'elle soit affirmative, on l'appelle اَلْمُسْتَثْنَى
الْمُتَّصِل الْمُؤَخَّر بَعْدَ الْمُوجَب *l'exception conjointe postérieure après la
proposition affirmative* ; si la suivant, elle est négative, on la désigne
par اَلْمُسْتَثْنَى الْمُتَّصِل الْمُؤَخَّر بَعْدَ الْمَنْفِي *l'exception conjointe postérieure après la proposition négative*. Compar. n°s 476-480. — On trouvera plus bas la syntaxe particulière des particules d'exception.

594. Sous le nom de اَلتَّوَابِع *les suivants* ou *les appositifs*, on comprend quatre parties accessoires de la proposition : 1° اَلتَّأْكِيد *la corroboration* ou اَلْمُؤَكِّد *le corroboratif* ; 2° اَلنَّعْت ou اَلصِّفَة *la description, la
qualification, le qualificatif* ; 3° اَلْبَدَل *le remplacement, le permutatif* ;
4° اَلْعَطْف *la conjonction, le conjonctif*. Le nom général de ces quatre
sortes d'appositifs étant تَابِع *suivant*, leur antécédent s'appelle en général مَتْبُوع *suivi, auquel on a apposé*.

595. *Le corroboratif* est ou لَفْظِي *consistant dans l'expression, réel*,
ou مَعْنَوِي *consistant dans le sens, logique*. Le premier consiste en effet
dans la répétition consécutive d'une proposition toute entière ou de
quelqu'une de ses parties, sorte de pléonasme ou d'expression énergique et confirmative qui n'a guère lieu que dans la conversation ; et
le second dans l'addition que l'on fait après le nom d'une chose, des

mots كُلّ, عَيْن, نَفْس, etc. (n° 440 *). — L'antécédent du corroboratif se nomme مُوَكَّد *corroboré, fortifié.*

596. Le *qualificatif* est un adjectif qui sert : 1° ou à qualifier simplement un nom qui le précède, sans former l'attribut de la proposition (n°s 441, 447), comme dans رَأَيْتُ رَجُلًا حَسَنًا, جَآءَ رَجُلٌ حَسَنٌ, 2° ou à qualifier un nom qui le suit, quoiqu'il semble se rapporter à celui qui le précède, comme dans جَآءَ رَجُلٌ حَسَنٌ أَخُوهُ. Dans le premier cas, le nom est مُوصُوفٌ ou مَنْعُوتٌ *qualifié;* dans le second, le nom qui précède le qualificatif est appelé également مُوصُوفٌ *qualifié,* l'adjectif lui-même مُسَبَّبٌ ou سَبَبِيّ *causé, motivé par une cause étrangère,* et le nom qui suit l'adjectif ou qualificatif سَبَبٌ *cause;* ou bien, le premier nom est appelé مُوصُوفٌ لَفْظِيّ *qualifié quant à la forme de l'expression,* et le second مُوصُوفٌ مَعْنَوِيّ *qualifié quant au sens.* — Dans les deux cas l'adjectif qualificatif est شِبْهُ ٱلْفِعْلِ *assimilé au verbe,* et censé contenir un pronom représentant l'agent de la proposition. Ainsi les trois exemples précédents sont la même chose que جَآءَ رَجُلٌ حَسَنٌ هُوَ; رَأَيْتُ رَجُلًا حَسَنًا هُوَ; جَآءَ رَجُلٌ حَسَنٌ هُوَ أَخُوهُ, propositions qui sont considérées comme l'équivalent de جَآءَ رَجُلٌ يَحْسَنُ هُوَ; رَأَيْتُ رَجُلًا; يَحْسَنُ هُوَ; جَآءَ رَجُلٌ يَحْسَنُ هُوَ أَخُوهُ.

597. Le *permutatif* est de quatre sortes : 1° بَدَلُ ٱلْكُلِّ مِنَ ٱلْكُلِّ *le permutatif du tout pour le tout,* qui a lieu lorsque, après avoir exprimé un être par son nom, on ajoute un autre nom qui l'exprime tout entier, mais sous un autre point de vue : جَآءَ زَيْدٌ أَخُوكَ; 2° بَدَلُ ٱلْبَعْضِ مِنَ ٱلْكُلِّ *le permutatif de la partie pour le tout,* c.-à-d. quand le nom qui exprime un être entier est restreint par un autre nom qui n'en signifie qu'une partie : جَآءَ ٱلْقَوْمُ بَعْضُهُمْ *les gens, une partie seulement, sont venus;* 3° بَدَلُ ٱلْٱشْتِمَالِ *le permutatif de compréhension, de contenance,* c.-à-d. du contenu pour le contenant, ou réciproquement: دَالٌّ عَلَى مَعْنًى فِي مَتْبُوعِهِ *indiquant, suggérant un sens, une idée* qui

est *dans son antécédent*, ou bien دَالٌّ عَلَى مَعْنًى يَسْتَلْزِمُ فِي مَتْبُوعِهِ *sug-gérant une idée qui s'attache nécessairement à son antécédent.* Ainsi, dans أَعْجَبَنِي زَيْدٌ حُسْنُهُ, le permutatif حُسْنُهُ fait naître une idée comprise dans زَيْدٌ son antécédent, celle d'*être beau.* De même, dans أَعْجَبَنِي زَيْدٌ ثَوْبُهُ, le permutatif suggère l'idée d'*être vêtu magnifique-ment*, laquelle s'attache à Zéid ; 4° بَدَلُ الْغَلَطِ *le permutatif d'erreur*, qui a lieu quand, après avoir dit un mot pour un autre, on se reprend en ajoutant le vrai mot : مَرَرْتُ بِكَلْبٍ فَرَسٍ *j'ai passé près d'un chien, (je veux dire) d'un cheval.* — L'antécédent des permutatifs se nomme الْمُبَدَّلُ مِنْهُ.

598. Le *conjonctif* se divise en عَطْفُ الْبَيَانِ *le conjonctif d'explica-tion, explicatif*, et عَطْفُ النَّسَقِ *le conjonctif d'ordre, de disposition.* Le premier est un nom qu'on ajoute à un autre nom pour en désigner le sens avec précision ; ainsi dans جَآءَ أَخُوكَ زَيْدٌ, le nom propre زَيْدٌ sert à distinguer celui qui est venu parmi les frères de la personne à la-quelle on parle. Ce conjonctif, qui a un grand rapport avec le *qualifi-catif* النَّعْتُ, s'en distingue cependant essentiellement ; car il doit toujours être un nom *primitif* جَامِدٌ (n° 533), tandis que le *qualificatif* doit être ou un *adjectif verbal*, mot nécessairement dérivé, ou une expression qu'on puisse ramener à la valeur de cet adjectif مُشْتَقٌّ أَوْ مُؤَوَّلٌ بِهِ. Le second conjonctif عَطْفُ النَّسَقِ se joint à d'autres mots par des conjonctions ou des adverbes, comme *et, mais, aussi, même, non*, etc.; c'est pourquoi on le nomme aussi عَطْفُ الْحُرُوفِ *le conjonctif des particules, formé par les particules* : جَآءَ زَيْدٌ وَعَمْرٌو. — Des deux portions du discours qui sont unies par un conjonctif, la seconde, ou celle qui vient après le conjonctif, se nomme الْمَعْطُوفُ *le conjoint*, et la première, ou celle qui précède le conjonctif, s'appelle الْمَعْطُوفُ عَلَيْهِ *sur lequel porte le conjoint*, c.-à-d. l'antécédent du conjoint.

* Remarquons 1° que, d'après les grammairiens arabes, les termes

مَعْطُوفٌ عَلَيْهِ et مَعْطُوفٌ ,عَطْفٌ se rapportent bien moins à la connexion logique des idées, qu'à l'application des règles de syntaxe relatives à la *désinence des mots* ou عِرَابٌ ; qu'ainsi, pour qu'il y ait عَطْفٌ, il faut que ٱلْمَعْطُوفُ *le conjoint* soit de la même nature que عَلَيْهِ ٱلْمَعْطُوفُ *son antécédent*; c.-à-d., par exemple, que si ce sont des verbes, il faut qu'ils soient au même temps, ou qu'ils puissent être ramenés à la même valeur temporelle; 2° que, suivant la plupart d'entre eux, il n'est pas nécessaire que le *conjonctif explicatif* ajoute un nouveau degré de précision à son antécédent, quoique ce soit pourtant son objet le plus ordinaire; 3° que le *conjonctif explicatif* peut être presque toujours considéré comme permutatif; 4° que le pronom qui fait partie du *permutatif* ٱلْبَدَلُ dans certains cas (n° 597), se nomme ٱلْعَائِدُ *le retournant*, aussi bien que le pronom qui, dans les propositions énonciatives, qualificatives ou circonstancielles d'état, indique sa relation à l'inchoatif, au nom qualifié ou au nom modifié. *

ARTICLE III.

De l'ordre des mots.

599. Comme on a déjà vu dans différentes parties de la syntaxe les règles qui concernent l'ordre et l'arrangement des mots, nous n'ajouterons ici que ce qui est nécessaire pour comprendre l'analyse des phrases, telle que la présentent les grammairiens arabes. Nous remarquerons donc seulement : 1° que dans une proposition l'*inchoatif* se place régulièrement avant l'*énonciatif* (n° 584 6°); mais lorsque par exception il se trouve après, il reste toujours *virtuellement* تَقْدِيرًا la première partie de la proposition, et l'*énonciatif* la seconde; 2° que lorsque le sujet est placé après le verbe, il cesse d'être *inchoatif* et *agent*; ainsi, dans زَيْدٌ ضَرَبَ, le nom زَيْدٌ est *inchoatif*, le verbe ضَرَبَ avec son pronom caché (n° 586 2°) forme une proposition qui sert d'*énonciatif*, et les deux mots زَيْدٌ ضَرَبَ réunis constituent une phrase composée (n° 583), tandis que dans ضَرَبَ زَيْدٌ, le mot ضَرَبَ

est *verbe*, et زَيْدٌ *agent*; la proposition est simple et verbale ; il n'y a ni *inchoatif*, ni *énonciatif*; 3° que si l'*agent* qui doit régulièrement suivre le verbe (n° 587) le précède, il cesse d'être *agent*, et devient *inchoatif*; règle qui s'applique aussi au sujet du verbe passif; 4° que, quelle que soit la place qu'occupe un terme quelconque dans la proposition, il y a toujours dans l'ensemble de la phrase quelque chose qui empêche de le confondre avec aucun autre; 5° qu'on ne doit pas oublier que le déplacement des mots, lorsqu'il n'est pas exigé d'ailleurs par quelque raison particulière, a pour but d'exercer une certaine influence sur le sens du texte (n° 640).

———◇———

CHAPITRE TROISIÈME.

DE LA CONCORDANCE DES MOTS.

600. *La concordance* المُطَابَقَة *a lieu* : 1° entre le verbe et son agent ; 2° entre l'adjectif qualificatif et le nom qualifié, ce qui comprend aussi la concordance des pronoms personnel et démonstratif avec le nom; 3° entre le pronom relatif et son antécédent. La première espèce de concordance se nomme مُطَابَقَةُ الفِعْلِ وَالفَاعِلِ *la concordance du verbe avec l'agent;* elle a pour objet la personne, le genre et le nombre. La seconde s'appelle مُطَابَقَةُ النَّعْتِ وَالمَنْعُوتِ *la concordance du nom qualifié avec le qualificatif;* elle s'applique au nombre, au genre, au cas, et à la présence ou à l'absence de l'article. Quand l'adjectif se rapporte à un nom précédent qu'il qualifie réellement (n° 596 1°), on l'appelle حَالُ المَوْصُوفِ *l'état de la chose qualifiée,* et quand il qualifie véritablement le nom qui le suit, quoiqu'il semble se rapporter à celui qui le précède (n° 596 2°), on le nomme حَالُ المُتَعَلِّقِ بِالمَوْصُوفِ *l'état de ce qui est accessoire à la chose qualifiée.* Enfin la troisième espèce

de concordance est désignée par مُطَابَقَةُ ٱلْمَوْصُولِ وَٱلْمَوْصُولِ إِلَيْهِ *la concordance du conjonctif*, c.-à-d. *du pronom relatif avec son antécédent ;* c'est la même que celle du nom qualifié avec l'adjectif qualificatif.

* Pour expliquer les discordances qui se trouvent en certains cas entre le verbe et son agent, les Arabes disent : 1° que le verbe précédant son agent mis au duel ou au pluriel, se met lui-même au singulier, parce que les personnes du verbe étant des pronoms qui jouent le rôle d'agent, ces pronoms deviennent absolument inutiles quand l'agent est ظَاهِرٌ *apparent, exprimé ;* 2° qu'il en est tout autrement, quand le sujet le précède, parce que le sujet étant alors *inchoatif,* et non *agent,* le verbe doit porter en lui-même son agent, et cet agent doit concorder avec l'inchoatif; 3° qu'avec les pluriels irréguliers masculins, le verbe se met indifféremment au masculin ou au féminin, parce que ces pluriels sont considérés comme des noms collectifs renfermant l'ellipse du mot جَمَاعَةٌ *collection.* C'est ainsi, par exemple, que رِجَالٌ étant l'équivalent de جَمَاعَةُ ٱلرِّجَالِ, le verbe peut concorder en genre avec رِجَالٌ ou avec جَمَاعَةٌ. *

———∞———

CHAPITRE QUATRIÈME.

DE LA CONSTRUCTION OU DÉPENDANCE DES MOTS.

601. La *construction* ou *dépendance,* c.-à-d. l'influence que certaines parties du discours exercent sur les autres se nomme عَمَلٌ *action ;* le mot qui exerce cette influence est appelé عَامِلٌ *agissant* ou *régissant,* et celui sur lequel elle est exercée, مَعْمُولٌ *agi, qui subit l'action, régi. Les régissants* ٱلْعَوَامِل *sont ou* لَفْظِيَّة *relatifs à l'expression, aux mots, c.-à-d. grammaticaux, ou* مَعْنَوِيَّة *relatifs à la signi-*

fication, c.-à-d. *logiques*. Les premiers se divisent en قِيَاسِيَّة *fondés sur l'analogie* ou *réguliers,* et en سَمَاعِيَّة *fondés sur ce qu'on a entendu dire, sur l'usage du discours* (n° 552). — Le verbe, le nom et la particule peuvent être *régissants ;* le verbe et le nom peuvent seuls être *régis.*

ARTICLE I.

Des régissants grammaticaux réguliers.

602. Les régissants grammaticaux réguliers sont au nombre de sept; nous les ferons connaître dans les paragraphes suivants.

§ I. *Du verbe.*

603. Le verbe employé comme régissant grammatical est désigné par les mots اَلْفِعْلُ الْمُطْلَقُ *le verbe absolu, en général.* Les verbes ne régissent que des noms, et ils ne gouvernent que deux cas, *le nominatif* اَلرَّفْع et *l'accusatif* اَلنَّصْبُ. Ils régissent tous le nominatif, en ce sens que tous les verbes, actifs et neutres, mettent leur agent au nominatif, comme les passifs y mettent leur sujet.

604. Le complément qui devient sujet ou agent des verbes passifs est de plusieurs espèces. L'un est particulier aux verbes transitifs; c'est l'objet même ou le complément direct du verbe actif اَلْمَفْعُولُ بِهِ (n° 588 2°); il est, de même que l'agent, ou ظَاهِر *manifeste,* ou مُضْمَر *pronominal,* c.-à-d. représenté par le pronom renfermé dans le verbe. Les autres compléments sont communs à tous les verbes. Le 1ᵉʳ est اَلْمَفْعُولُ الْمُطْلَقُ *le complément absolu* (n° 588 1°) : سِيرَ سَيْرٌ شَدِيدٌ *une forte marche a été marchée.* Le 2ᵉ est اَلْمَفْعُولُ فِيهِ *le complément qui indique le lieu ou le temps de l'action* (n° 588 3°) : سِيرَ شَهْرٌ *un mois a été marché;* سِيرَ ثَلَاثَةُ أَمْيَالٍ *trois milles ont été marchés;* c.-à-d. on a marché pendant un mois, l'espace de trois milles. Le 3ᵉ est اَلْمَفْعُولُ بِهِ غَيْرُ الصَّرِيحِ *le complément imparfait, improprement dit* (n° 588) ; il ré-

pond au passif neutre des Latins dans *ventum est, itur*, etc., et à notre impersonnel dans *on est venu, on va*, etc.: خُرِجَ مِنَ ٱلْمَسْجِدِ.

605. Parmi les régimes des verbes mis à l'accusatif, les uns sont عَامٌ *communs* à tous les verbes, et les autres sont خَاصٌّ *particuliers* à certaines espèces de verbes. Les premiers sont : 1° ٱلْمَفْعُولُ ٱلْمُطْلَقُ ou (n⁰ˢ 588 1°, 3°, 4°, 5°); 2° ٱلْمَفْعُولُ فِيهِ; 3° ٱلْمَفْعُولُ مَعَهُ; 4° ٱلْمَفْعُولُ لَهُ; et 5° ٱلْمَصْدَرُ (n⁰ 590). Les derniers sont : 1° ٱلْمَفْعُولُ بِهِ ٱلصَّرِيحُ (n⁰ 588 2°), qui est particulier aux verbes transitifs; 2° ٱلتَّمْيِيزُ *le déterminatif* (n⁰ 591), qui ne convient qu'aux verbes dont l'action est susceptible d'être restreinte; 3° ٱلْخَبَرُ ٱلْمَنْصُوبُ *l'énonciatif mis à l'accusatif*, propre aux *verbes de cœur* أَفْعَالُ ٱلْقُلُوبِ, et à quelques autres dont nous parlerons plus bas.

* Il faut remarquer : 1° que les grammairiens arabes appellent مُتَعَدٍّ *transitifs* tous les verbes qui gouvernent leurs compléments, soit immédiatement, comme قَتَلَ زَيْدًا, soit médiatement, comme مَرَّ بِزَيْدٍ. Pour désigner cette dernière construction, ils disent que le verbe يَتَعَدَّى إِلَى مَفْعُولِهِ بِحَرْفِ جَرٍّ *passe à son complément au moyen d'une préposition* ; 2° que quand un verbe a deux régimes, celui qui suit immédiatement le verbe se nomme ٱلْمَفْعُولُ ٱلْأَوَّلُ, et l'autre ٱلْمَفْعُولُ ٱلثَّانِي. *

§ II. *Du nom d'agent.*

606. *Le nom d'agent* إِسْمُ ٱلْفَاعِلِ qui équivaut à peu près au participe actif latin, diffère de l'*agent* ou *sujet du verbe* ٱلْفَاعِلُ (n⁰ 587). Comme le verbe, il gouverne deux régimes, l'un qui est l'agent ou le sujet, au nominatif, et l'autre, c.-à-d. le patient ou l'objet, à l'accusatif. Mais pour cela il faut qu'il exprime une action présente ou future, comme le مُضَارِعٌ (n⁰ 561 3°), et que, de plus, il se trouve dans une des conditions suivantes : 1° ou مُعْتَمِدٌ عَلَى ٱلْمُبْتَدَآ *appuyé sur l'inchoatif*, pré-

cédé de l'inchoatif auquel il sert d'énonciatif : زَيْدٌ ضَارِبٌ غُلَامُهُ عَمْرًا ;
2° ou جَاءَنِي مُعْتَمِدٌ عَلَى ٱلْمَوْصُولِ *précédé du conjonctif, pronom relatif :*
مُعْتَمِدٌ عَلَى ذِي ٱلْحَالِ ou 3° ; ٱلَّذِي ضَارِبٌ غُلَامُهُ عَمْرًا *précédé du* nom
qui est modifié par le nom d'agent lui-même, *faisant fonction de terme
circonstanciel d'état :* مُعْتَمِدٌ عَلَى 4° ou ; مَرَرْتُ بِزَيْدٍ ضَارِبًا عَبْدُهُ عَمْرًا
ٱلْمَوْصُوفِ *précédé du* nom qui est *qualifié* par le nom d'agent lui-
même : مُعْتَمِدٌ عَلَى أَلِفِ ٱلْإِسْتِفْهَام 5° ou ; جَاءَنِي ٱلرَّجُلُ ٱلضَّارِبُ عَبْدُهُ عَمْرًا
précédé de l'élif d'interrogation : مُعْتَمِدٌ 6° ou enfin ; أَضَارِبٌ عَبْدُهُ عَمْرًا
عَلَى حَرْفِ ٱلنَّفْي *précédé d'une particule négative :* مَا ضَارِبٌ بَنُوكَ
عَمْرًا.

* Remarquons : 1° que si le nom d'agent n'était pas suivi d'un *agent
apparent* ظَاهِر, il aurait alors pour agent l'*agent pronominal* مُضْمَر,
soit *sensible* بَارِزٌ, soit *caché* مُسْتَتِرٌ ; ainsi, dans زَيْدٌ ضَارِبٌ عَمْرًا, le nom
d'agent ضَارِبٌ a pour agent le pronom هُوَ qu'il renferme en lui-même,
et qui se rapporte à زَيْدٌ ; 2° que le nom d'agent qui ne se trouve pas
dans les conditions susdites perd son influence verbale, et s'il a un
complément, il le met au génitif. *

§ III. *Du nom de patient.*

607. *Le nom de patient* إِسْمُ ٱلْمَفْعُول qu'il ne faut pas confondre avec
le *patient* ou *complément du verbe* ٱلْمَفْعُول (n° 588), équivaut au participe passif latin. Il faut appliquer ici presque tout ce qui vient d'être
dit (n° 606) du nom d'agent. Ainsi, le nom de patient qui remplit les
conditions voulues pour que le nom d'agent exerce l'influence du
verbe (n° 606), gouverne au nominatif *le complément qui lui tient lieu
d'agent* ٱلْمَفْعُولُ ٱلْقَائِمُ مَقَامَ ٱلْفَاعِلِ, à quelque cas qu'il soit lui-même.
On dit donc : مَرَرْتُ بِرَجُلٍ ; رَأَيْتُ رَجُلًا مَضْرُوبًا أَخُوهُ ; زَيْدٌ مَضْرُوبٌ أَخُوهُ
مَضْرُوبٍ أَخُوهُ.

608. Les verbes intransitifs n'ayant point de *complément direct* ou *proprement dit* مَفْعُولٌ بِهِ صَرِيحٌ, quand on les emploie à la voix passive, exercent virtuellement leur influence sur le *complément indirect* ou *improprement dit* مَفْعُولٌ بِهِ غَيْرُ صَرِيحٍ. Ainsi, dans اَلْمَسْجِدُ اَلْمَدْخُولُ إِلَيْهِ; اَلْبَيْتُ اَلْمَخْرُوجُ مِنْهُ, les prépositions مِنْ et إِلَي, jointes à leurs régimes sont considérées comme complément ou patient.

609. Le nom de patient peut encore gouverner son complément : 1° ou au génitif, en formant avec lui un إِضَافَةٌ *rapport d'annexion* (n° 592) : رَجُلٌ مَضْرُوبٌ عَبْدٍ *un homme frappé d'un serviteur*, c.-à-d. *dont un serviteur est frappé;* 2° ou à l'accusatif, en en faisant un تَمْيِيزٌ *déterminatif* (n° 591) : رَجُلٌ مَضْرُوبٌ عَبْدًا *un homme frappé quant à un serviteur;* ce qui signifie également, *dont un serviteur est frappé.* — Dans ce dernier genre de construction, le vrai patient grammatical ou sujet du verbe passif est le مُضْمَرٌ مُسْتَتِرٌ *pronom caché* qui est renfermé dans le nom de patient. C'est comme si l'on disait : رَجُلٌ مَضْرُوبٌ هُوَ عَبْدًا. Il en est de même quand le nom de patient n'est suivi d'aucun autre nom qui exprime l'objet sur lequel tombe l'action. Ainsi, dans مَرَرْتُ بِرَجُلٍ مَضْرُوبٍ, le nom de patient مَضْرُوبٌ équivaut à مَضْرُوبٌ هُوَ.

§ IV. *De l'adjectif assimilé au verbe.*

610. *L'adjectif assimilé au verbe* اَلصِّفَةُ اَلْمُشَبَّهَةُ, ordinairement dérivé des verbes intransitifs qui n'ont ni régime direct, ni régime indirect, n'a proprement lui-même qu'un complément; c'est l'agent, qu'il met au nominatif, et s'il se rencontre quelquefois avec un autre complément à l'accusatif, c'est un complément purement *déterminatif* تَمْيِيزٌ (n° 591) : جَاءَ رَجُلٌ حَسَنٌ وَجْهًا; جَاءَ رَجُلٌ حَسَنٌ عَبْدُهُ وَجْهًا. Dans ce dernier exemple l'agent هُوَ est compris dans l'adjectif حَسَنٌ. — Ces adjectifs peuvent aussi mettre le nom qui les détermine au génitif (n° 450); mais, dans ce cas, ils n'ont jamais un agent ظَاهِرٌ *apparent;*

ils ont seulement un agent مُضْمَر *pronominal,* soit بَارِزٌ *sensible,* soit مُسْتَتِرٌ *caché.*

* A cette classe de mots appartiennent les adjectifs de *la forme d'excellence, de supériorité* أَفْعَلُ ٱلتَّفْضِيلِ (nᵒ 541), adjectifs qui sont de vrais comparatifs ou de vrais superlatifs, suivant la manière dont on les construit. Les règles de syntaxe auxquelles ils sont soumis ont été déjà exposées plus haut (nᵒˢ 455-458). *

§ V. *Du nom d'action.*

611. *Le nom d'action* ٱلْمَصْدَرُ est envisagé ici, non comme joint à son verbe, c.-à-d. comme مَفْعُولٌ مُطْلَقٌ *complément absolu,* et nécessairement mis à l'accusatif (nᵒ 448 *bis*), mais comme employé indépendamment de son verbe, et pouvant aussi bien que tout autre nom se mettre au nominatif, au génitif ou à l'accusatif, et s'employer : 1ᵒ comme مُنَوَّن *affecté du tanwin* ; 2ᵒ comme مُضَاف *antécédent dans un rapport d'annexion;* 3ᵒ comme مُعَرَّفٌ بِٱللَّامِ *déterminé par l'article.*

I. *Affecté du tanwin,* le nom d'action conserve toute l'influence du verbe ; il met l'agent au nominatif et le complément à l'accusatif, soit que l'agent précède ou suive le complément : سَيُعْجِبُنِي ضَرْبٌ زَيْدٌ عَمْرًا *je serai charmé que Zéid frappe Amrou;* رَأَيْتُ ضَرْبًا عَمْرًا زَيْدٌ *j'ai vu Zéid frapper Amrou;* أَتَعَجَّبُ مِن ضَرْبِ زَيْدٌ أَخَاهُ *je suis très-charmé que Zéid frappe son frère.* Si le nom d'action appartient à un verbe intransitif, il n'y a point de complément, mais l'agent peut également se mettre au nominatif, comme سَآءَنِي رَوَاحُ زَيْدٌ, quoique le plus ordinairement il se mette au génitif et que l'on dise سَآءَنِي رَوَاحُ زَيْدٍ *le départ de Zéid m'a fait de la peine.*

II. *Employé comme antécédent dans un rapport d'annexion,* le nom d'action conserve encore quelquefois une partie de l'influence du verbe ; il se construit alors de cinq manières différentes : 1ᵒ avec l'agent au génitif et le complément à l'accusatif : عَجِبْنِي ضَرْبُ ٱلْجَلَّادِ

ٱللِّصَّ *j'ai été charmé que le bourreau ait frappé le voleur ;* 2° avec le complément au génitif et l'agent au nominatif : أَعْجَبَنِي ضَرْبُ ٱللِّصِّ

ٱلْجَلَّادُ *j'ai été charmé que le voleur ait été frappé par le bourreau ;* 3° avec l'agent au génitif, sans exprimer le complément : أَعْجَبَنِي ضَرْبُ

ٱلْجَلَّادِ *j'ai été charmé que le bourreau ait frappé ;* 4° avec le complément au génitif, sans exprimer l'agent : أَعْجَبَنِي ضَرْبُ ٱللِّصِّ *j'ai été charmé que le voleur ait été frappé ;* 5° avec le complément au nominatif, comme tenant lieu d'agent et donnant au nom d'action la valeur d'un infinitif passif : تَعَبْتُ عَلَى تَتْمِيمِ ٱلْكِتَابُ *j'ai beaucoup travaillé pour que le livre fût achevé.*

III. *Déterminé par l'article,* le nom d'action ne conserve presque rien de l'influence du verbe ; on peut dire cependant : أَعْجَبَنِي ٱلضَّرْبُ

زَيْدٌ عَمْرًا *j'ai été charmé que Zéid ait frappé Amrou.*

§ VI. *Du rapport d'annexion.*

612. *Le nom qui forme l'antécédent dans un rapport d'annexion* ٱلْاِسْمُ ٱلْمُضَافُ *gouverne au génitif son conséquent, c.-à-d. le nom qui lui est annexé* ٱلْمُضَافُ إِلَيْهِ *(n° 592). Or cette annexion se divise en* مَعْنَوِيَّةٌ *relative au sens, logique, ou* حَقِيقِيَّةٌ *réelle, et en* لَفْظِيَّةٌ *relative à la prononciation, aux mots, grammaticale, ou* غَيْرُ حَقِيقِيَّةٍ *non réelle, fictive.* La première se subdivise elle-même : 1° en بِمَعْنَى ٱللَّامِ *ayant le sens de* لْ *indiquant la possession ;* 2° en بِمَعْنَى مِنْ *ayant le sens de* مِنْ *indiquant la matière dont une chose est faite, ou son origine ;* 3° en بِمَعْنَى فِي *ayant le sens de* فِي *indiquant la circonstance de temps ou de lieu de l'antécédent* ظَرْفُ ٱلْمُظَافِ, comme dans صَوْمُ ٱلْيَوْمِ *le jeûne d'aujourd'hui,* ce qui équivaut à صَوْمٌ فِي ٱلْيَوْمِ. La seconde a lieu : 1° quand le conséquent est l'objet même sur lequel tombe l'action : صِفَةٌ مُشَبَّهَةٌ *son* ; 2° quand on annexe à un *adjectif assimilé* ضَارِبُ زَيْدٍ

agent, ou à un superlatif l'objet de comparaison : أَحْسَنُ ؛ حَسَنُ ٱلْوَجْهِ ٱلنَّاسِ ; 3° quand on ajoute à un nom de patient un *complément qui tient lieu d'agent* مَفْعُولٌ بِهِ قَائِمٌ مَقَامُ ٱلْفَاعِلِ, comme زَيْدٌ مَضْرُوبٌ عَبْدُ.

* Remarquons : 1° que l'annexion n'est considérée comme *fictive* غَيْرُ حَقِيقِيَّةٍ que quand le nom d'agent est employé pour exprimer une action présente ou future ; car s'il exprime une action passée, il perd entièrement, selon les grammairiens arabes , la nature du verbe (n° 606); 2° que les rapports exprimés par le génitif renfermant la valeur de لِ,

* se nomment مَا يُقَدَّرُ بِٱللَّامِ , مَا يُقَدَّرُ بِمِنْ et مَا يُقَدَّرُ بِفِي. et مِنْ et فِي

§ VII. *Du nom complet.*

613. *Le nom complet* ou *parfait* ٱلِٱسْمُ ٱلتَّامُّ est celui qui, quoique suivi d'un nom qui lui sert de complément, n'est cependant point en rapport d'annexion grammaticale. On range parmi les noms complets les noms de poids, de mesure, et les numératifs de dixaines depuis عِشْرُونَ jusqu'à تِسْعُونَ. Le mot qui suit le nom complet se nomme مُمَيَّزٌ *déterminatif* ou *spécificatif* (n° 591), et il se met toujours à l'accusatif.

614. Quelquefois un nom qui n'est pas complet de sa nature le devient par son annexion à un complément ; car ne pouvant plus mettre au génitif un second complément, il le met à l'accusatif, comme terme spécificatif : مُعْطِيَّتُهُ سَمْنًا *son cadeau consistant en beurre.*

ARTICLE II.

Des régissants grammaticaux fondés sur l'usage.

615. *Les régissants grammaticaux fondés sur l'usage* (n° 601) عَوَامِلُ لَفْظِيَّةٌ سَمَاعِيَّةٌ forment treize classes différentes, comme on va le voir par les paragraphes suivants.

§ I. *Des particules qui exigent le génitif.*

616. *Les particules qui exigent le génitif* حُرُوفُ ٱلْجَرِّ (n° 572), nom-

mées aussi ٱلْحُرُوفُ ٱلْعَامِلَةُ فِي ٱلْإِسْمِ ٱلْمُفْرَدِ ٱلْجَارَّةُ *les particules régissant un seul nom et le mettant au génitif*, sont au nombre de dix-sept, savoir : إِلَي ,حَتَّي ,فِي ,بِ ,لِ ,رُبَّ ,تَ et وَ *par* dans les formules de serment, عَدَا et خَلَا ,حَاشَ ,مُنْذُ ,مُذْ ,كَ ,عَنْ ,عَلَي.

* Ces sortes de particules répondent, comme on le voit, à des prépositions dont il a été déjà parlé en plusieurs endroits (nᵒˢ 358-365, 572). Nous avons fait connaître suffisamment les différentes règles de syntaxe auxquelles elles sont soumises. *

§ II. *Des particules qui ont deux régimes, l'un au nominatif, et l'autre à l'accusatif.*

617. Ces particules sont les six لَعَلَّ ,لَيْتَ ,لَكِنَّ ,كَأَنَّ ,أَنَّ ,إِنَّ, nommées *assimilées aux verbes* (nᵒ 573). On les appelle encore ٱلْحُرُوفُ ٱلْعَامِلَةُ فِي ٱلْجُمْلَةِ *les particules régissant la proposition entière*, parce qu'elles exercent leur influence sur une proposition nominale (nᵒ 582) tout entière, en mettant l'inchoatif à l'accusatif, et l'énonciatif au nominatif. Et comme, par l'influence qu'elles exercent sur l'inchoatif, celui-ci perd sa qualité d'inchoatif et le cas qui le caractérise, on les nomme aussi نَوَاسِخُ ٱلْإِبْتِدَآءِ *abrogatives de la qualité d'inchoatif* (nᵒ 638). Enfin on les appelle إِنَّ وَإِخْوَاتُهَا *Inna et ses sœurs*; on désigne l'inchoatif par إِسْمُهَا *leur nom*, et l'énonciatif par خَبَرُهَا *leur énonciatif*.

* Remarquons : 1ᵒ que les quatre premières de ces particules perdent quelquefois leur *teschdid* et leur *fatha*, et qu'alors on les nomme مُخَفَّفَة *allégées*, tandis qu'on les appelle مُثَقَّلَة *aggravées, surchargées*, quand elles les conservent; 2ᵒ que, dépouillées du *teschdid*, elles perdent toute influence grammaticale, et que par conséquent, si elles sont suivies d'un nom, elles ne le mettent pas à l'accusatif; 3ᵒ que, pour distinguer إِنْ provenant de إِنَّ *car* de la conjonction إِنْ, on met quelquefois لَ devant l'énonciatif : إِنَّ زَيْدً لَكَرِيمٌ *car Zéid est certainement généreux*; 4ᵒ que, pour distinguer أَنْ venant de أَنَّ, conjonction

qui doit toujours être suivie immédiatement d'un verbe, et qu'on nomme مَصْدَرِيَّة *faisant fonction de nom d'action* (n° 577 4°), on fait quelquefois précéder le verbe de قَدْ, s'il est au passé, de سَوْفَ ou سَ, s'il est au futur, et de لَا, si la proposition est négative : عَلِمْتُ أَنْ قَدْ

* خَرَجَ زَيْدٌ وَأَنْ سَوْفَ يَخْرُجُ وَأَنْ لَا يَخْرُجُ عَمْرٌو.

§ III. *Des particules négatives* مَا *et* لَا *non.*

618. *Les deux particules négatives* مَا et لَا, حَرْفَا ٱلنَّفْيِ *influent à la fois et sur l'inchoatif et sur l'énonciatif, en mettant le premier au nominatif et le second à l'accusatif. Dans ce cas, elles ont la valeur de لَيْسَ, et on les nomme en conséquence بِمَعْنَى لَيْسَ (n° 575). Quand لَا ne nie pas simplement une qualité, mais l'existence même, on l'appelle لَا لِنَفْيِ ٱلْجِنْسِ (*ibid*). Mais l'une et l'autre de ces particules perdent leur influence dans un certain nombre de cas qui ont été déjà exposés (n°ˢ 492, 493).

§ IV. *Des particules qui mettent le nom à l'accusatif.*

619. Ces particules, dites ٱلْحُرُوفُ ٱلْعَامِلَةُ فِي ٱلِٱسْمِ ٱلْمُفْرَدِ ٱلنَّاصِبَةُ *les particules régissant un nom seul et le mettant à l'accusatif*, sont au nombre de sept, savoir و, إِلَّا, يَا, أَيَا, هَيَا, أَيْ et أ. — La particule و n'a d'influence que quand elle a la signification de مَع *avec* et qu'elle est précédée d'un verbe ou d'un mot qui en contient la valeur. — إِلَّا n'a également d'influence, c.-à-d. qu'elle ne régit l'accusatif que sous certaines conditions que nous avons déjà rapportées (n°ˢ 477, 478). Les termes techniques dont se servent les grammairiens arabes pour formuler ces conditions ont été cités et expliqués dans plusieurs endroits, et notamment au n° 593. — Les cinq autres particules servent à appeler, ce qui les a fait nommer حُرُوفُ ٱلنِّدَآءِ *les particules d'appel* (n° 576 2°).

§ V. *Des particules qui mettent le verbe à l'accusatif.*

620. *Les particules qui mettent le verbe à l'accusatif* ٱلْحُرُوفُ ٱلْعَامِلَةُ

اَلْفِعْلِ ٱلتَّاصِبَةُ فِي sont celles qui exigent qu'on mette après elles le

verbe au 3ᵉ futur, que les Arabes appellent en effet اَلتَّصْبُ *l'accusatif*

ou اَلْمَنْصُوبُ *qui est à l'accusatif* (nᵒ 564), parce qu'il se termine par

un *fatha* comme le cas accusatif. Or, les particules qui régissent ce

3ᵉ futur sont فَ, وَ, أَوْ, لِ, حَتَّى, إِذَنْ, كَيْ, لَنْ, أَنْ, et les composés

de أَنْ et de كَيْ. Comme nous avons déjà exposé en détail l'usage et

l'influence de ces particules (nᵒ 408), nous n'ajouterons ici que quel-

ques observations qui n'ont pu trouver leur place ailleurs. Ainsi, 1ᵒ أَنْ,

précédé d'un verbe renfermant l'idée de *science, connaissance,* comme

عَلِمَ, n'est que la particule أَنْ *allégée* مُخَفَّفَة (nᵒ 617 * 4ᵒ), et par consé-

quent n'a aucune influence sur le verbe qui le suit; 2ᵒ حَتَّى ne régit

l'accusatif du verbe, que parce qu'il suppose l'ellipse de أَنْ; 3ᵒ لِ

suppose pareillement l'ellipse de كَيْ, ce qui l'a fait appeler لَامُ كَيْ

le Lam de Caï; 4ᵒ أَوْ n'a d'influence, que parce qu'il est mis pour

إِلَى أَنْ, ou, comme disent les Arabes, parce qu'il est بِمَعْنَى إِلَى *ayant*

la signification de إِلَى *Ila;* 5ᵒ pour que وَ et فَ exigent le 3ᵉ futur, il faut

qu'il y ait ٱلْجَمْعِيَّة *la simultanéité,* c.-à-d. que les actions exprimées par

le verbe précédent et le verbe suivant, soient simultanées; il faut de

plus que le verbe précédent exprime ou un أَمْر *commandement,* ou une

نَهْي *défense,* ou une نَفْي *négation,* ou une إِسْتِفْهَام *interrogation,* ou

un تَمَنٍّ *désir,* ou une عَرْض *offre, invitation.*

§ VI. *Des particules qui mettent le verbe au futur djezmé.*

621. *Les particules qui mettent le verbe au futur djezmé* ٱلْحُرُوفُ

ٱلْعَامِلَةُ فِي ٱلْفِعْلِ ٱلْجَازِمَةُ, c.-à-d. qui exigent le 2ᵉ futur (nᵒ 564), sont

لَمْ *non,* لَمَّا *ne pas encore,* لِ *impératif,* لَا *prohibitif ou déprécatif,* et

إِنْ *conditionnel.* Les règles de syntaxe qui concernent ces particules

ayant été déjà exposées (nᵒˢ 400, 407), nous remarquerons seulement

que lorsqu'il se trouve dans le discours deux propositions corrélatives

dont l'une est conditionnelle ou équivaut à une conditionnelle (nᵒˢ 400,

407), le verbe de la proposition qui renferme la condition se nomme فِعْلُ ٱلشَّرْطِ *le verbe de la condition*, et celui de l'autre proposition جَزَآءُ ٱلشَّرْطِ *la compensation de la condition* ; parce que la proposition conditionnelle est nommée شَرْط *condition*, et la proposition qui lui est corrélative جَزَآء *rétribution* ou *compensation*.

§ VII. *Des noms qui mettent le verbe au futur djezmé.*

622. *Les noms qui mettent le verbe au futur djezmé s'appellent* أَسْمَآء مَنْقُوصَة *noms diminués, incomplets ; ce sont :* مَنْ *et* أَيّ *quiconque,* مَا *quelque chose que,* إِذْ مَا, مَتَى ou مَا مَتَى *en quelque temps que,* أَيْنَ ou مَا أَيْنَ *en quelque lieu que,* حَيْثُمَا *partout où,* مَهْمَا *autant de fois que,* أَنَّى *de quelque manière que. Tous ces noms exercent sur les verbes la même influence que la particule* إِنْ *si, dont ils ont en effet le sens* (n°ˢ 400, 407).

§ VIII. *Des noms d'une signification vague.*

623. *Les noms d'une signification vague* أَسْمَآء مُبْهَمَة, *qui forment la 8ᵉ classe des régissants grammaticaux fondés sur l'usage, sont :* 1° les numératifs cardinaux composés depuis 11 jusqu'à 99 ; 2° les noms qui indiquent une idée de nombre, mais sans précisément déterminer aucun nombre, comme كَمْ, كَأَيّ, كَذَا, *etc. Ces derniers sont aussi appelés* كِنَايَاتٌ *expressions substituées* ou *métonymies* (n° 537). *Tous ces noms gouvernent l'accusatif ; mais* كَمْ *gouverne aussi le génitif en certains cas* (n° 491 2°), *et* كَذَا *le nominatif. Ainsi on dit :* لَهُ عِنْدِي كَذَا دِرْهَمٌ et كَذَا دِرْهَمًا لَهُ عِنْدِي *je lui dois tant de pièces d'argent.*

§ IX. *Des noms équivalents aux verbes.*

624. *Les noms qui équivalent aux verbes* أَسْمَآء ٱلْأَفْعَالِ (n° 538 4°) *sont au nombre de neuf :* 1° رُوَيْدَ *équivalent de* أَمْهِلْ *donne du répit ;* 2° بَلْهَ *répondant à* دَعْ *laisse ;* 3° عَلَيْكَ *pour* ٱلْزَمْ *attache-toi, appuie-toi,* ou pour خُذْ *prends ;* 4° دُونَكَ *au lieu de* خُذْ *prends ;* 5° هَا *également*

mis pour خُذْ *prends* ; 6° حَيَّهَلْ, حَيَّهَلْ, etc., *accours, arrive* ; 7° حَيْهَاتَ
équivalent de بَعُدَ *il a été éloigné*, c.-à-d. *qu'il soit éloigné ! loin d'ici !*
8° شَتَّانَ répondant à اِفْتَرَقَا *ils sont séparés, différents* : شَتَّانَ زَيْدٌ وَعَمْرُو
il y a de la différence entre Zéid et Amrou ; 9° سَرْعَانَ, سِرْعَانَ, سُرْعَانَ
mis pour سَرُعَ *il s'est hâté.* Les six premiers de ces noms mettent leur
régime à l'accusatif ; mais les trois autres le mettent au nominatif.

§ X. *Des verbes abstraits ou incomplets.*

625. Les verbes abstraits, appelés en arabe أَفْعَالٌ نَاقِصَةٌ *verbes diminués, incomplets*, parce qu'ils ne contiennent pas un attribut comme
les autres verbes, sont كَانَ et quelques autres, tels que أَصْبَحَ, صَارَ,
مَا دَامَ, etc. (n° 417), qu'on nomme أَخَوَاتُ كَانَ *sœurs de Cana* (n° 559).
Or le sujet de ces verbes appelé اِسْمُ كَانَ *nom du verbe Cana* se met au
nominatif, et leur attribut خَبَرُ كَانَ *énonciatif du verbe Cana* à l'accusatif (n° 416). Les verbes كَانَ et صَارَ peuvent cependant signifier
exister, c.-à-d. devenir attributifs renfermant l'attribut *existant* ; on
les nomme dans ce cas فِعْلٌ تَامٌّ *verbes complets*, et ils suivent la syntaxe des autres verbes (n° 418). Lorsque كَانَ se trouve placé devant
une proposition nominale composée d'un inchoatif et d'un énonciatif,
comme كَانَ زَيْدٌ مُنْطَلِقٌ *il a été (que) Zéid (est) parti*, on le considère
comme ayant pour agent l'agent pronominal caché dans le verbe lui-
même et signifiant شَأْنٌ *chose, événement.* Dans ce cas, كَانَ est un
verbe complet مُضْمَرٌ فِيهِ ضَمِيرُ الشَّأْنِ *dans lequel est renfermé le pronom
de la chose, le pronom exprimant un fait, un événement* ; et la proposition est une proposition composée qui a pour énonciatif une proposition nominale.

§ XI. *Des verbes de proximité.*

626. *Les verbes de proximité* أَفْعَالُ الْمُقَارِبَةِ, c.-à-d. ceux qui indiquent l'existence plus ou moins prochaine de l'attribut avec son sujet,
sont au nombre de sept, savoir : عَسَى *il peut arriver que*, كَادَ *il s'en
est peu fallu que*, أَوْشَكَ, كَرَبَ, أَخَذَ, جَعَلَ, طَفِقَ *il s'est mis à faire*

telle ou telle chose. Le premier sert à exprimer la prochaine exécution d'une chose que l'*on espère;* on le définit en conséquence : مَوْضُوعٌ لِدُنُوِّ ٱلْخَبَرِ رَجَاءً *posé pour la proximité de l'attribut avec espoir.* Le second s'emploie pour exprimer simplement la prochaine exécution d'une chose; c'est pourquoi on le désigne simplement par مَوْضُوعٌ لِدُنُوِّ ٱلْخَبَرِ حُصُولًا *posé pour la proximité de l'attribut se produisant.* Les autres servent à exprimer la prochaine exécution d'une chose qu'on entreprend, à laquelle on se met; ce qui les a fait appeler مَوْضُوعَةٌ لِدُنُوِّ ٱلْخَبَرِ أَخْذًا فِيهِ *posés pour la proximité de l'attribut en s'y mettant.*

627. Ces verbes n'influent لَفْظًا *grammaticalement,* réellement, que sur un seul nom, qu'ils mettent au nominatif; mais ils influent تَقْدِيرًا *virtuellement* sur l'attribut exprimé par une proposition verbale, qui ne pouvant être réellement à l'accusatif, est censée y être mise مَحَلًّا *par la place qu'elle occupe.* Le nom mis au nominatif par ces verbes s'appelle إِسْمُهَا *leur nom,* et la proposition qui sert d'attribut خَبَرُهَا *leur énonciatif.* Ainsi, dans عَسَى زَيْدٌ أَنْ يَخْرُجَ, le mot زَيْدٌ est l'agent ou إِسْمُ le *nom* de عَسَى; et أَنْ يَخْرُجَ son خَبَرُ *énonciatif;* mais dans عَسَى أَنْ يَخْرُجَ زَيْدٌ, toute la proposition أَنْ يَخْرُجَ زَيْدٌ est considérée comme l'agent de عَسَى, car c'est l'équivalent de خُرُوجُ زَيْدٍ *la sortie de Zéid.* Enfin, dans la construction عَسَى زَيْدٌ يَخْرُجُ, le mot زَيْدٌ est le nom de عَسَى, et يَخْرُجُ étant un verbe, et un verbe qui renferme son agent pronominal, et qui par conséquent forme une proposition verbale, sert d'énonciatif à عَسَى, et est censé mis à l'accusatif.

§ XII. *Des verbes de louange et de blâme.*

628. *Les verbes de louange et de blâme* أَفْعَالُ ٱلْمَدْحِ وَٱلذَّمِّ, tels que نِعْمَ et حَبَّذَا *il est beau,* بِئْسَ et سَاءَ *il est mauvais,* se construisant de diverses manières (n° 420), sont par là même susceptibles de plusieurs sortes d'analyses. Ainsi : 1° dans نِعْمَ ٱلرَّجُلُ زَيْدٌ *c'est un excellent*

homme que Zéid, le mot زَيْدٌ est l'inchoatif transposé, ayant pour énonciatif une proposition verbale composée du verbe نِعْمَ et de son agent ٱلرَّجُلُ; 2° dans نِعْمَ رَجُلًا زَيْدٌ, l'accusatif رَجُلًا est considéré comme un تَمْيِيزٌ *terme circonstanciel déterminatif* (n° 591), et l'agent est le pronom renfermé dans le verbe, زَيْدٌ étant toujours regardé comme un inchoatif transposé, et nullement comme l'agent de نِعْمَ; 3° dans نِعْمَ ٱلرَّجُلُ *l'excellent homme!* ٱلرَّجُلُ tient lieu de l'inchoatif, c.-à-d. du nom de la personne qui est l'objet de la louange et qui n'est pas exprimé, et نِعْمَ formant une proposition verbale composée d'un verbe et d'un agent, fait la fonction d'énonciatif; 4° حَبَّذَا étant composé de حَبَّ et de ذَا (n° 282), la manière la plus naturelle d'analyser les propositions où il entre, est de regarder ذَا comme l'agent du verbe et mis تَقْدِيرًا *virtuellement* au nominatif. Ainsi, dans حَبَّذَا زَيْدٌ, زَيْدٌ est l'inchoatif transposé, et حَبَّذَا formant une proposition verbale composée d'un verbe et d'un agent, fait la fonction d'énonciatif. La proposition حَبَّذَا رَجُلًا زَيْدٌ s'analyse de la même manière; seulement حَبَّذَا ٱلرَّجُلُ زَيْدٌ est à l'accusatif comme تَمْيِيزٌ *déterminatif*. Enfin رَجُلًا est encore susceptible de la même analyse. Quant à ٱلرَّجُلُ, il est au nominatif comme adjectif qualifiant زَيْدٌ, ou comme appositif بَدَلٌ *permutatif* (n°s 594 3°, 597) de ذَا.

§ XIII. *Des verbes de cœur.*

629. Les Arabes appellent أَفْعَالُ ٱلْقُلُوبِ *les verbes de cœur* ceux qui expriment une action intellectuelle, comme عَلِمَ *il a su*, وَجَدَ *il a trouvé*, رَأَى *il a jugé, vu*, ظَنَّ *il a pensé*, حَسِبَ *il a estimé*, خَالَ *il s'est imaginé*, زَعَمَ *il a cru* (n° 413). Comme les trois premiers indiquent une science certaine, les trois suivants une connaissance mêlée de doute, et que le dernier tient le milieu entre ces deux classes, on appelle encore tous ces verbes أَفْعَالُ ٱلشَّكِّ وَٱلْيَقِينِ *les verbes de doute et de cer-*

litude. Enfin, en raison de leur construction, on les nomme عَوَامِل دَاخِلَةٌ عَلَى ٱلْمُبْتَدَآءِ وَٱلْخَبَرِ *régissants influant sur l'inchoatif et l'énonciatif*.

630. Ces verbes ont trois régimes : le premier est ٱلْفَاعِل *l'agent* qui se met au nominatif ; le deuxième est nommé ٱلْمَفْعُولُ ٱلْأَوَّلُ *le premier complément*, ou إِسْمٌ فِي بَابِ ظَنَنْتُ *nom dans la porte de Dhanantou*, c.-à-d. nom d'un verbe qui se construit comme le verbe *Dhanna*, qui est de la catégorie de *Dhanna* ; et le troisième est appelé ٱلْمَفْعُولُ ٱلثَّانِي *le second complément*, ou خَبَرٌ فِي بَابِ ظَنَنْتُ *énonciatif d'un verbe de la catégorie de Dhanna*. Ces deux derniers régimes se mettent naturellement à l'accusatif, comme étant le complément direct d'un verbe actif ; cependant on les trouve quelquefois au nominatif (n° 413) ; espèce de licence que les Arabes désignent de deux manières : 1° par l'expression : جَوَازُ ٱلْإِلْغَاء *la liberté du rejet*, c.-à-d. le pouvoir de rejeter, d'exclure toute influence du verbe sur son complément ; ou, comme ils disent : إِبْطَالُ ٱلْعَلَاقَةِ ٱلْمَفْعُولِيَّةِ بَيْنَ هَذِهِ ٱلْأَفْعَالِ وَمَفْعُولَيْهَا لَفْظًا وَمَعْنًى *l'action de faire cesser la dépendance complémentaire entre ces verbes et leurs deux compléments, tant grammaticalement que logiquement* ; 2° par le mot تَعْلِيقٌ *suspension*, qui signifie إِبْطَالُ ٱلْعَلَاقَةِ ٱلْمَفْعُولِيَّةِ بَيْنَ هَذِهِ ٱلْأَفْعَالِ وَمَفْعُولَيْهَا لَفْظًا لَا مَعْنًى *l'action de faire cesser la dépendance complémentaire entre ces verbes et leurs deux compléments, grammaticalement, mais non logiquement* ; c'est-à-dire que les deux compléments, cessant d'être sous l'influence du verbe quant à l'expression, sont mis au nominatif, mais que leur dépendance logique est conservée ; ce qui a lieu quand il se trouve après le verbe ou le لِ de l'inchoatif (n° 579 1°), ou une particule négative, ou un mot qui sert à interroger.

* Il y a beaucoup d'autres verbes qui exercent une influence semblable à celle des verbes de cœur ; tels sont : جَعَلَ, تَرَكَ, خَلَقَ, لَقِيَ, أَرْسَلَ, سَمَّى, قَلَبَ, etc. *

ARTICLE III.

Des régissants logiques.

631. Les *régissants logiques*, proprement *régissants relatifs à la signification* عَوَامِلُ مَعْنَوِيَّةٌ, ne sont en réalité que l'absence de tout terme antécédent capable d'exercer quelque influence grammaticale sur le mot qui est envisagé comme مَعْمُولٌ *régime*. Aussi les nomme-t-on تَجَرُّدٌ عَنِ ٱلْعَوَامِلِ ٱللَّفْظِيَّةِ *dépouillement*, c.-à-d. *absence des régissants grammaticaux*, ou simplement تَجْرِيدٌ et تَجَرُّدٌ *dépouillement*.

632. Cette absence des régissants grammaticaux ayant lieu pour le nom et pour le verbe, forme deux régissants logiques, dont l'un se définit : ٱلتَّجَرُّدُ عَنِ ٱلنَّاصِبِ وَٱلْجَارِّ *le dépouillement de ce qui met à l'accusatif et au génitif*, c.-à-d. l'absence de tout antécédent qui exigerait que le nom fût مَنْصُوبٌ *mis à l'accusatif* ou مَجْرُورٌ *mis au génitif*. Le nom est alors مَرْفُوعٌ *mis au nominatif*. Le second se désigne par : ٱلتَّجَرُّدُ عَنِ ٱلنَّاصِبِ وَٱلْجَازِمِ *le dépouillement de ce qui met à l'accusatif et de ce qui donne le djezma*, c.-à-d. l'absence de tout antécédent qui exigerait que le verbe fût مَنْصُوبٌ *mis à l'accusatif*, ce qui s'entend du futur terminé par un *fatha* et correspondant au mode subjonctif (n° 564), ou celle de tout antécédent qui demanderait que le verbe fût مَجْزُومٌ *djezmé*, c.-à-d. mis au futur terminé par un *djezma* et représentant le mode conditionnel (n° 564). Le verbe est alors nécessairement مَرْفُوعٌ *mis au nominatif*, c.-à-d. *à l'indicatif* (n° 564).

* Le prétérit n'admettant pas de distinction de modes, quand on dit qu'il est مَنْصُوبٌ *mis au subjonctif*, ou مَجْزُومٌ *mis au conditionnel*, c'est seulement مَحَلًّا *à raison de la place* qu'il occupe dans la proposition, et non لَفْظًا *expressément*, *en réalité*. *

CHAPITRE CINQUIÈME.

DE LA CONSTRUCTION DES VERBES D'ADMIRATION.

633. *Les verbes d'admiration* أَفْعَالُ ٱلتَّعَجُّبِ se construisent, comme on l'a vu (n° 421), de l'une des deux manières : مَا أَفْعَلَ avec l'accusatif, et أَفْعِلْ avec le génitif précédé de بِ ; ce que l'on exprime par les formules مَا أَفْعَلَهُ et أَفْعِلْ بِهِ. Or ces deux formules sont analysées différemment par les Arabes.

634. Dans la première, les uns regardent مَا comme inchoatif, et أَفْعَلَ comme une proposition verbale composée du verbe et de son agent, et ayant pour complément le pronom suffixe هُ ; les autres supposent que مَا أَفْعَلَهُ est l'inchoatif, et que l'énonciatif est شَيْءٌ sous-entendu ; en sorte que مَا أَحْسَنَ زَيْدًا *Zéid est très-beau*, signifierait à la lettre : *ce qui a rendu Zéid beau, c'est une certaine chose.*

635. Dans la seconde, le verbe est, suivant les uns, à l'impératif, renfermant son agent et formant avec lui une proposition verbale, et بِهِ tient la place d'un complément à l'accusatif ; mais, suivant les autres, le verbe est censé être au prétérit, et le sens de أَحْسِنْ بِهِ est صَارَ ذَا حُسْنٍ *il est devenu doué de beauté.* Quand on veut désigner cette seconde formule, on dit que la proposition صِيغَةُ ٱلْإِخْبَارِ إِلَى صِيغَةِ مَنْقُولَةٌ مِنْ ٱلْإِنْشَاءِ *est transportée, passe de la forme énonciative à la forme productive*, c.-à-d. qu'au lieu d'employer le mode indicatif destiné à exprimer une énonciation, une affirmation, on se sert de l'impératif, dont l'usage propre est d'exprimer une volonté (n° 582 6°, 7°).

———◇◇◇———

CHAPITRE SIXIÈME.

DE QUELQUES USAGES DU PRONOM PERSONNEL.

636. Le pronom personnel, employé au lieu du verbe substantif pour séparer l'inchoatif de l'énonciatif (n° 378), est considéré comme une particule, et appelé en conséquence حَرْفُ ٱلْفَصْل *la particule de séparation*[1] ; mais lorsqu'il sert à donner de l'énergie à l'expression (n° 379, 380), il est simplement تَابِعٌ مُوَكِّدٌ *appositif corroboratif* (n° 594). Dans les deux cas, le pronom n'étant dans aucune dépendance, et se trouvant, en quelque sorte, étranger à la construction de la proposition, on exprime cette particularité par ces mots : لَا مَحَلَّ لَهُ مِنَ ٱلْإِعْرَاب *il n'a aucune place parmi les désinences, dans l'analyse grammaticale*. Comp. n° 582 12°.

637. Le pronom personnel هُوَ et son suffixe ه s'emploient aussi, par une sorte de pléonasme, d'une manière vague et qui ne donnerait aucun sens, s'il n'était expliqué par une proposition suivante, comme dans : إِنَّهُ كَانَ تُجَارٌ هُوَ زَيْدٌ كَاذِبٌ *il, Zéid (est) menteur ; car cela, un marchand a été*, ou *cela est qu'il a été un marchand ;* ظَنَنْتُهُ مُحَمَّدٌ رَسُولُ ٱللَّهِ *tu as cru cela, Mahomet (est) envoyé de Dieu*, ou *tu as cru que Mahomet est envoyé de Dieu ;* كَانَ مُوسَى نَبِيٌّ *il a été, Moïse (est) prophète*, ou *cela a été, que Moïse était prophète*. Or le pronom ainsi employé se nomme ضَمِيرُ ٱلشَّأْن *pronom de la chose, qui tient la place de la chose, du fait ;* et la proposition qui le suit s'appelle جُمْلَةٌ مُفَسِّرَةٌ لِضَمِيرِ ٱلشَّأْن *proposition expliquant le pronom qui tient lieu de la chose* (n° 582 15°).

[1] Il y a des grammairiens qui nomment ce pronom عِمَادٌ, *soutien, pilier,* parce qu'il empêche que le mot qui le suit, ne perde la qualité d'attribut, de même que, dans une maison, le pilier empêche le toit de tomber.

* Pour analyser ces quatre exemples, les Arabes diraient que, dans le 1ᵉʳ, هُوَ est un inchoatif qui a pour énonciatif la proposition nominale زَيْدٌ كَاذِبٌ tout entière ; que, dans le 2ᵉ, ﻩ est le nom de la particule إِنَّ, et que son énonciatif est la proposition verbale كَانَ نُجَّارٌ ; que, dans le 3ᵉ, ﻩ est le nom du verbe de cœur ظَنَنْتُ, et que son énonciatif est la proposition nominale مُحَمَّدٌ رَسُولُ ٱللّٰه ; que le 4ᵉ contient une proposition verbale composée dont le verbe est كَانَ ; que le nom ou sujet du verbe كَانَ est le pronom personnel caché dans la troisième personne du verbe ; et que l'énonciatif est la proposition nominale مُوسَى نَبِيٌّ tout entière. *

* * *

CHAPITRE SEPTIÈME.

DES MOTS ABROGATIFS.

638. Les Arabes appellent نَوَاسِخ expressions *qui détruisent, abrogent*, les particules (n° 617) et les verbes qui, placés devant un inchoatif et un énonciatif, en changent ou la forme grammaticale ou le sens ; ce qu'ils expriment par ٱلنَّوَاسِخُ تَدْخُلُ ٱلْمُبْتَدَأَ وَٱلْخَبَرَ وَتُغَيِّرُهُمَا لَفْظًا أَوْ مَعْنًى. Or les mots abrogatifs sont : 1° كَانَ et les autres verbes abstraits (n° 625) ; 2° كَادَ et autres semblables (n° 626) ; 3° les négations مَا et لَا (n° 618) ; 4° إِنَّ et ses analogues (n° 617) ; 5° ظَنَّ et les autres verbes de cœur (n°ˢ 629, 630).

* *Le changement dans la forme grammaticale* ٱلتَّغْيِيرُ ٱللَّفْظِيُّ a lieu, par exemple, quand un mot qui devrait être au nominatif se met à l'accusatif, comme le sujet après إِنَّ, ou l'attribut après كَانَ ; *le changement dans le sens* ٱلتَّغْيِيرُ ٱلْمَعْنَوِيُّ a lieu quand un temps du verbe

change de valeur, ou quand une proposition qui exprimait une affirmation n'exprime plus qu'une possibilité, comme cela arrive avec les verbes عَسَي et كَادَ, ou enfin lorsqu'une proposition qui par elle-même énoncerait un jugement affirmatif, n'exprime plus qu'une opinion douteuse, effet que produit le verbe ظَنَّ. *

CHAPITRE HUITIÈME.

DE LA CONSTRUCTION DE CERTAINES PARTICULES.

632. Tout *adverbe de temps* ou *de lieu* ظَرْف, proprement *vase* (n° 540 3°), et toute expression contenant *une préposition et son régime* جَارّ وَمَجْرُور (n° 588) dépendent nécessairement d'un antécédent qui est toujours un verbe ou un mot ayant la valeur d'un verbe. Or ce terme adverbial qui est dans la dépendance se nomme اَلْمُتَعَلِّق *le dépendant,* et son antécédent اَلْمُتَعَلَّق بِه *celui de qui on dépend,* c.-à-d. le mot qui a un terme adverbial dans sa dépendance.

640. L'antécédent du terme adverbial est souvent le verbe *être, exister, se trouver,* كَانَ، حَصَلَ، اِسْتَقَرّ, et alors il est le plus ordinairement sous-entendu ; il doit même l'être nécessairement lorsque l'adverbe ou la préposition avec son complément 1° forment l'*énonciatif* خَبَر, comme dans زَيْدٌ فِي ٱلدَّارِ *Zéid (est) dans la maison;* 2° servent de *proposition conjonctive* صِلَة, comme dans مَرَرْتُ بِٱلَّذِي عِنْدَكَ *j'ai passé auprès de celui qui (se trouve) chez toi;* 3° font fonction de *qualificatif* صِفَة, comme dans مَرَرْتُ بِرَجُلٍ عِنْدَكَ فِي ٱلْبَيْتِ *j'ai passé auprès d'un homme (qui) est chez toi dans la maison.*

641. Plusieurs particules n'ont point d'antécédent; ce sont : رُبَّ *quelquefois*, لَوْلَا *si… ne*, كَ *comme*; de plus بِ et مِنْ *pléonastiques*, comme dans هَلْ مِنْ خَالِقٍ ; كَفَى بِٱللّٰهِ , qui sont pour هَلْ خَالِقٌ ; كَفَى ٱللّٰهُ *enfin* لَعَلَّ , dans le système de ceux qui rangent cette particule parmi les prépositions en mettant son complément au génitif.

—◇—

CHAPITRE NEUVIÈME.

DE L'ANALYSE GRAMMATICALE.

642. L'*analyse grammaticale* إِعْرَابٌ est définie par les grammairiens arabes تَغْيِيرُ أَوَاخِرِ ٱلْكَلِمِ لِٱخْتِلَافِ ٱلْعَوَامِلِ *le changement des terminaisons des mots à cause de la diversité des régissants*, ou *produit par les divers régissants*. C'est-à-dire que l'analyse grammaticale rend raison de la forme grammaticale sous laquelle les mots se présentent, et surtout du cas auquel se trouvent les noms et du mode employé pour les verbes ; mais elle a de plus pour objet de faire reconnaître le rôle que joue dans le discours chacune des parties dont il se compose, en indiquant le sujet, l'attribut et les divers compléments. Or, parmi les propositions, les unes occupent une place dans l'analyse, et les autres n'en occupent point.

ARTICLE I.

Des propositions qui occupent une place dans l'analyse.

643. La proposition qui occupe une place dans l'analyse est, comme on l'a vu plus haut (n° 582 12°), celle qui représente une partie inté-

grante d'une autre proposition. Ainsi, dans رَجُلٌ شَرِيرٌ يَهْلَكُ, la proposition verbale يَهْلَكُ, qui se compose du verbe et de son agent caché,
représente l'énonciatif de l'inchoatif رَجُلٌ شَرِيرٌ; elle occupe donc une
place dans l'analyse, et elle est virtuellement au nominatif. De même,
dans وَخَرَجُوا يَبْسُطُونَ ٱلرِّزْقَ لَهُ, la proposition verbale يَبْسُطُونَ, représente dans l'analyse *le terme circonstanciel d'état* ٱلْحَالُ, par conséquent
l'accusatif. Enfin, dans إِنْ فَعَلْتَ هَذَا فَيَغْفِرُ ٱللَّهُ لَكَ, la proposition فَيَغْفِرُ
ٱللَّهُ لَكَ représente la proposition corrélative, nommée جَوَابُ ٱلشَّرْطِ
la réponse de la condition, ou جَزَآءُ ٱلشَّرْطِ *la compensation de la condi-*
tion (n° 621); et comme telle, elle est مَجْزُومَةٌ مُحَلًّا *virtuellement djez-*
mée, c.-à-d. *au mode conditionnel*, par la place qu'elle occupe dans
l'analyse; car, sans l'introduction de la particule فَ, il eût fallu dire
يَغْفِرْ (n° 494 *).

  * Il résulte de ces explications qu'on doit regarder comme occupant
une place dans l'analyse : 1° toute proposition qui sert d'interprétation
au *pronom de la chose* ضَمِيرُ ٱلشَّانِ (n° 637), car elle forme l'énonciatif
d'une proposition à laquelle ce pronom sert d'inchoatif (n° 637 *);
2° toute proposition qualificative (n° 582 10°), puisqu'elle se rattache à
une partie de la proposition précédente en la qualifiant. *

ARTICLE II.

Des propositions qui n'occupent aucune place dans l'analyse.

644. La proposition qui n'occupe aucune place dans l'analyse est
celle qui ne représente pas une partie intégrante d'une autre proposition (n° 582 12°). Ainsi, زَيْدٌ خَرَجَ أَخُوهُ ; زَيْدٌ مَرِيضٌ ; جَآءَ رَجُلٌ, ne dépendant d'aucune proposition, n'ont point de place dans l'analyse. De
même, dans رَأَيْتُ وَهِيَ نَائِمَةٌ زَيْدًا كَاتِبًا, la proposition incidente وَهِيَ
نَائِمَةٌ n'a point de place dans l'analyse, parce qu'elle n'est liée par
aucun rapport ni avec le verbe رَأَى, ni avec son sujet تُ, ni enfin

avec son complément زَيْدًا كَاتِبًا. Au contraire, dans رَأَيْتُ وَأَنَا جَالِسٌ

زَيْدًا كَاتِبًا, la proposition incidente وَأَنَا جَالِسٌ occupe une place dans

l'analyse, parce qu'elle forme un *terme circonstanciel d'état* حَالٌ, le-

quel modifie le sujet تُ renfermé dans le verbe رَأَيْتُ.

* Remarquons : 1° qu'en vertu de cette règle, les Arabes considèrent
comme n'occupant point de place dans l'analyse, ni les particules qui
n'exercent aucune influence sur les verbes des deux propositions corrélatives, et qui, par conséquent, n'exigent point l'emploi du conditionnel, telles que لَوْ, لَوْلَا et إِذَا, signifiant *quand, lorsque*; ni les *propositions conjonctives* (n° 582 11°) jointes à leur *antécédent* مَوْصُولٌ, soit
par الَّذِي, soit par une expression adverbiale, comme كَمَا *ainsi que*;
2° que les propositions qui n'occupent aucune place dans l'analyse
peuvent cependant être analysées grammaticalement, puisque chacune d'elles est composée d'un verbe et d'un agent, ou d'un inchoatif
et d'un énonciatif; 3° enfin, que les grammairiens et les scoliastes ne
sont pas toujours d'accord sur les propositions qui occupent ou n'occupent point de place dans l'analyse grammaticale. *

———⊰∘⊱———

APPENDICE AUX CHAPITRES PRÉCÉDENTS.

EXERCICES D'ANALYSE GRAMMATICALE.

645. Ce que nous avons dit précédemment suffit sans doute pour
faire connaître la manière dont les grammairiens et les scoliastes
arabes envisagent l'analyse grammaticale; mais les exercices suivants
facilitent surtout l'intelligence du langage qu'ils emploient, lorsqu'ils
analysent des textes.

Ier EXERCICE. قَتَلَ زَيْدٌ رَجُلًا *Zéid a tué un homme.*

قَتَلَ فِعْلٌ مَاضٍ زَيْدٌ فَاعِلٌ وَهُوَ مَرْفُوعٌ وَعَلَامَةُ رَفْعِهِ ضَمَّةٌ ظَاهِرَةٌ فِي آخِرِهِ رَجُلًا مَفْعُولٌ وَهُوَ مَنْصُوبٌ وَعَلَامَةُ نَصْبِهِ فَتْحَةٌ ظَاهِرَةٌ فِي آخِرِهِ

1° قَتَلَ *verbe au prétérit ;* 2° زَيْدٌ *agent ; or il est mis au nominatif, et le signe de son nominatif est un Dhamma sensible à son extrémité (sur sa dernière lettre) ;* 3° رَجُلًا *patient (ou complément) ; or il est mis à l'accusatif, et le signe de son accusatif est un Fatha sensible à son extrémité.*

IIe EXERCICE. وَلَدَ دَاوُدُ سُلَيْمَيْنَ *David a engendré Salomon.*

وَلَدَ فِعْلٌ مَاضٍ مَرْفُوعٌ مَحَلًّا لِتَجَرُّدِهِ مِنَ ٱلنَّاصِبِ وَٱلْجَازِمِ وَدَاوُدُ إِسْمٌ مَرْفُوعٌ لَفْظًا بِأَنَّهُ فَاعِلٌ لِوَلَدَ وَعَلَامَةُ رَفْعِهِ ضَمَّةٌ ظَاهِرَةٌ فِي آخِرِهِ وَسُلَيْمَيْنَ إِسْمٌ مَنْصُوبٌ لَفْظًا لِكَوْنِهِ مَفْعُولًا بِهِ لِوَلَدَ وَعَلَامَةُ نَصْبِهِ فَتْحَةٌ ظَاهِرَةٌ فِي آخِرِهِ فَٱلْفِعْلُ مَعَ فَاعِلِهِ ٱلْمُسْنَدِ إِلَيْهِ جُمْلَةٌ فِعْلِيَّةٌ لَا مَحَلَّ لَهَا مِنَ ٱلْإِعْرَابِ لِعَدَمِ وُقُوعِهَا مَقَامَ ٱلْمُفْرَدِ

1° وَلَدَ *verbe au prétérit, mis au nominatif par la place (qu'il occupe dans la proposition, n° 632 *), parce qu'il manque d'un (antécédent) qui exige l'accusatif (c.-à-d. le subjonctif), ou qui donne le Djezma (c.-à-d. qui exige le conditionnel, n° 632). —* 2° دَاوُدُ *nom mis au nominatif expressément (en réalité), parce qu'il sert d'agent à* وَلَدَ *; or le signe de son nominatif est un Dhamma sensible à son extrémité. —* 3° سُلَيْمَيْنَ, *nom mis à l'accusatif expressément parce qu'il est complément de* وَلَدَ *; or le signe de son accusatif est un Fatha sensible à son extrémité. Mais le verbe avec son agent qui lui est ajouté forme une proposition verbale qui n'a point de place dans l'analyse grammaticale, parce qu'elle ne se rattache à aucune autre proposition, mais qu'elle est unique et simple.*

IIIe EXERCICE. مَا يَذُوقُ مِنْ صَدِيقٍ عَذَابًا لَيْسَ ٱللَّهُ بِظَالِمٍ *il n'y a point d'homme sincère qui sera puni ; Dieu n'est pas injuste.*

مَا نَفْيٌ حَالٍ يَذُوقُ فِعْلٌ مُضَارِعٌ مِنْ صَدِيقٍ جَارٌّ وَمَجْرُورٌ وَمِنْ زَائِدَةٌ وَٱلْجَارُّ وَٱلْمَجْرُورُ مَرْفُوعَةٌ مَحَلًّا بِأَنَّهَا ٱسْمُ مَا ٱلَّتِي تَعْمَلُ عَمَلَ كَانَ ٱلنَّاقِصَةِ عَذَابًا مَفْعُولٌ يَذُوقُ لَيْسَ فِعْلٌ نَاقِصَةٌ مِنْ أَخَوَاتِ كَانَ ٱلنَّاقِصَةِ ٱللَّهُ فَاعِلٌ وَهُوَ مَرْفُوعٌ لَفْظًا بِظَالِمٍ جَارٌّ وَمَجْرُورٌ وَبِ زَائِدَةٌ وَٱلْجَارُّ وَٱلْمَجْرُورُ مَنْصُوبَةٌ مَحَلًّا بِأَنَّهَا خَبَرُ لَيْسَ

1° مَا négation du présent (n° 575). — 2° يَذُوقُ verbe au futur. — 3° مِنْ صَدِيقٍ préposition et son régime mis au génitif (n° 592) ; or مِنْ est explétif (n° 572 *), et cette préposition et son régime au génitif sont au nominatif en raison de la place qu'ils occupent dans la proposition (c.-à-d. virtuellement), parce qu'ils forment le nom (ou sujet) de la particule مَا, laquelle opère à la manière (imite la syntaxe) du verbe incomplet لَيْسَ (n° 625). — 4° عَذَابًا يَذُوقُ. complément de كَانَ verbe incomplet appartenant à la catégorie de كَانَ incomplet (n° 625). — 6° ٱللَّهُ agent ; il est au nominatif expressément. — 7° بِظَالِمٍ préposition et son régime au génitif ; or بِ est explétif (n° 572 *), et cette préposition et son complément sont à l'accusatif virtuellement, parce qu'ils forment l'énonciatif de لَيْسَ.

IV° EXERCICE. غُلَامِي مَارِضٌ هُوَذَا ٱلطَّبِيبُ mon serviteur est malade ; voilà le médecin.

غُلَامِي مُبْتَدَأٌ مَرْفُوعٌ بِٱلْٱبْتِدَاءِ وَعَلَامَةُ رَفْعِهِ ضَمَّةٌ مُقَدَّرَةٌ عَلَى مَا قَبْلَ ٱلْيَاءِ مَنَعَ مِنْ ظُهُورِهَا ٱشْتِغَالُ ٱلْمَحَلِّ بِحَرَكَةِ ٱلْمُنَاسَبَةِ غُلَامُ مُضَافٌ وَٱلْيَاءُ ضَمِيرٌ مُتَّصِلٌ فِي مَحَلِّ جَرٍّ بِٱلْإِضَافَةِ وَقَلَّ غُلَامِي فِي حَالَتَيِ ٱلنَّصْبِ وَٱلْجَرِّ وَقُولِي حَرَكَةُ ٱلْمُنَاسَبَةِ أَيْ كَسْرَةُ ٱلْمِيمِ ٱلَّتِي تُنَاسِبُ ٱلْيَاءَ مَارِضٌ خَبَرُ غُلَامِي وَهُوَ مَرْفُوعٌ هُوَذَا هُوَ ضَمِيرُ ٱلشَّانِ وَذَا مُبْتَدَأٌ وَٱلطَّبِيبُ خَبَرُهُ وَجُمْلَةُ ٱلْمُبْتَدَأِ وَٱلْخَبَرِ فِي مَحَلِّ رَفْعٍ عَلَى أَنَّهَا خَبَرُ ضَمِيرِ ٱلشَّانِ وَهِيَ مُفَسِّرَةٌ لَهُ

1° غُلَامِي inchoatif mis au nominatif par la fonction qu'il remplit d'inchoatif ; or le signe de son nominatif est un Dhamma virtuel sur la lettre qui précède le *Ya*; ce qui a empêché qu'il ne fût sensible, c'est la place occupée par la voyelle analogue ; غُلَامُ antécédent d'un rapport d'annexion (n° 612); et le *Ya* est un pronom affixe qui tient la place d'un génitif par l'effet du rapport d'annexion (dans lequel il est complément); le mot غُلَامِي soutient les deux formes de l'accusatif et du génitif (c.-à-d. conserve la même forme à l'accusatif et au génitif). Or, quand je dis la voyelle analogue, j'entends le *Kesra* du *Mim*, lequel est en effet analogue au *Ya*. — 2° مَارِضٌ énonciatif de غُلَامِي; il est au nominatif. — 3° هُوَ ; ذَا هُوَذَا pronom de la chose (n° 637); ذَا est inchoatif, et ٱلطَّبِيبُ son énonciatif; et la proposition composée de cet inchoatif et de cet énonciatif tient la place d'un nominatif, parce qu'elle sert d'énonciatif au pronom de la chose, et elle explique le sens vague de ce pronom (n° 637).

V° EXERCICE. يَضْرِبُ ٱلْفَتَى كَلْبَهُ حَتَّى يُقْتَلَ le jeune homme frappera son chien jusqu'à ce qu'il soit tué.

يَضْرِبُ فِعْلٌ مُضَارِعٌ مَرْفُوعٌ لِتَجَرُّدِهِ عَنِ ٱلنَّاصِبِ وَٱلْجَازِمِ وَعَلَامَةُ رَفْعِهِ ضَمَّةٌ ظَاهِرَةٌ فِي آخِرِهِ ٱلْفَتَى فَاعِلُ يَضْرِبُ وَهُوَ مَرْفُوعٌ وَعَلَامَةُ رَفْعِهِ ضَمَّةٌ مُقَدَّرَةٌ عَلَى ٱلْأَلِفِ مَنَعَ مِنْ ظُهُورِهَا ٱلتَّعَذُّرُ لِأَنَّهُ ٱسْمٌ مَقْصُورٌ وَقُلْ هَكَذَا فِي حَالَتَيِ ٱلنَّصْبِ وَٱلْجَرِّ كَلْبَهُ مُضَافٌ وَمُضَافٌ اليه وهو منصوب بِأَنَّهُ مفعول يَضْرِبُ وعلامة نَصبِه فَتْحَةٌ ظَاهِرَة فِي آخِرِه وَٱلْهَاءُ ضَمِيرٌ مُتَّصِل فِي مَحَلِّ جَرٍّ بِٱلْإِضَافَةِ حَتَّى حَرْف غَايَةٍ ونصبٍ يُقْتَلَ فِعل مَجْهُول مُضارع منصوب بِأَنْ مُضْمَرَةٍ وُجُوبًا بَعْدَ حَتَّى وعلامة نَصبِه فتحة ظاهرة فِي آخِرِه وفاعلُه مُسْتَتِرٌ فِيهِ وجوبًا تَقْدِيرُهُ هُوَ وَأَنْ وما بعدها فِي تَأْوِيلِ مَصْدَرٍ مَجْرُورٍ بِحَتِّي ٱلتَّقْدِيرُ إِلَي قَتْلِهِ

1° يَضْرِبُ verbe au futur, mis au nominatif (c.-à-d. à l'indicatif) à cause de l'absence de tout antécédent qui exige l'accusatif ou le *Djezma* (le subjonctif ou le conditionnel); or le signe de son nominatif est un

Dhamma sensible à son extrémité. — 2° اَلْفَتَى agent de يَضْرُبُ, *mis au nominatif ; or le signe de son nominatif est un Dhamma virtuel sur l'Élif* (n° 515 7°) ; *ce qui a empêché qu'il ne fût sensible, c'est l'impossibilité* (de mettre ici un Dhamma. Voy. le n° 555), *parce que c'est un nom privé de ses inflexions grammaticales ; aussi conserve-t-il ainsi les deux formes de l'accusatif et du génitif.* — 3° كَلِمَةٌ *est à la fois l'antécédent et le conséquent d'un rapport d'annexion. Il est à l'accusatif comme complément direct de* يَضْرُبُ ; *or le signe de son accusatif est le Fatha sensible à son extrémité ; et le Hé est un pronom affixe qui tient la place d'un génitif par l'effet du rapport d'annexion.* — 4° حَتَّى *particule qui indique le terme d'une action et gouverne l'accus.* (c.-à-d. le subjonctif). — 5° يُقْتَلَ *verbe passif, au futur et à l'accusatif, comme étant sous l'influence de la particule* أَنْ *nécessairement sous-entendue après* حَتَّى ; *or le signe de son accusatif est le Fatha sensible à son extrémité ; et son agent* (l'agent de يُقْتَلَ) *est nécessairement caché dans ce verbe ; il équivaut à* هُوَ ; *et la particule* أَنْ *et ce qui la suit a le même sens qu'un nom d'action mis au génitif ; avec* حَتَّى, *c'est l'équivalent de* إِلَى قَتْلِهِ.

FIN.

TABLEAUX

OU

PARADIGMES DES VERBES.

———

REMARQUES.

1° Les commençants devront, en étudiant les Paradigmes, apprendre toute la première colonne avant de passer à la seconde, et faire de même pour les suivantes.

2° Lorsqu'ils auront appris successivement toutes les Formes du verbe parfait, ils pourront les comparer les unes aux autres, dans leurs temps et leurs modes. Ils apprendront de la même manière les verbes imparfaits ; après cela, ils les compareront d'abord entre eux, puis avec le verbe parfait. Outre que cet exercice est très-propre à graver la conjugaison dans la mémoire, il leur montrera que le mécanisme du verbe est beaucoup plus simple et plus naturel qu'il ne le paraît au premier abord.

3° J'ai cru qu'il était inutile d'insérer dans les Tableaux les treize ou quinze Formes dont le verbe arabe est susceptible ; celles qui y figurent suffisent pour donner à l'élève une connaissance telle de toutes les autres, qu'il ne puisse jamais être embarrassé, quand il les rencontrera.

16

4° Comme les grammairiens arabes appellent la 1re lettre d'un verbe ف, la 2e ع et la 3e ل (n° 558), la formule عّع désigne les verbes qui ont la 2e et la 3e radicales semblables ; les autres, c.-à-d. فّا, عّا, لّا indiquent les verbes dont la 1re, la 2e ou la 3e radicale est un ا ; enfin فو, فّي, عّو, لّو, عّي, لّي, les verbes qui ont pour 1re, 2e ou 3e radicale un و ou un ي. Quant à la dernière formule لّي et ع k, elle désigne les verbes dont la 3e radicale est un ي et dont la deuxième est affectée d'un *kesra*.

A. **Paradigme** des Formes dérivées du verbe trilitère et de la Forme primitive du verbe quadrilitère qui appartiennent à la 1re classe.

<table>
<tr><th colspan="3">VOIX ACTIVE.</th><th colspan="2">VOIX PASSIVE.</th></tr>
<tr><th colspan="5">VERBE TRILITÈRE.</th></tr>
<tr><th>Prétérit.</th><th>Futur.</th><th>Impératif.</th><th>Prétérit.</th><th>Futur.</th></tr>
</table>

	Prétérit.	Futur.	Impératif.	Prétérit.	Futur.
IIe	فَعَّلَ	يُفَعِّلُ	فَعِّلْ	فُعِّلَ	يُفَعَّلُ
IIIe	فَاعَلَ	يُفَاعِلُ	فَاعِلْ	فُوعِلَ	يُفَاعَلُ
IVe	أَفْعَلَ	يُفْعِلُ	أَفْعِلْ	أُفْعِلَ	يُفْعَلُ

VERBE QUADRILITÈRE.

	Prétérit.	Futur.	Impératif.	Prétérit.	Futur.
Ire	قَمْطَرَ	يُقَمْطِرُ	قَمْطِرْ	قُمْطِرَ	يُقَمْطَرُ

B. **Paradigme** des Formes dérivées du verbe trilitère et des Formes dérivées du verbe quadrilitère qui appartiennent à la 2e classe.

<table>
<tr><th colspan="3">VOIX ACTIVE.</th><th colspan="2">VOIX PASSIVE.</th></tr>
<tr><th colspan="5">VERBE TRILITÈRE.</th></tr>
</table>

	Prétérit.	Futur.	Impératif.	Prétérit.	Futur.
Ve	تَفَعَّلَ	يَتَفَعَّلُ	تَفَعَّلْ	تُفُعِّلَ	يُتَفَعَّلُ
VIe	تَفَاعَلَ	يَتَفَاعَلُ	تَفَاعَلْ	تُفُوعِلَ	يُتَفَاعَلُ
VIIe	إِنْفَعَلَ	يَنْفَعِلُ	إِنْفَعِلْ	أُنْفُعِلَ	يُنْفَعَلُ
VIIIe	إِفْتَعَلَ	يَفْتَعِلُ	إِفْتَعِلْ	أُفْتُعِلَ	يُفْتَعَلُ
IXe	إِفْعَلَّ	يَفْعَلُّ	إِفْعَلِلْ	. . . .	
Xe	إِسْتَفْعَلَ	يَسْتَفْعِلُ	إِسْتَفْعِلْ	أُسْتُفْعِلَ	يُسْتَفْعَلُ
XIe	إِفْعَالَّ	يَفْعَالُّ	إِفْعَالِلْ	. . . .	
XIIe	إِفْعَوْعَلَ	يَفْعَوْعِلُ	إِفْعَوْعِلْ	أُفْعُوعِلَ	يُفْعَوْعَلُ
XIIIe	إِفْعَوَّلَ	يَفْعَوِّلُ	إِفْعَوِّلْ	أُفْعُوِّلَ	يُفْعَوَّلُ

VERBE QUADRILITÈRE.

	Prétérit.	Futur.	Impératif.	Prétérit.	Futur.
IIe	تَقَمْطَرَ	يَتَقَمْطَرُ	تَقَمْطَرْ	تُقُمْطِرَ	يُتَقَمْطَرُ
IIIe	إِقْمَنْطَرَ	يَقْمَنْطِرُ	إِقْمَنْطِرْ	أُقْمُنْطِرَ	يُقْمَنْطَرُ
IVe	إِقْمَطَرَّ	يَقْمَطِرُّ	إِقْمَطْرِرْ	أُقْمُطِرَّ	يُقْمَطَرُّ

Paradigmes.	A¹	A²	A³	A⁴	A⁵	A⁶	A⁷	A⁸
	Iʳᵉ Forme act.	Iʳᵉ Forme pass.	IIIᵉ Forme act.	IIIᵉ Forme pass.	IVᵉ Forme act.	IVᵉ Forme pass.	Iʳᵉ F. q. act.	Iʳᵉ F. q. p.
PRÉT. 3 m.	فَعَلَ	فُعِلَ	فَاعَلَ	فُوعِلَ	أَفْعَلَ	أُفْعِلَ	قَمْطَرَ	قُمْطِرَ
3 f.	فَعَلَتْ	فُعِلَتْ	فَاعَلَتْ	فُوعِلَتْ	أَفْعَلَتْ	أُفْعِلَتْ	قَمْطَرَتْ	قُمْطِرَتْ
2 m.	فَعَلْتَ	فُعِلْتَ	فَاعَلْتَ	فُوعِلْتَ	أَفْعَلْتَ	أُفْعِلْتَ	قَمْطَرْتَ	قُمْطِرْتَ
2 f.	فَعَلْتِ	فُعِلْتِ	فَاعَلْتِ	فُوعِلْتِ	أَفْعَلْتِ	أُفْعِلْتِ	قَمْطَرْتِ	قُمْطِرْتِ
1 com	فَعَلْتُ	فُعِلْتُ	فَاعَلْتُ	فُوعِلْتُ	أَفْعَلْتُ	أُفْعِلْتُ	قَمْطَرْتُ	قُمْطِرْتُ
Duel 3 m.	فَعَلَا	فُعِلَا	فَاعَلَا	فُوعِلَا	أَفْعَلَا	أُفْعِلَا	قَمْطَرَا	قُمْطِرَا
3 f.	فَعَلَتَا	فُعِلَتَا	فَاعَلَتَا	فُوعِلَتَا	أَفْعَلَتَا	أُفْعِلَتَا	قَمْطَرَتَا	قُمْطِرَتَا
2 com	فَعَلْتُمَا	فُعِلْتُمَا	فَاعَلْتُمَا	فُوعِلْتُمَا	أَفْعَلْتُمَا	أُفْعِلْتُمَا	قَمْطَرْتُمَا	قُمْطِرْتُمَا
Pl. 3 m.	فَعَلُوا	فُعِلُوا	فَاعَلُوا	فُوعِلُوا	أَفْعَلُوا	أُفْعِلُوا	قَمْطَرُوا	قُمْطِرُوا
3 f.	فَعَلْنَ	فُعِلْنَ	فَاعَلْنَ	فُوعِلْنَ	أَفْعَلْنَ	أُفْعِلْنَ	قَمْطَرْنَ	قُمْطِرْنَ
2 m.	فَعَلْتُمْ	فُعِلْتُمْ	فَاعَلْتُمْ	فُوعِلْتُمْ	أَفْعَلْتُمْ	أُفْعِلْتُمْ	قَمْطَرْتُمْ	قُمْطِرْتُمْ
2 f.	فَعَلْتُنَّ	فُعِلْتُنَّ	فَاعَلْتُنَّ	فُوعِلْتُنَّ	أَفْعَلْتُنَّ	أُفْعِلْتُنَّ	قَمْطَرْتُنَّ	قُمْطِرْتُنَّ
1 com	فَعَلْنَا	فُعِلْنَا	فَاعَلْنَا	فُوعِلْنَا	أَفْعَلْنَا	أُفْعِلْنَا	قَمْطَرْنَا	قُمْطِرْنَا
FUT. 3 m.	يَفْعَلُ	يُفْعَلُ	يُفَاعِلُ	يُفَاعَلُ	يُفْعِلُ	يُفْعَلُ	يُقَمْطِرُ	يُقَمْطَرُ
3 f.	تَفْعَلُ	تُفْعَلُ	تُفَاعِلُ	تُفَاعَلُ	تُفْعِلُ	تُفْعَلُ	تُقَمْطِرُ	تُقَمْطَرُ

2 m.	تَفْعَلُ	تُفْعَلُ	تُفَاعِلُ	تُفَاعَلُ	تُفْعِلُ	تُفْعَلُ	تُقَمْطِرُ	تُقَمْطَرُ
2 f.	تَفْعَلِينَ	تُفْعَلِينَ	تُفَاعِلِينَ	تُفَاعَلِينَ	تُفْعِلِينَ	تُفْعَلِينَ	تُقَمْطِرِينَ	تُقَمْطَرِينَ
1 c.	أَفْعَلُ	أُفْعَلُ	أُفَاعِلُ	أُفَاعَلُ	أُفْعِلُ	أُفْعَلُ	أُقَمْطِرُ	أُقَمْطَرُ
Duel 3 m.	يَفْعَلَانِ	يُفْعَلَانِ	يُفَاعِلَانِ	يُفَاعَلَانِ	يُفْعِلَانِ	يُفْعَلَانِ	يُقَمْطِرَانِ	يُقَمْطَرَانِ
3 f.	تَفْعَلَانِ	تُفْعَلَانِ	تُفَاعِلَانِ	تُفَاعَلَانِ	تُفْعِلَانِ	تُفْعَلَانِ	تُقَمْطِرَانِ	تُقَمْطَرَانِ
2 c.	تَفْعَلَانِ	تُفْعَلَانِ	تُفَاعِلَانِ	تُفَاعَلَانِ	تُفْعِلَانِ	تُفْعَلَانِ	تُقَمْطِرَانِ	تُقَمْطَرَانِ
Pl. 3 m.	يَفْعَلُونَ	يُفْعَلُونَ	يُفَاعِلُونَ	يُفَاعَلُونَ	يُفْعِلُونَ	يُفْعَلُونَ	يُقَمْطِرُونَ	يُقَمْطَرُونَ
3 f.	يَفْعَلْنَ	يُفْعَلْنَ	يُفَاعِلْنَ	يُفَاعَلْنَ	يُفْعِلْنَ	يُفْعَلْنَ	يُقَمْطِرْنَ	يُقَمْطَرْنَ
2 m.	تَفْعَلُونَ	تُفْعَلُونَ	تُفَاعِلُونَ	تُفَاعَلُونَ	تُفْعِلُونَ	تُفْعَلُونَ	تُقَمْطِرُونَ	تُقَمْطَرُونَ
2 f.	تَفْعَلْنَ	تُفْعَلْنَ	تُفَاعِلْنَ	تُفَاعَلْنَ	تُفْعِلْنَ	تُفْعَلْنَ	تُقَمْطِرْنَ	تُقَمْطَرْنَ
1 c.	نَفْعَلُ	نُفْعَلُ	نُفَاعِلُ	نُفَاعَلُ	نُفْعِلُ	نُفْعَلُ	نُقَمْطِرُ	نُقَمْطَرُ
IMPÉR. 2 m.	أُفْعُلْ	....	فَاعِلْ	....	أَفْعِلْ	....	قَمْطِرْ	....
2 f.	أُفْعُلِي	....	فَاعِلِي	....	أَفْعِلِي	....	قَمْطِرِي	....
Duel 2 c.	أُفْعُلَا	....	فَاعِلَا	....	أَفْعِلَا	....	قَمْطِرَا	....
Pl. 2 m.	أُفْعُلُوا	....	فَاعِلُوا	....	أَفْعِلُوا	....	قَمْطِرُوا	....
2 f.	أُفْعُلْنَ	....	فَاعِلْنَ	....	أَفْعِلْنَ	....	قَمْطِرْنَ	....

Paradigmes.	B¹	B²	B³	B⁴	B⁵	B⁶	B⁷	B⁸
	VIᵉ Forme act.	VIᵉ Forme pas.	VIIIᵉ Forme act.	VIIIᵉ Forme pass.	IIᵉ F. q. act.	IIᵉ F. q. pas.	IVᵉ F. q. act.	IVᵉ F. q. p.
PRÉT. 3 m.	تَفَاعَلَ	تُفُوعِلَ	إِفْتَعَلَ	أُفْتُعِلَ	تَقَمْطَرَ	تُقُمْطِرَ	إِقْمَطَرَّ	أُقْمُطِرَّ
3 f.	تَفَاعَلَتْ	تُفُوعِلَتْ	إِفْتَعَلَتْ	أُفْتُعِلَتْ	تَقَمْطَرَتْ	تُقُمْطِرَتْ	إِقْمَطَرَّتْ	أُقْمُطِرَّتْ
2 m.	تَفَاعَلْتَ	تُفُوعِلْتَ	إِفْتَعَلْتَ	أُفْتُعِلْتَ	تَقَمْطَرْتَ	تُقُمْطِرْتَ	إِقْمَطْرَرْتَ	أُقْمُطْرِرْتَ
2 f.	تَفَاعَلْتِ	تُفُوعِلْتِ	إِفْتَعَلْتِ	أُفْتُعِلْتِ	تَقَمْطَرْتِ	تُقُمْطِرْتِ	إِقْمَطْرَرْتِ	أُقْمُطْرِرْتِ
1 c.	تَفَاعَلْتُ	تُفُوعِلْتُ	إِفْتَعَلْتُ	أُفْتُعِلْتُ	تَقَمْطَرْتُ	تُقُمْطِرْتُ	إِقْمَطْرَرْتُ	أُقْمُطْرِرْتُ
Duel 3 m.	تَفَاعَلَا	تُفُوعِلَا	إِفْتَعَلَا	أُفْتُعِلَا	تَقَمْطَرَا	تُقُمْطِرَا	إِقْمَطَرَّا	أُقْمُطِرَّا
3 f.	تَفَاعَلَتَا	تُفُوعِلَتَا	إِفْتَعَلَتَا	أُفْتُعِلَتَا	تَقَمْطَرَتَا	تُقُمْطِرَتَا	إِقْمَطَرَّتَا	أُقْمُطِرَّتَا
2 c.	تَفَاعَلْتُمَا	تُفُوعِلْتُمَا	إِفْتَعَلْتُمَا	أُفْتُعِلْتُمَا	تَقَمْطَرْتُمَا	تُقُمْطِرْتُمَا	إِقْمَطْرَرْتُمَا	أُقْمُطْرِرْتُمَا
Pl. 3 m.	تَفَاعَلُوا	تُفُوعِلُوا	إِفْتَعَلُوا	أُفْتُعِلُوا	تَقَمْطَرُوا	تُقُمْطِرُوا	إِقْمَطَرُّوا	أُقْمُطِرُّوا
3 f.	تَفَاعَلْنَ	تُفُوعِلْنَ	إِفْتَعَلْنَ	أُفْتُعِلْنَ	تَقَمْطَرْنَ	تُقُمْطِرْنَ	إِقْمَطْرَرْنَ	أُقْمُطْرِرْنَ
2 m.	تَفَاعَلْتُمْ	تُفُوعِلْتُمْ	إِفْتَعَلْتُمْ	أُفْتُعِلْتُمْ	تَقَمْطَرْتُمْ	تُقُمْطِرْتُمْ	إِقْمَطْرَرْتُمْ	أُقْمُطْرِرْتُمْ
2 f.	تَفَاعَلْتُنَّ	تُفُوعِلْتُنَّ	إِفْتَعَلْتُنَّ	أُفْتُعِلْتُنَّ	تَقَمْطَرْتُنَّ	تُقُمْطِرْتُنَّ	إِقْمَطْرَرْتُنَّ	أُقْمُطْرِرْتُنَّ
1 c.	تَفَاعَلْنَا	تُفُوعِلْنَا	إِفْتَعَلْنَا	أُفْتُعِلْنَا	تَقَمْطَرْنَا	تُقُمْطِرْنَا	إِقْمَطْرَرْنَا	أُقْمُطْرِرْنَا
FUT. 3 m.	يَتَفَاعَلُ	يُتَفَاعَلُ	يَفْتَعِلُ	يُفْتَعَلُ	يَتَقَمْطَرُ	يُتَقَمْطَرُ	يَقْمَطِرُّ	يَقْمَطِرُّ
3 f.	تَتَفَاعَلُ	تُتَفَاعَلُ	تَفْتَعِلُ	تُفْتَعَلُ	تَتَقَمْطَرُ	تُتَقَمْطَرُ	تَقْمَطِرُّ	تَقْمَطِرُّ

2 m.	تَتَفَاعَلُ	تُتَفَاعَلُ	تَفْتَعِلُ	تُفْتَعَلُ	تَتَقَمْطَرُ	تُتَقَمْطَرُ	تَقْمَطِرُّ	تُقْمَطَرُّ
2 f.	تَتَفَاعَلِينَ	تُتَفَاعَلِينَ	تَفْتَعِلِينَ	تُفْتَعَلِينَ	تَتَقَمْطَرِينَ	تُتَقَمْطَرِينَ	تَقْمَطِرِّينَ	تُقْمَطَرِّينَ
1 c.	أَتَفَاعَلُ	أُتَفَاعَلُ	أَفْتَعِلُ	أُفْتَعَلُ	أَتَقَمْطَرُ	أُتَقَمْطَرُ	أَقْمَطِرُّ	أُقْمَطَرُّ
Duel 3 m.	يَتَفَاعَلَانِ	يُتَفَاعَلَانِ	يَفْتَعِلَانِ	يُفْتَعَلَانِ	يَتَقَمْطَرَانِ	يُتَقَمْطَرَانِ	يَقْمَطِرَّانِ	يُقْمَطَرَّانِ
3 f.	تَتَفَاعَلَانِ	تُتَفَاعَلَانِ	تَفْتَعِلَانِ	تُفْتَعَلَانِ	تَتَقَمْطَرَانِ	تُتَقَمْطَرَانِ	تَقْمَطِرَّانِ	تُقْمَطَرَّانِ
2 c.	تَتَفَاعَلَانِ	تُتَفَاعَلَانِ	تَفْتَعِلَانِ	تُفْتَعَلَانِ	تَتَقَمْطَرَانِ	تُتَقَمْطَرَانِ	تَقْمَطِرَّانِ	تُقْمَطَرَّانِ
Pl. 3 m.	يَتَفَاعَلُونَ	يُتَفَاعَلُونَ	يَفْتَعِلُونَ	يُفْتَعَلُونَ	يَتَقَمْطَرُونَ	يُتَقَمْطَرُونَ	يَقْمَطِرُّونَ	يُقْمَطَرُّونَ
3 f.	يَتَفَاعَلْنَ	يُتَفَاعَلْنَ	يَفْتَعِلْنَ	يُفْتَعَلْنَ	يَتَقَمْطَرْنَ	يُتَقَمْطَرْنَ	يَقْمَطْرِرْنَ	يُقْمَطْرَرْنَ
2 m.	تَتَفَاعَلُونَ	تُتَفَاعَلُونَ	تَفْتَعِلُونَ	تُفْتَعَلُونَ	تَتَقَمْطَرُونَ	تُتَقَمْطَرُونَ	تَقْمَطِرُّونَ	تُقْمَطَرُّونَ
2 f.	تَتَفَاعَلْنَ	تُتَفَاعَلْنَ	تَفْتَعِلْنَ	تُفْتَعَلْنَ	تَتَقَمْطَرْنَ	تُتَقَمْطَرْنَ	تَقْمَطْرِرْنَ	تُقْمَطْرَرْنَ
1 c.	نَتَفَاعَلُ	نُتَفَاعَلُ	نَفْتَعِلُ	نُفْتَعَلُ	نَتَقَمْطَرُ	نُتَقَمْطَرُ	نَقْمَطِرُّ	نُقْمَطَرُّ
Impér. 2 m.	تَفَاعَلْ	. . . .	اِفْتَعِلْ	. . . .	تَقَمْطَرْ	. . . .	اِقْمَطْرِرْ	. . . .
2 f.	تَفَاعَلِي	. . . .	اِفْتَعِلِي	. . . .	تَقَمْطَرِي	. . . .	اِقْمَطِرِّي	. . . .
Duel 2 c.	تَفَاعَلَا	. . . .	اِفْتَعِلَا	. . . .	تَقَمْطَرَا	. . . .	اِقْمَطِرَّا	. . . .
Pl. 2 m.	تَفَاعَلُوا	. . . .	اِفْتَعِلُوا	. . . .	تَقَمْطَرُوا	. . . .	اِقْمَطِرُّوا	. . . .
2 f.	تَفَاعَلْنَ	. . . .	اِفْتَعِلْنَ	. . . .	تَقَمْطَرْنَ	. . . .	اِقْمَطْرِرْنَ	. . . .

Paradigmes.	C¹ act.	C² pass.	D¹ La VIᵉ Forme act. ou	D² La VIᵉ F. pass.	D³ act.	D⁴ pass.	D⁵ act.	D⁶ pass.
PRÉT. 3 m.	[illegible]	[illegible]	[illegible]	[illegible]	[illegible]	[illegible]	[illegible]	[illegible]
3 f.	[illegible]	[illegible]	[illegible]	[illegible]	[illegible]	[illegible]	[illegible]	[illegible]
2 m.	[illegible]	[illegible]	[illegible]	[illegible]	[illegible]	[illegible]	[illegible]	[illegible]
2 f.	[illegible]	[illegible]	[illegible]	[illegible]	[illegible]	[illegible]	[illegible]	[illegible]
1 c.	[illegible]	[illegible]	[illegible]	[illegible]	[illegible]	[illegible]	[illegible]	[illegible]
Duel 3 m.	[illegible]	[illegible]	[illegible]	[illegible]	[illegible]	[illegible]	[illegible]	[illegible]
3 f.	[illegible]	[illegible]	[illegible]	[illegible]	[illegible]	[illegible]	[illegible]	[illegible]
2 c.	[illegible]	[illegible]	[illegible]	[illegible]	[illegible]	[illegible]	[illegible]	[illegible]
Pl. 3 m.	[illegible]	[illegible]	[illegible]	[illegible]	[illegible]	[illegible]	[illegible]	[illegible]
3 f.	[illegible]	[illegible]	[illegible]	[illegible]	[illegible]	[illegible]	[illegible]	[illegible]
2 m.	[illegible]	[illegible]	[illegible]	[illegible]	[illegible]	[illegible]	[illegible]	[illegible]
2 f.	[illegible]	[illegible]	[illegible]	[illegible]	[illegible]	[illegible]	[illegible]	[illegible]
1 c.	[illegible]	[illegible]	[illegible]	[illegible]	[illegible]	[illegible]	[illegible]	[illegible]
FUT. 3 m.	[illegible]	[illegible]	[illegible]	[illegible]	[illegible]	[illegible]	[illegible]	[illegible]
3 f.	[illegible]	[illegible]	[illegible]	[illegible]	[illegible]	[illegible]	[illegible]	[illegible]

2 m.	تَمُدَّ	تُمَدَّ	تَتَآثَرُ	تَتَوَاثَرُ	تُتَوَاثَرُ	تَسْأَلُ	تُسْأَلُ	تَبْرُو	تُبْرَى
2 f.	تَمُدِّينَ	تُمَدِّينَ	تَتَآثَرِينَ	تَتَوَاثَرِينَ	تُتَوَاثَرِينَ	تَسْأَلِينَ	تُسْأَلِينَ	تَبْرِينَ	تُبْرَيْنَ
1 c.	أَمُدَّ	أُمَدَّ	أَتَآثَرُ	أَتَوَاثَرُ	أُتَوَاثَرُ	أَسْأَلُ	أُسْأَلُ	أَبْرُو	أُبْرَى
Duel 3 m.	يَمُدَّانِ	يُمَدَّانِ	يَتَآثَرَانِ	يَتَوَاثَرَانِ	يُتَوَاثَرَانِ	يَسْأَلَانِ	يُسْأَلَانِ	يَبْرُوَانِ	يُبْرَيَانِ
3 f.	تَمُدَّانِ	تُمَدَّانِ	تَتَآثَرَانِ	تَتَوَاثَرَانِ	تُتَوَاثَرَانِ	تَسْأَلَانِ	تُسْأَلَانِ	تَبْرُوَانِ	تُبْرَيَانِ
2 c.	تَمُدَّانِ	تُمَدَّانِ	تَتَآثَرَانِ	تَتَوَاثَرَانِ	تُتَوَاثَرَانِ	تَسْأَلَانِ	تُسْأَلَانِ	تَبْرُوَانِ	تُبْرَيَانِ
Pl. 3 m.	يَمُدُّونَ	يُمَدُّونَ	يَتَآثَرُونَ	يَتَوَاثَرُونَ	يُتَوَاثَرُونَ	يَسْأَلُونَ	يُسْأَلُونَ	يَبْرُونَ	يُبْرَوْنَ
3 f.	يَمْدُدْنَ	يُمْدَدْنَ	يَتَآثَرْنَ	يَتَوَاثَرْنَ	يُتَوَاثَرْنَ	يَسْأَلْنَ	يُسْأَلْنَ	يَبْرُونَ	يُبْرَيْنَ
2 m.	تَمُدُّونَ	تُمَدُّونَ	تَتَآثَرُونَ	تَتَوَاثَرُونَ	تُتَوَاثَرُونَ	تَسْأَلُونَ	تُسْأَلُونَ	تَبْرُونَ	تُبْرَوْنَ
2 f.	تَمْدُدْنَ	تُمْدَدْنَ	تَتَآثَرْنَ	تَتَوَاثَرْنَ	تُتَوَاثَرْنَ	تَسْأَلْنَ	تُسْأَلْنَ	تَبْرُونَ	تُبْرَيْنَ
1 c.	نَمُدَّ	نُمَدَّ	نَتَآثَرُ	نَتَوَاثَرُ	نُتَوَاثَرُ	نَسْأَلُ	نُسْأَلُ	نَبْرُو	نُبْرَى
IMPÉR. 2 m.	أُمْدُدْ	....	تَآثَرْ	تَوَاثَرْ	....	إِسْأَلْ	....	أُبْرُ	....
2 f.	أُمْدُدِي	....	تَآثَرِي	تَوَاثَرِي	....	إِسْأَلِي	....	أُبْرِي	....
Duel 2 c.	أُمْدُدَا	....	تَآثَرَا	تَوَاثَرَا	....	إِسْأَلَا	....	أُبْرُوَا	....
Pl. 2 m.	أُمْدُدُوا	....	تَآثَرُوا	تَوَاثَرُوا	....	إِسْأَلُوا	....	أُبْرُوا	....
2 f.	أُمْدُدْنَ	....	تَآثَرْنَ	تَوَاثَرْنَ	....	إِسْأَلْنَ	....	أُبْرُونَ	....

Paradigmes.	E¹ فوّ act.	E² فوّ pass.	E³ في act.	E⁴ في pass.	F¹ عوّ act.	F² عوّ pass.	F³ عي act.	G¹ لوّ act.	G² لوّ pass.	G³ لي act.	G⁴ لي et ع k.a.
PRÉT. 3 m.	وَعَدَ	وُعِدَ	يَسَرَ	يُسِرَ	قَالَ	قِيلَ	سَارَ	غَزَا	غُزِيَ	رَمَى	رَضِيَ
3 f.	وَعَدَتْ	وُعِدَتْ	يَسَرَتْ	يُسِرَتْ	قَالَتْ	قِيلَتْ	سَارَتْ	غَزَتْ	غُزِيَتْ	رَمَتْ	رَضِيَتْ
2 m.	وَعَدْتَ	وُعِدْتَ	يَسَرْتَ	يُسِرْتَ	قُلْتَ	قُلْتَ	سِرْتَ	غَزَوْتَ	غُزِيتَ	رَمَيْتَ	رَضِيتَ
2 f.	وَعَدْتِ	وُعِدْتِ	يَسَرْتِ	يُسِرْتِ	قُلْتِ	قُلْتِ	سِرْتِ	غَزَوْتِ	غُزِيتِ	رَمَيْتِ	رَضِيتِ
1 c.	وَعَدْتُ	وُعِدْتُ	يَسَرْتُ	يُسِرْتُ	قُلْتُ	قُلْتُ	سِرْتُ	غَزَوْتُ	غُزِيتُ	رَمَيْتُ	رَضِيتُ
Duel 3 m.	وَعَدَا	وُعِدَا	يَسَرَا	يُسِرَا	قَالَا	قِيلَا	سَارَا	غَزَوَا	غُزِيَا	رَمَيَا	رَضِيَا
3 f.	وَعَدَتَا	وُعِدَتَا	يَسَرَتَا	يُسِرَتَا	قَالَتَا	قِيلَتَا	سَارَتَا	غَزَتَا	غُزِيَتَا	رَمَتَا	رَضِيَتَا
2 c.	وَعَدْتُمَا	وُعِدْتُمَا	يَسَرْتُمَا	يُسِرْتُمَا	قُلْتُمَا	قُلْتُمَا	سِرْتُمَا	غَزَوْتُمَا	غُزِيتُمَا	رَمَيْتُمَا	رَضِيتُمَا
Pl. 3 m.	وَعَدُوا	وُعِدُوا	يَسَرُوا	يُسِرُوا	قَالُوا	قِيلُوا	سَارُوا	غَزَوْا	غُزُوا	رَمَوْا	رَضُوا
3 f.	وَعَدْنَ	وُعِدْنَ	يَسَرْنَ	يُسِرْنَ	قُلْنَ	قُلْنَ	سِرْنَ	غَزَوْنَ	غُزِينَ	رَمَيْنَ	رَضِينَ
2 m.	وَعَدْتُمْ	وُعِدْتُمْ	يَسَرْتُمْ	يُسِرْتُمْ	قُلْتُمْ	قُلْتُمْ	سِرْتُمْ	غَزَوْتُمْ	غُزِيتُمْ	رَمَيْتُمْ	رَضِيتُمْ
2 f.	وَعَدْتُنَّ	وُعِدْتُنَّ	يَسَرْتُنَّ	يُسِرْتُنَّ	قُلْتُنَّ	قُلْتُنَّ	سِرْتُنَّ	غَزَوْتُنَّ	غُزِيتُنَّ	رَمَيْتُنَّ	رَضِيتُنَّ
1 c.	وَعَدْنَا	وُعِدْنَا	يَسَرْنَا	يُسِرْنَا	قُلْنَا	قُلْنَا	سِرْنَا	غَزَوْنَا	غُزِينَا	رَمَيْنَا	رَضِينَا
FUT. 3 m.	يَعِدُ	يُوعَدُ	يَيْسِرُ	يُيْسَرُ	يَقُولُ	يُقَالُ	يَسِيرُ	يَغْزُو	يُغْزَي	يَرْمِي	يَرْضَي
3 f.	تَعِدُ	تُوعَدُ	تَيْسِرُ	تُيْسَرُ	تَقُولُ	تُقَالُ	تَسِيرُ	تَغْزُو	تُغْزَي	تَرْمِي	تَرْضَي

2 m.	تَعِدُ	تُوعَدُ	تَيْسِرُ	تُوسَرُ	تَقُولُ	تُقالُ	تَسِيرُ	تَغْزُو	تُغْزَى	تَرْمِي	تَرْضَى
2 f.	تَعِدِينَ	تُوعَدِينَ	تَيْسِرِينَ	تُوسَرِينَ	تَقُولِينَ	تُقالِينَ	تَسِيرِينَ	تَغْزِينَ	تُغْزَيْنَ	تَرْمِينَ	تَرْضَيْنَ
1 c.	أَعِدُ	أُوعَدُ	أَيْسِرُ	أُوسَرُ	أَقُولُ	أُقالُ	أَسِيرُ	أَغْزُو	أُغْزَى	أَرْمِي	أَرْضَى
Duel 3 m.	يَعِدانِ	يُوعَدانِ	يَيْسِرانِ	يُوسَرانِ	يَقُولانِ	يُقالانِ	يَسِيرانِ	يَغْزُوانِ	يُغْزَيانِ	يَرْمِيانِ	يَرْضَيانِ
3 f.	تَعِدانِ	تُوعَدانِ	تَيْسِرانِ	تُوسَرانِ	تَقُولانِ	تُقالانِ	تَسِيرانِ	تَغْزُوانِ	تُغْزَيانِ	تَرْمِيانِ	تَرْضَيانِ
2 c.	تَعِدانِ	تُوعَدانِ	تَيْسِرانِ	تُوسَرانِ	تَقُولانِ	تُقالانِ	تَسِيرانِ	تَغْزُوانِ	تُغْزَيانِ	تُرْمِيانِ	تُرْضَيانِ
Pl. 3 m.	يَعِدُونَ	يُوعَدُونَ	يَيْسِرُونَ	يُوسَرُونَ	يَقُولُونَ	يُقالُونَ	يَسِيرُونَ	يَغْزُونَ	يُغْزَوْنَ	يَرْمُونَ	يَرْضَوْنَ
3 f.	يَعِدْنَ	يُوعَدْنَ	يَيْسِرْنَ	يُوسَرْنَ	يَقُلْنَ	يُقَلْنَ	يَسِرْنَ	يَغْزُونَ	يُغْزَيْنَ	يَرْمِينَ	يَرْضَيْنَ
2 m.	تَعِدُونَ	تُوعَدُونَ	تَيْسِرُونَ	تُوسَرُونَ	تَقُولُونَ	تُقالُونَ	تَسِيرُونَ	تَغْزُونَ	تُغْزَوْنَ	تَرْمُونَ	تُرْضَوْنَ
2 f.	تَعِدْنَ	تُوعَدْنَ	تَيْسِرْنَ	تُوسَرْنَ	تَقُلْنَ	تُقَلْنَ	تَسِرْنَ	تَغْزُونَ	تُغْزَيْنَ	تَرْمِينَ	تُرْضَيْنَ
1 c.	نَعِدُ	نُوعَدُ	نَيْسِرُ	نُوسَرُ	نَقُولُ	نُقالُ	نَسِيرُ	نَغْزُو	نُغْزَى	نَرْمِي	نَرْضَى
IMPÉR. 2 m.	عِدْ	....	إِيسِرْ	....	قُلْ	....	سِرْ	أُغْزُ	....	إِرْمِ	إِرْضَ
2 f.	عِدِي	....	إِيسِرِي	....	قُولِي	....	سِيرِي	أُغْزِي	....	إِرْمِي	إِرْضَيْ
Duel 2 c.	عِدا	....	إِيسِرا	....	قُولا	....	سِيرا	أُغْزُوا	....	إِرْمِيا	إِرْضَيا
Pl. 2 m.	عِدُوا	....	إِيسِرُوا	....	قُولُوا	....	سِيرُوا	أُغْزُوا	....	إِرْمُوا	إِرْضَوْا
2 f.	عِدْنَ	....	إِيسِرْنَ	....	قُلْنَ	....	سِرْنَ	أُغْزُونَ	....	إِرْمِينَ	إِرْضَيْنَ

TABLE.

PRINCIPES DE GRAMMAIRE ARABE.

SUPPLÉMENT.

FIN DE LA TABLE.